디자인 씽킹 기본서

나를 디자인 씽킹하라

장 규 순

북넷

디자인 씽킹은 보랏빛이다.
하늘이 준 푸르름과
붉은 내 열정이
함께

빛을 발하기 때문이다.

오늘도 빛나는 하루를 꿈꾸는

______________________ 님께

소중한 빛을 모아

______________________ 드립니다.

목 차

프롤로그

우리는 디자인과 함께 살아 간다.

아침에 눈을 뜨면 디자인된 이불을 박차고 나와, 디자인된 칫솔로 이를 닦고, 디자인된 식탁에 앉아 디자인된 그릇에 담긴 디자인된 음식을 먹는다. 디자인된 옷을 입고 디자인된 교통수단을 이용하여 디자인된 건물로 이동한다. 디자인된 악세서리로 코디를 하고 디자인된 내 헤어를 빗는다. 디자인된 로숀을 바르고, 디자인된 메이크업 케이스로 나를 가꾼다. 온통 디자인, 디자인, 디자인뿐이다. 가만히 생각해 보면 디자인이 아닌 것이 없다. 디자인이 없는 것도 디자인이 되는 재미있는 세상이다.

그래서 이제는 '나를 디자인해야 하는 필요성' 이 도래했다. 내 외모뿐 만이 아닌, 내 마음까지 이미지 메이킹을 해야하는 시점이다. 그래서, 디자인 씽킹은 필수가 될 수 밖에 없는 세상이 되었다.

어느 순간 나이들어 가면서, 틀에 맞춰버린 고정관념속에 살아가는 것이 당연한 일이고 곧, 그것은 습관이 되어 버린다. 일기장에는 매일 똑같은 하루가 그려지고 복사된 일상의 나를 계속 만나게 된다. 그래서 특별한 나, 변화된 나를 스토리텔링해야 한다. 역시, 디자인 씽킹이 필요한 시점이다.

지금 우리가 살아가는 이 시대는, 4차 산업혁명시대의 거침없는 물결을 넘어 제5차, 6차 산업혁명을 준비해야하는 시점이라고 우리는 머리아프게 듣고 있다. 상상도 못했던 챗GPT와 미래 예측을 위한 '5차 산업혁명시대' 를 따라가야만 하는데 왜 이리 머리가 복잡한 지 모르겠다. 물질중심의 산업혁명이 아닌, 인성을 회복하는 휴먼테크놀로지가 5차 산업혁명의 중심이라고도 하는데 인공지능 시장이 급성장함에 따라 디지털 혁신에 대응해야 하고, 인공지능 전환(AI transformation)을 주도할 수 있는 특이한 산업혁명이 시작 된 상황에 어이가 없다. 말 그대로 이것은 '혁명' 이다.

현재로서는 이 복잡한 5차, 6차 산업혁명의 정의는 완전히 정립되지 않았으나 4차 산업 혁명의 연장선상에서 이전보다 훨씬 인공지능과 인간의 생명기술에 초점을 두고 있는 것으로 보인다. 이에 따라 사람과 기술의 융합을 심화시키면서도 '인간중심', '환경생태계를 포함한 회복탄

력성 실현' 에 기반을 둔 초생명성, 초인지성, 초기술성에 기반을 두고 시작되어야 할 것 같다. 우리는 안타깝게도 점점 인간적인 미가 결여된 메마른 세상에 살아 갈 수 밖에 없다.

미래학자들은 우리에게 필요한 것은 감성적이고 창의적인 미(美)의 가치를 인간공학적인 가상공간 또는 생활공간에서 활용하며 상상하는 라이프스타일이 필요할 것이라고 이야기함에 나는 수긍한다.

이러한 혁명시대를 우리가 맞이하려면 기존의 사고와 가치를 넘어서는 예측불허의 상상력과 창의력을 갖춘 융합인재의 필요성이 대두될 수 밖에 없다는 사실…! 이 것이 바로 우리에게 직면한 현실이다. 끊임없이 변화하는 21세기 현대사회는 지식, 정보, 기술혁명의 과속화로 인한 첨단 네트웍기술의 발달로 전 세계의 활동범위가 좁아지면서 우리의 라이프 스타일은 지능정보화의 변환의 시대로 도래하였음을 느낄 수 있다. 이러한 정보의 물결속에 획일적인 사회구조는 무너지고 각양각색의 가치체계와 개인성향을 중시하는 다양성의 세계로 변화하면서 우리는 정보의 트렌드 변화에 민감하게 대처하기 위한 '개인' 이라는 경쟁력 강화에 따른 '자아 아이덴티티 전략' 의 수립에 관심을 가져야 한다.

그래서 나부터 디자인 씽킹을 하고 싶다.

이 책은 디자인 씽킹 DESIGN THINKING의 이니셜을 기반으로 구성해 보았다.

Design 디자인 기본이론

Emotion 감성이 중요

Startups 창업이론

I'm 자존감

Grow 성장하기

New 새로움 추구

Trend 디자인 기류

Happy 행복 크리에이터

Image Makeing 나를 디자인하기

Nature 자연, 그 감동

Key 확실한 열쇠

Invention 보랏빛 혁명, 발명

Nothing 아무것도 문제되지 않는다

Good 내 꿈은 언제나 굿

1

Design
디자인 기본이론

디자인(Design)시대의 나, 그리고 너
디자인이란?
디자인 씽킹이란?
디자인 씽킹 프로세스
디자인 씽킹의 구조
디자인 씽킹의 사고체계적 특성
디자인 씽킹의 장점과 적용결과
디자인 프로세스와 디자인 씽킹 프로세스
이 시대의 문제해결방법, 디자인 씽킹

시험감독

하얀 백지위에 삶을 쏟아붓고 있습니다.

사각사각 또각또각 머리로, 가슴으로
때로는 온몸으로 앞서간 이들의 삶을 곱씹으며
오밀조밀한 자기만의 삶으로 채색합니다.

이리저리 눈에서 빛이 나고
이따금 마주치는 눈빛에 심장 고동소리만 커가고
백지위에 박혀 버린 눈에선 재치와 섬광이 번뜩입니다.

공기는 또 다른 침묵으로 물들고
회전하는 두뇌와 막혀버린 두뇌의 충돌로
공기는 숨을 헐떡입니다.

검정깨로 물들인 무대위에선
새로운 삶이 그 모습을 드러내고
공간 뚫린 하얀 무대위엔 한숨만이 가득합니다.

이제 미완성 교향곡을 듣는 마음으로
백지위에 세워진 자기만의 삶의 모습을
돌아보고는 하나둘 또 다른 세계로 떠나갑니다.

수북이 쌓인 여러 모습의 삶을 마주하면서
혼자 남은 난 다시 학생이 됩니다.

그들의 삶을 통해 다시 감독받는 내삶,
그리고
언젠가는 보여야 할
나만의 답안지는 어떤 세계일까요?

디자인(Design)시대의 나, 그리고 너

프롤로그에서 얘기했듯이 우리는 온통 디자인, 디자인 속에 살아간다.

아침에 눈을 뜨자마자 우리의 눈에 들어오는 모든 것은 디자인뿐이다. 디자인된 이불, 디자인된 칫솔, 디자인된 식탁, 디자인된 그릇, 디자인된 옷, 디자인된 교통수단, 디자인된 건물, 디자인된 로숀… 온통 디자인이 아닌 것이 없다. 디자인이 없는 것도 디자인이 되는 재미있는 세상, 그래서 이제는 '나를 디자인해야 할 차례' 이다. 내 외모뿐 만이 아닌, 내 마음, 내 인성까지 디자인 해야하는 시점이 되었다.

우리 모두는 디자이너

이제는 디자인이란 용어는 디자이너들만의 전유물이 아니다. 디자인을 전공하지 않은 타 전공자들도 디자인을 알고 적용하는 시대가 되었다. 내 얼굴형에 어울리는 헤어 스타일을 검색하고 헤어샵에 가서 요구하고, 메이크업 아티스트가 아니면서도 매일매일 메이크업을 한다. 패션 코디네이터가 아니어도 매일매일 상의, 하의 코디소품을 연출한다. 푸드 스타일리스트가 아니지만 자신만의 레시피와 상차림을 하고 내 집의 인테리어 장식도 인테리어 디자이너의 도움없이 생활의 연륜으로 척척 해낸다. 그러고보면 우리는 디자인을 전공하지 않은 디자이너들이다.

디자이너를 꿈꾸던 대학 1학년 때… 어디에선가 읽어보고 감동받아 수첩에 메모하며 되새기던 한줄의 문장이 있었다. '디자이너는 시인의 감성과 과학자의 두뇌, 예술가의 손을 소유해야 한다.' 이 세 가지의 조건이 늘 내 머리 속에 맴돌았다. 나중에 검색해 보니, 고강철 디자이너의 글로 "디자이너는 시인의 가슴, 과학자의 두뇌, 기술자의 손, 그리고 마라톤의 심장이 필요하다" 였다. 내가 알고 있었던 예술가의 손이 아닌 기술자의 손이었다는 사실, 그리고 한 가지가 더 추가되어 있었다. '마라톤의 심장', 이것만 봐도 디자이너는 만능 엔터테이너이다.

무한한 창의력을 발휘할 수 있는 감성, 과학적인 이론, 그리고 테크니컬한 능력이 트라이앵글의 형태와 각도에 따라 디자인이란 음율은 그 다양성을 표현하고 감미롭게 연주될 것이다.

만능 엔터테이너는 모든 일에 다 능통할 만큼, 다양한 끼와 재능을 갖춘 사람으로 다재다능

(多才多能), 즉 한 사람이 여러 분야에 있어 최고의 능력을 발휘함을 의미한다. 이 말은 곧, 요즘 말로 멀티스페셜리스트, 멀리크리에이터 그 자체일 것이다.

이 감동적인 내용은 결국, 디자이너는 창의력, 표현력, 이론응용력, 기술력, 인간의 마음을 움직일 수 있는 감성, 그리고 강인한 체력까지 뒷받침되어야 한다는 결론이다. 내 나이 60세 인데, 디자인만 40년을 했는데에도 이렇게 사는 것이 어떨 때는 참 어렵고 힘들다.

우리는 이렇듯 디자인 시대에 살아가고 있다. 대한민국의 수도 '서울특별시' 가 2010년 세계 디자인 수도(WDC, World Design Capital)로 지정되었다. 세계디자인 수도는 국제디자인연맹(IDA, International Design Alliance)과 국제산업디자인단체협의회(ICSID)가 세계의 도시들이 사회적 · 경제적 · 문화적 발전을 위하여 디자인을 적극 활용하기를 권장하고 이러한 노력을 확산하기 위하여 만든 제도로서 2년마다 해당 도시에 부여하는 명칭이다. 이런 디자인 도시에 살아가는 우리는 더더욱 디자이너일 수 밖에 없다. 그래서 우리는 디자인의 기본이론 정도는 한번 확인해 보고 적용하며 살아보자는 것이다. 근데 '우리는 디자인을 한다' 라고 하면 자꾸 그 무엇인가를 첨가하려 한다.

> "가장 훌륭한 디자인은 더 이상 추가될 것이 없는 게 아니라 더 이상 뺄 것이 없는 것이다."
>
> \- 생떽쥐베리 -

이 명언을 기억하며 디자인의 기본원리를 이해하면 좋을 것이다.

디자인이란?

디자인은 창의력없이는 존재하지 않는다. 디자인은 가장 쉽게 표현하자면 '어떤 아이디어나 작업계획을 구체화시켜 나타내는 과정' 이라고 말할 수 있다. 디자인(design)의 사전적 의미로는 '현대사회의 의상, 공업제품, 건축 등 실용적인 목적을 가진 조형작품의 설계나 도안' 으로 명시되어 있으나 광의의 개념으로서의 디자인은 상업적 측면에서 판매와 유통의 목적을 지닌 제작물로 전달되어 인식되기도 한다.

디자인의 필요조건

디자인의 필요조건은 적합성(的合性), 심미성(審美性), 독창성(獨創性), 경제성(經濟性)의 4가지이다. 이 중에는 바로 무에서 유를 만들어내는 새로운 창조와 수준높은 창의성, 즉 독창성(獨創性)이 필수이다.

결국, 디자인의 목적은 합리적이고 인간공학적이며 무엇보다도 객관적인 사고로 설정되어야 하고, 기능성 및 실용성을 충족시켜야 하기에 적합성(的合性)이 필수적이다. 디자인에서의 미(美)는 인간 본연의 감성적이고도 이성적인 가치로 대중에 의하여 수용되고 공감되는 미(美)로 새롭게 정립되어야 하므로 바로 심미성(審美性) 또한, 필수적이다. 그리고 '최소의 비용으로 최대의 효과' 라는 경제원리가 디자인에도 적용되어 진다. 최소의 재료와 경비 및 추진력으로 최상의 효과를 얻어내는 경제성(經濟性)이 매우 중요하다. 돈만 많이 들여서 디자인하는 것은 그 누구도 가능할 것이기 때문에 경제성의 원리가 중요할 수 밖에 없다. 그래도 차별화 능력으로 구분되는 가장 지배적인 필수 요인은 독창성일 것이다. 곧, 창의력으로 그 가치를 극대화시킬 수 있다.

〈디자인의 필요조건〉

1. 적합성(的合性)

디자인을 진행하고자 하는 목적에 적합해야하고, 합리적인 설정이 매우 중요하며 실용성을 충족시켜야 한다.

2. 심미성(審美性)

디자인에서의 미(美)는 대중과 트렌드에 의하여 공감되는 아름다움이여야 한다.

3. 독창성(獨創性)

창의력이 기본, 아이디어가 독창적이어야 한다는 것은 핵심 요소이다.

4. 경제성(경제性)

최소의 경비와 노력으로 최대의 효과를 얻어야 하므로 경제성의 원리가 적용된다.

디자인의 원리

디자인 창의력은 아이디어가 개발되어질 때 디자인의 원리에 의거하여 대입하면 더 짜임새 있는 디자인으로 완성되어질 것이다. 지금까지 디자인의 원리를 많은 학자들이 분류할 때, 각 개체의 개념으로 조화, 통일, 변화, 균형, 비례, 대칭, 리듬 등으로 정리하였으나 나는 나의 박사학위 논문에 아래와 같은 그림으로 완성을 해 보았다.

디자인은 '조화' 라는 베이스 위에서 존재해야 하며 '통일' 과 '변화' 라는 두 가지 기본원리로 크게 분류될 수 있다. 그 중, 통일의 기본개념 속에서 '균형', '비례', '대칭', '리듬 속의 반복' 이 보여 질 수 있고, 또 다른 '변화' 라는 기본개념 속에서 '강조', '대비-대조', '비대칭', '리듬속의 점진과 교체' 가 이루어 질 수 있다. 가장 쉽게 그림으로 제시하면 다음과 같다(장규순, 디자인크리에이터자격증을 위한 기본서).

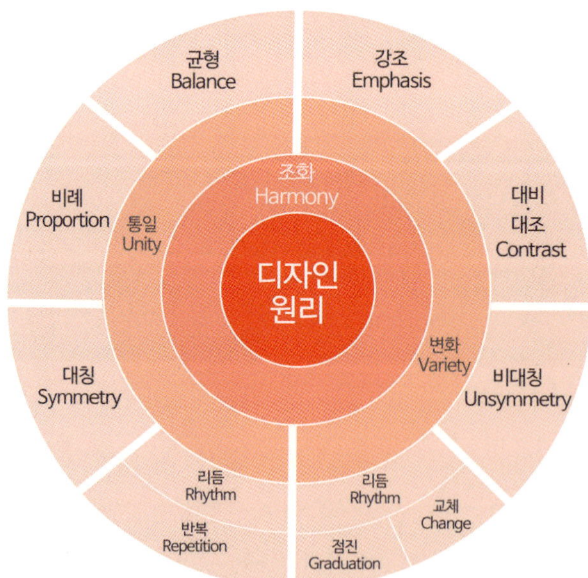

〈디자인의 원리〉

우리의 삶도 이러한 디자인의 원리에 따라 '모든 것의 조화' 라는 순리적인 베이스 위에 '감정의 평안에서 오는 통일' 과 '생활의 기복에서 오는 변화' 라는 두 가지 기본원리로 분류되지 않을까?

생활 디자인을 위한 원리

통일이라는 기본개념 속에서 생각의 긍정적 측면의 균형, 라이프스타일의 정리정돈인 비례, 생활의 안정감인 대칭, 리듬과 즐거움속의 일상생활에서 보여지는 규칙적인 반복이 나타나지 않을 까…? 한번 생각해 보았다.

또한, 변화라는 기본개념 속에서 우리 생활의 활력을 주기 위한 긴장감인 강조, 긍정성과 부정성의 대비-대조, 일탈이라는 의미의 비대칭, 그리고 리듬속에서 꿈이 점점 커진다는 의미로 그 크기인 점진… 그리고 우리 스스로 버려야 할 나쁜 습관의 교체라는 의미로 조성되어 질 수 있다고 한번 표현해 보고 싶다. 디자인의 원리처럼 우리의 삶에도 이러한 원리에 따라 정비된다면 더 리드미컬하고 정리정돈된 삶을 살 수 있지 않을까?

디자인 씽킹이란?

디자인 씽킹(design thinking)???

디자인 씽킹은 지금까지 디자인 과정에서 디자이너가 활용하는 창의적인 사고이고 전략이었다. 그런데 어느 한 순간 우리에게 보편화된 단어로서의 디자인 씽킹이 유행하고 있다.

멀티크리에이터로 꿈꾸기 위해서는 현실의 문제를 발견하고 해결하는 분석적 사고에 근거한 창조적 사고방법 중의 하나인 디자인 씽킹(design thinking)을 이해함이 매우 중요하다고 생각되어진다. 이 디자인 씽킹(design thinking)은 예전에는 단어 그 자체처럼 디자인 분야에서 아이디어 발상법으로 활용되었으나 최근 창업분야에서 아이템 개발 및 창의적인 사고방법, 문제해결방법의 하나로 많이 응용되어지고 있다.

예측불허한 산업혁명시대를 살아가면서 디자인 씽킹은 전문적인 디자인 관행보다 창업전문분야 및 평생교육분야에서 문제를 숙고하고, 문제를 더 창의적으로 해결할 수 있도록 이용할 수 있는 접근법으로 최근 산업과 사회적 문제에 적용되어 지고 있다.그러므로 우리는 이러한 흐름에 따라 내 삶에도 디자인 씽킹을 적용시켜 본다면 매우 유익할 것이다.

40년간 디자인을 전공하고 디자인 실무에 몸담았고, 또 가르친 경력에 비추어 본다면 디자인 프로세스를 통한 실무능력의 기초가 바로 디자인 씽킹(design thinking)이었고, 이 디자인 씽킹(design thinking)과정을 통하여 나는 특허 등 지식재산권을 취득하게 되었으며 이 지식재산권은 곧, 창업 아이템으로 연결되어 창업의 디딤돌 역할이 되었다는 생각이 든다.

이러한 경험에 의한 디자인 씽킹(design thinking)을 아주 쉽게 접근해 보고자 한다. 디자인 씽킹(design thinking)은 문제를 발견하고 바라보는 분석과 직관의 조화를 꾀하는 사고방식 중의 하나이다. 미국 스탠포드 대학교 내에서 운영되어지는 Design School의 학습방법 중 하나인 디자인 씽킹(design thinking)은 기업가정신(Entrepreneurship)을 교육하는 전 세계 교육기관에서 매우 관심이 높아지고 있는 과정 중의 하나이다. 특히 실리콘 밸리 벤처기업들이 문제해결을 위한 접근방식으로 디자인 씽킹(design thinking)이 활용되어지고 있는 것으로 잘 알려져 있다.

design thinking

결국, 디자인 씽킹(design thinking)은 문제를 발견하고 해결하는 분석적 사고에 근거한 창의적 사고방식을 말한다. 그래서 현재를 살아가는 우리에게는 필수적인 문제해결방법이 될 수 있다.

내 스스로가 생각하고 조성한 디자인 씽킹(design thinking)의 프로세스는 스탠포드 대학교 내에서 발표한 프로세스와는 좀 차이가 있다. 스탠포드 디자인 씽킹(Stanford Design Thinking)은 창의적인 혁신을 촉진하는 일련의 과정이라고 할 수 있는 Empathize, Define, Ideate, Prototype, 그리고 Test의 총 5가지의 단계를 반복하여 가장 바람직한 상태를 만들고 다양하게 적용시키는 학습방식이다.

그러나 내가 새롭게 조성한 디자인 씽킹(Design Thinking)은 총 6단계의 프로세스로 공감하기(Empathize), 문제정의하기(Define), 해결점 도출하기(Ideate), 최종결과확정하기(Confirm Result), 시제품 만들기(Prototype), 시장 테스트(Test)이다.

이것을 그림으로 그려 보면, 다음과 같다.

〈디자인 씽킹의 프로세스 6단계〉

디자인 씽킹 프로세스의 각 단계에서의 특징은 첫째, 위 그림의 육각형 도형과 같이 각 단계별로 처음에는 폭넓게 생각하여 아이디어를 확산(Flare)시키고, 정리단계에서 핵심 아이디어로 초점을 맞추는(Focus) 특징을 가지고 있다.

둘째로 디자인 씽킹은 요인 간에 복잡하고 다양한 요소들로 상호 작용하며 어느 한쪽이 다른 한쪽에 일방적인 영향을 끼치거나, 또는 원인제공의 관계형성에 조심성이 있다.

셋째, 디자인 씽킹은 초기 조사단계에서는 불확실성과 다양한 패턴이 존재할 수 있지만 통찰력이 필요한 영역에서는 시제품 콘셉트 설정이나 디자인에 이르는 과정으로 갈수록 그 개념이 명확히 되고, 하나의 콘셉트로 초점을 맞추게 되는 특징이 있다.

넷째, 디자인 씽킹의 핵심은 협업(Collaboration)에 있다. 서로 전문분야가 다양한 사람들과 함께 협업하여, 한 조직이나 사람들의 문제를 해결하고자 한다면 다양한 시각에서 그 문제를 접근할 수 있으며, 다양한 방법의 해결점을 찾을 수 있도록 한다.

위에서 제시한 디자인 씽킹의 사고체계적 특성에 따라 디자인 씽킹의 프로세스를 연계하여 보면, 트렌드에 입각한 디자인 씽킹, 그리고 창의적 개발방법으로서의 디자인 씽킹은 공감(Empathize)하기에 해당되고, 명확한 콘셉트 도출을 위한 디자인 씽킹과 문제정의를 위한 디자인 씽킹은 문제정의하기(Define)에 포함되며, 문제해결 능력으로서의 디자인 씽킹, 인간공학적 디자인 씽킹, 융합적 사고의 디자인 씽킹은 해결점 도출하기(Ideate)와 최종결과 확정하기(Confirm Result) 단계에 해당된다. 사업모델 실무적 사고의 디자인 씽킹은 시제품 만들기(Prototype)와 시장 테스트(Test)에 연계되어 프로세스가 진행된다고 볼 수 있다. 가장 쉽게 그림으로 표현하였다.

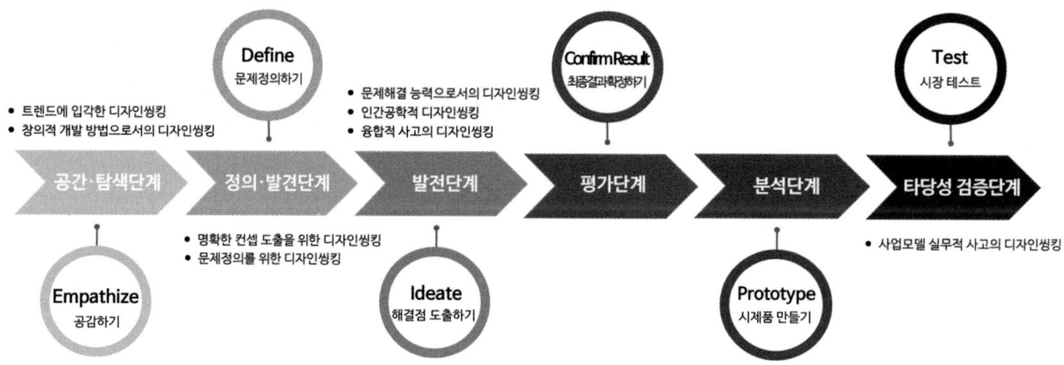

〈디자인 씽킹의 사고체계적 특성에 따른 씽킹의 프로세스 6단계〉

디자인 씽킹 프로세스

(1) 문제를 공감하기(Empathize with your User)

공감하기는 우리 삶에 있어서 매우 중요하다. 친구와의 관계, 가족과의 관계, 사회생활을 하기 위해서는 공감이라는 단어가 필수적인 것 같다.

공감하기(Empathize)란 스스로 다른 사람들의 이야기나 반응을 찾아 관찰하고 들어보며 느끼는 것을 말한다. 이를 위해서는 대상의 조직이나 사람들의 경험을 관찰하고, 그들의 환경에 직접 참여하여 경험하는 것이 중요하다. 그리고 이야기를 들어보는 것 또한, 필요하다. 상담이나 컨설팅의 원리하고도 비슷하다.

공감하기 위한 테크닉으로는 스토리보드 만들기(Stroyboarding), 그 환경에 직접 몰입하여 경험해 보기, 인터뷰하기(Interviewing)를 들 수 있다.

스토리보드를 만들기 위해서는 먼저 상대의 경험을 따라해 보고 각 과정별로 그림을 그려본다. 그리고 각 단계에서의 반응이 어떤지 살피며 감정적인 변화까지도 관찰해 보는 것이 중요하다고 할 수 있다.

① 스토리보드 만들기(Storyboarding)

스토리보드를 만들기 위해서는 먼저 사용자의 경험을 처음부터 끝까지 따라해 보고 각 과정별로 그림을 그려본다. 그리고 각 단계에서의 사용자들의 반응이 어떤지 살펴본다. 즉 감정적으로 어느 단계에서는 고조되었다가, 어느 단계에서는 흥분을 가라앉히기를 관찰하는 것이다. 예를 들어 감기가 심해 습도조절을 위해 가습기를 틀고싶다는 가정 하에 다음과 같은 스토리보드를 만들어 볼 수 있다.

이 과정에 대한 스토리보드를 작성해 보면 사용자들은 가습기 구매를 위하여 기능이나 가격비교를 하는 단계에서 불편함을 느끼는 것으로 나타났다. 또한 가습기 사용을 위한 셋팅과정에서 불편함을 느끼는 것으로 관찰되었다.

〈스토리보딩(Storyboarding) 방법〉

1. 사용자로서 실제경험을 공감할 수 있는 주제를 선정한다.
2. 6단계를 표현하는 빈칸을 만든다.

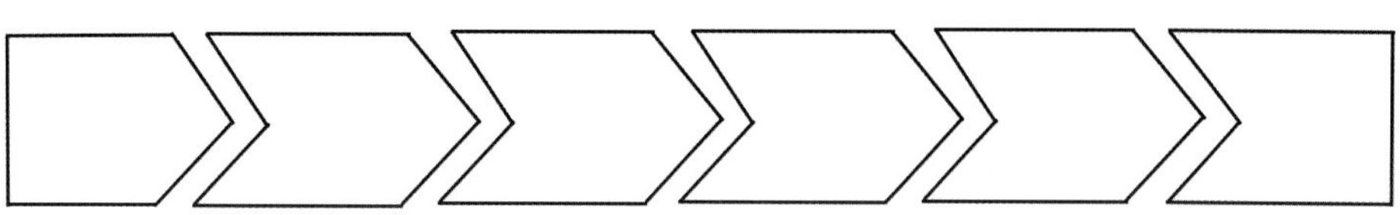

〈스토리보딩 6단계〉

3. 6단계 과정의 경험위주의 텍스트를 기입한다.

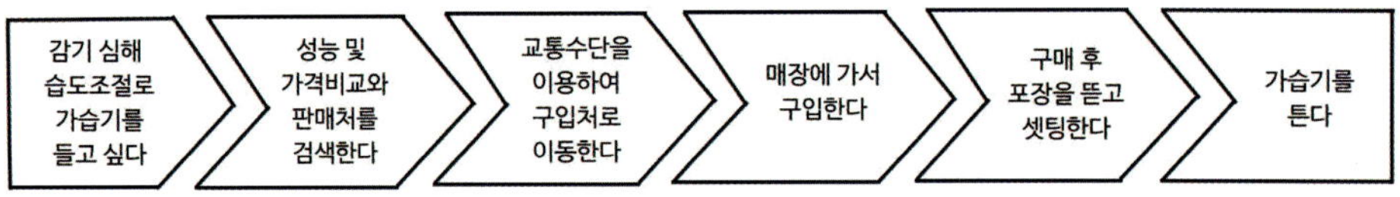

〈스토리보딩 6단계 사례〉

4. 6단계별 과정에서 느낀 점들을 그림 또는 사진으로 이미지화한다.

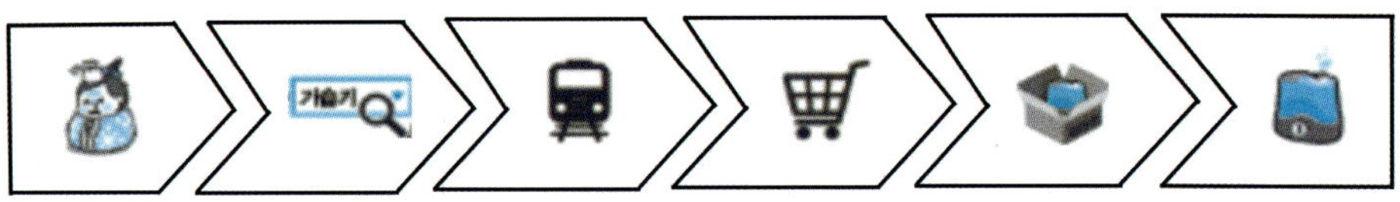

〈스토리보딩 6단계 이미지 사례〉

5. 사용자로서 실제 경험을 공감할 수 있는 주제선정에 적합한 프로세스가 완성되었는지 피드백해보고 소비자의 경험을 더욱 효과적인 방법도출을 위하여 다시 한 번 단계별로 점검하여 스토리보드를 보완한다.

② 사용자의 환경을 경험해 보기(Immersion)

사용자의 환경에 직접 몰입하여 경험해 보기(Immersion) 위해서는 상대방의 입장이 되어서 직접 경험해 보는 것이다. 그리고 그 경험하는 동안 어떤 느낌이 드는 지에 대해 관찰해 보는 것이다.

예를 들어 어린아이들이 채소가 들어간 반찬을 먹기 싫어하여 편식을 하게 된다. 이러한 아이들의 편식을 고치기 위해 채소형태의 캐릭터 가면이나 애니메이션을 통해 채소와의 친근감을 주고 채소가 보이지 않은 비주얼의 음식을 개발하여 줌으로서 즐거움을 더해주는 방법이다.

또 하나를 예를 든다면 소아과 병동에서 어린아이들을 대상으로 영상 의료기기들을 활용하여 검사하려면 어린아이들이 매우 불편함을 느낀다. 왜냐하면 MRI나 CT촬영을 하려면 장시간 동안 무서워 보이는 통속에 갇히는 듯 한 공포감을 감수해야 하고, 일정시간동안 움직이지 않고 가만히 있어야 하는 불편함을 이겨내야 한다.

이러한 아이들의 불편함을 해소시키기 위해 영상 의료기기 촬영과정을 해적놀이 과정처럼 바꾸어서 아이들이 공포감과 불편함을 해소하는 것이다. 이 해적놀이를 통해서 아이들은 자신이 해적의 캡틴이 되어서 '보트가 암초에 걸리는 것을 피하기 위해 움직이지 말아야' 하고, '그 사이에 물고기들이 지나가도록 어느 정도 가만히 멈춰있어야' 하는 놀이를 진행하면서 MRI나 CT 촬영을 재미있게 마치게 된되는 것이다.

③ 인터뷰하기(Interviewing)

인터뷰 할 때는 첫째, 다른 사람들이 그들의 경험을 당신에게 이야기 하도록 해야 한다.

둘째, 다른 사람의 얘기를 들어주면서 그들을 이해하려고 해야 한다.

인터뷰 시 요령은 다음과 같다.

1. 좋은 질문작성이 필수이다. '그렇게 생각하는 '증거' 를 보여주세요' 라고 요구한다.
2. '왜 그렇게 빨리 그리고 자주' 그러한지 물어본다.
3. 말로 표현하지 않는 어떤 단서를 관찰해 보라.
4. 진실되고 정확한 이야기를 들으려고 하라.
5. 고객의 입장에서 이해하고 공감과 호응을 사용한다.

(2) 문제를 정의하기(Redefining the Problem or Need)

문제나 사람들의 니즈를 파악하기 위해서는, 정보를 통합해 보고, 문제를 재구성해 보고, 무엇이 중요한지를 결정해야 한다. 문제를 정의하기 위한 테크닉(techniques for definition)은 바로, 관점(Point of View)에 있다. 관점에 있어서는 사용자(User)의 관점에서 생각해야 하며, 사용자들의 현장에서의 필요(Need)가 과연 무엇인지, 왜 그러한 필요가 생겼는지에 대한 이유를 그들의 입장에서 이해함이 필수라고 생각되어진다.

역지사지(易地思之)라는 한자성어처럼 다른 사람의 처지에서 생각하라는 뜻은 이 시대를 살아가는 우리에게는 꼭 필요한 배려의 습관이다.

문제를 해결하기 위해서 제일 중요한 단계는 문제를 바로 찾아내는 것이다.

(3) 해결점 도출하기(Ideate)

조직의 문제나 사람들의 니즈에 대한 해결책을 찾아내기 위해서는 가능한 많은 해결책을 생각해 내는 것이 좋다. 또한, 그 해결책들의 가능성을 조건없이 상상해 보라. 그리고 다양한 선택 방법들을 만들어 보는 것이다. 여기에서 해결책을 찾는 방법의 테크닉 중 하나로 브레인스토밍(Brainstorming)법을 가장 좋은 예로 들 수 있다. 해결점에 대해 생각나는 대로 여러 사람의 의견을 포스트잇을 활용하여 다양하게 작성해 보는 것도 매우 좋은 방법이다.

브레인스토밍

효과적인 브레인스토밍을 위해서는 다음과 같은 규칙이 있다.

- 아이디어의 질보다 양에 치중하라.
- 아이디어에 대해 함부로 지적하거나 비판하지 마라.
- 가능한 수 많은 아이디어를 발굴해 내어라.
- 그림이나 도식화로 시각적 효과를 강조하라.
- 컬러의 활용이 더 흥미롭게 제시된다.
- 제목을 정해보아라.
- 주제에 되도록 충실히 답하라.
- 독특하고 말도 안되는 아이디어를 무시하지 말고 그 자체로 인정해 주어라.

마인드맵(Mindmap)

또 한가지, 마인드맵(Mindmap)을 활용하는 방법이 있다. 마인드맵이란 문자 그대로 '생각의 지도' 란 의미로 본인의 생각을 편하게 지도를 그리듯 이미지화하여 창의력, 사고력. 기억력, 상상력, 지두력을 한 단계 높인다는 두뇌개발 기법을 말한다.

위에서 보여준 시각화된 브레인스토밍 방법으로 영국의 두뇌학자 부잔(T. Buzan)은 1970년대 초, 두뇌활동의 주요 핵심 개념들을 상호 관련시키거나 통합하는 방식으로 이루어진다는 연구 결과를 바탕으로 시각적 사고기법인 마인드 매핑(mind mapping)을 개발하였다(특수교육학 용어사전, 2009).

부잔은 일부 사람들은 그림과 상징물을 활용해 배우는 것이 훨씬 더 효과적이라는 생각이 들어 '마인드 맵' 을 고안해 냈다고 하는데 마인드맵은 유기적으로 연결되는 일련의 생각을 훌륭하게 상기시켜준다. 학습법과 기억력뿐 아니라 기업업무능력 향상 등에도 효과가 있는 것으로 알려져 각국의 학교들 뿐만 아니라 IBM, 골드만삭스, 보잉, GM 등 우수한 기업체들이 마인드맵 이론과 교재를 사원교육에 활용 중이다(시사상식사전, 박문각).

〈마인드맵의 효과를 마인드 맵을 활용하여 그린 그림〉

마인드맵을 활용하면 첫째, 복잡한 것을 조직화하는데 도움이 된다. 둘째, 관계성을 보여준다. 셋째, 다른 사람들에게 생각을 빠르게 전달할 수 있고 시각화작업이 되므로 그림이나 컬러펜을 활용하기에 효과적이다.

마인드맵을 사용하는 방법은 다음과 같다.

1. 종이의 중앙에 주제를 기입하고 시작하라.
2. 처음에 생각나는 언어를 쓰고 그것으로부터 연결되는 각 연결고리들을 작성해 보라.
3. 연결가지에는 문장보다는 핵심단어로 작성해 나간다.
4. 기호, 그림, 문장 등 표현력을 동원하여 작성한다.
5. 꼬리에 꼬리를 무는 아이디어를 계속 생각해 보라.
6. 컬러펜, 마카, 색연필 등 색채를 활용하면 효과적이다.

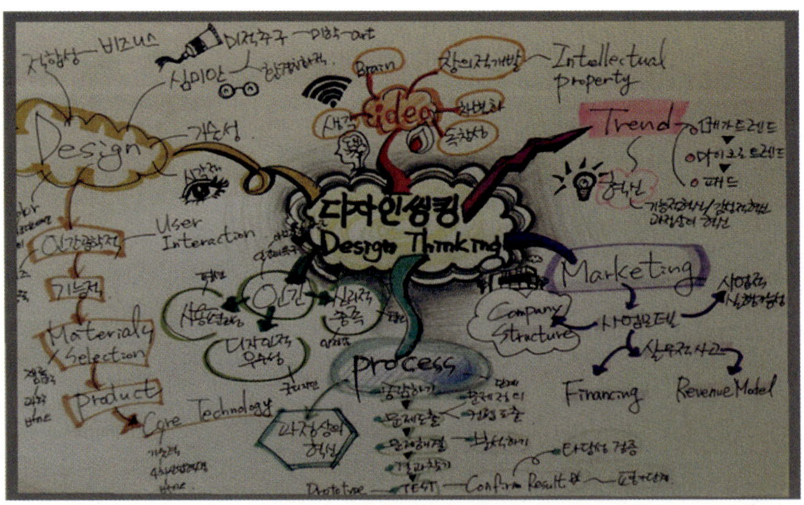

〈디자인 씽킹을 주제로 제작한 마인드 맵 사례〉

〈마인드 맵의 효과〉

1. 생각의 전환, 즐거움	5. 자기 계발
2. 두뇌의 활성화	6. 문제해결 능력
3. 지적능력 향상	7. 학습능력 향상
4. 창의력 습관 형성	8. 업무 추진력 향상

(4) 최종결과 확정하기(Confirm Result)

이 단계는 스텐포드 대학의 5단계에는 없는 필자가 만든 중요 단계이다. 이 단계를 필자가 삽입한 중요한 이유는, 바로 전 단계인 해결점 도출하기(Ideate)를 통하여 가능성 있고 다양한 해결책을 생각해 내었다면 이 문제해결방법의 실현과정으로 최종결과 확정하기(Confirm Result)의 단계가 필수적이라고 생각한다.

그 이유는, 전 단계의 해결방법의 재평가를 통하여 최선의 해결방법을 선택하고 새로운 제품의 요구에 대한 검토만이 아닌 자세한 조형, 모델 작성, 세부그림, 등 해답의 단계를 거쳐야 하기 때문이다. 도출한 해결항목들을 목적에 적합한 순위별로 재검증해 보며 시행착오의 과정을 줄일 수 있기에 매우 중요 단계라고 할 수 있다.

이 단계에서는 디자인 해결방법에 대한 세부분석이 행해지고 검증된 결과에 기초하여 의사결정이 다시 내려지게 된다. 바로, 변화와 수정을 거쳐 채택되는 가장 중요한 전략을 수립하는 합리적 해결단계이다.

(5) 시제품 만들기(Prototype)

시제품을 만드는 단계에서는 그 가치를 경험하고 검증하는 단계이기에 해결책을 현실화한다는 면에서 매우 중요하다. 이 단계에서는 해결책을 가시화하면서, 프로세스에서 몰랐던 것을 학습하며, 다른 사람들과 생각을 공유하게 된다. 또한, 물리적 환경에서 상상적 시나리오를 만들어서 시제품을 사람들이 경험해 볼 수 있도록 노력하고 분석해야 함이 중요하다.

시제품을 만드는 방법에도 도움이 되는 세 가지 방법은 다음과 같다. 이 방법들 중에서 해결책에 가장 적합한 방법을 선택해 보면 된다.

① 스토리보드 만들기: 해결책에 대한 전반적인 경험과정들을 그림이나 만화, 스케치 또는 간단한 말풍선 등으로 시각화해 보라. 포스트잇을 활용하거나 개별 노트를 활용하여 제작하고, 나중에 그 순서를 바꾸어 볼 수 있도록 하면 더욱 좋다.

② 도표로 표현해 보기: 아이디어의 구조, 네트워크, 프로세스 등을 지도로 나타내 본다.

③ 스토리텔링하기: 미래의 상황을 가정하고 해결책이 어떤 경험이 될 것인지를 다양하게 설명해 본다. 해결책을 소개하는 신문기사를 써 보는 것도 방법이다. 또는 그러한 직업을 소개하는 글을 써보거나, 편지 또는 프리젠테이션 보드를 제작해 보는 것도 한 방법이다.

(6) 시장 테스트하기(Test)

시장 테스트를 하기 위해서는 시제품에 대해 피드백을 통하여 재점검하는 것을 말한다. 사용자들로부터 배우게 되고 아이디어를 재구성하게 되고, 시제품을 다시 수정해 보는 시행착오를 거치는 단계가 된다. 이를 위해서는 사람들에게 시제품을 실제로 사용하게 해보고 그들의 반응을 들어봐야 하며 사용자들이 어떻게 경험하는지, 그리고 어떻게 느끼는지에 대해 분석한다. 왜냐하면, 사용자 테스트와 시장구현단계의 검증이 매우 중요하기 때문이다.

디자인 씽킹의 구조

스탠포드 대학교에서 제시하는 디자인 씽킹의 구조는 사람에게 필요한 가치와 비즈니스적 타당성, 그리고 기술적 실현 가능성, 이 세 가지를 기본 구조로 두고 있다. 그러나 이 기본구조를 기반으로 필자의 디자인 실무경력과 30여 가지의 특허 등 지식재산권 등록 경력, 이를 기반으로 한 교수창업경력을 활용하여 새로운 디자인 씽킹의 구조도를 제시하고자 한다. 여기에 바로 트렌드에 따른 혁신을 가장 기본적인 요인으로 제시해 보았다. 그 이유는, 아무리 기본구조가 잘 짜여져 있다 하더라도 현재 이 시점, 현재의 트렌드를 무시할 수 없다. 그래서 디자인 씽킹은 트렌드의 바운더리내에서 출발해야 한다. 이 내용을 쉽게 표현한 디자인 씽킹의 구조도는 다음과 같다.

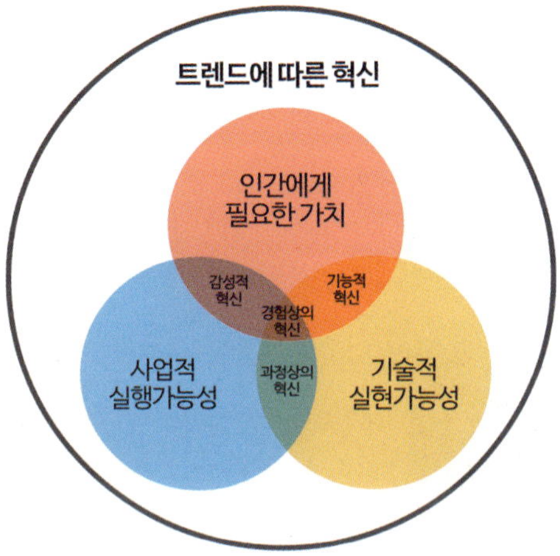

〈디자인 씽킹의 구조도〉

(1) 인간에게 필요한 가치(Human Value)

사람에게 필요한 가치에는 사용편리성(Usability), 디자인적 우수성(aesthetics), 심리적 충족(psychology) 이 세 가지로 결합시킬 수 있는데, 이 심리적 충족(psychology) 안에는 요즘 이슈가 되는 환경친화성(Sustainability)이 포함된다.

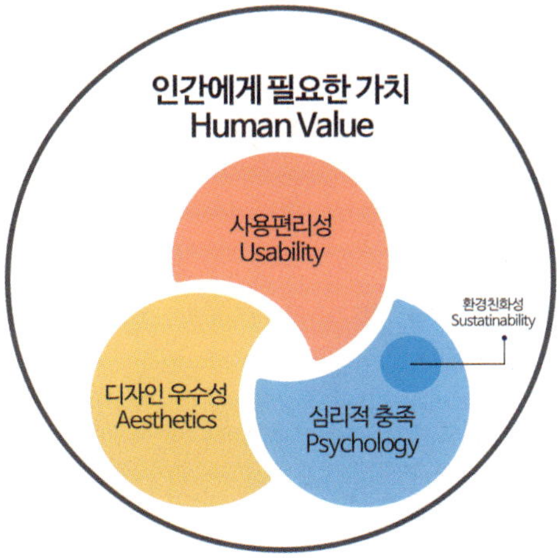

(2) 사업적 실행가능성(Business Viability)

사업적 실행가능성에 필요한 것은 수입모델(Revenue Model), 자금조달(Financing), 회사구조(Company Structure) 들이다.

(3) 기술적 실현 가능성(Technology Feasibility)

기술적 실현 가능성은 핵심 기술력(Core Technology) 보유, 제조방법의 독특성(Manufacturing Methods), 지식재산권(Intellectual Property) 등이다.

(4) 기능적 혁신(Functional Innovation)

사람에게 필요한 가치와 실현가능한 기술이 공통적으로 만족시키는 부분을 기능적인 혁신이라고 할 수 있다. 기능적 혁신에 필요한 것은 제품의 구체적 사양(Product Specifications)과 사용자들과의 상호작용 또는 교류(User Interaction), 그리고 재료의 선택(Materials Selection)이다.

(5) 감성적 혁신(Emotional Innovation)

인간에게 필요한 가치와 비즈니스의 실행가능성이 공통적으로 충족시키는 부분은 감성적 혁신(Emotional Innovation)이다. 여기에는 브랜드만들기(Branding), 고객과의 관계형성(Relationships), 그리고 마케팅(Marketing)으로 구성된다.

(6) 과정상의 혁신(Process Innovation)

비즈니스의 실행가능성과 기술적 실현가능성이 공통적으로 충족하려면 과정상의 혁신(Process Innovation)이 필요하다. 여기에는 물류의 혁신(Logistics), 원료수급 관리방법의 혁신(Supply Chain Management), 그리고 조립라인의 개선(Assembly Line Improvements)들로 구성된다.

(7) 경험상의 혁신(Experience Innovation)과 디자인 씽킹

디자인 씽킹의 세 가지 구조인 사람들에게 필요한 가치, 비즈니스의 실행가능성과 기술적 실현가능성을 모두 만족시키는 영역을 경험혁신(Experience Innovation) 이라고 하고 이 영역은 디자인 씽킹에서 추구하고자 하는 부분이다.

(8) 트렌드에 따른 혁신(Trend Innovation)과 디자인 씽킹

5, 6차산업혁명의 시대와 예측불허의 글로벌경쟁의 심화 속에서 트렌드를 읽지않으면 사회전반에서 발생하는 이 시대의 흐름을 이해할 수 없고 사회의 다양한 변화뿐 아니라 기업의 거대한 마케팅전략 속에서 시대혁신과 이데올로기를 유추해낼 수가 없다. 이와 같이 트렌드는 소비자의 라이프스타일에 의미와 가치를 부여하는 '혁신흐름' 을 주도적으로 이끌어 나감으로써, 이 과정의 동기부여에 대한 해답이 될 수 있다.

디자인 씽킹의 사고체계적 특성

디자인 씽킹은 문제를 숙고하고, 이 문제를 창의적으로 해결할 수 있도록 활용되는 접근법으로 모든 분야의 문제해결의 공통적 프로세스이다. 디자인 씽킹은 당면한 도전과제 속에서도 창의적이면서도 분석적 사고에 기반을 둔 숙련과정과 직관적 사고에 근거한 창조적 역동성이 새로운 기회로 변형하는 체계를 만들어 준다. 다음은 디자인 씽킹 사고체계적인 특성을 제시하고자 한다.

(1) 인간공학적 디자인 씽킹

디자인 씽킹이란 인간중심의 디자인 방법론으로 사용자의 니즈와 공감(empathy)에서 시작되고 이를 원동력으로 삼아 행동하는 역동적 혁신이다.

(2) 트렌드에 입각한 디자인 씽킹

이 시대가 요구하는 트렌드 키워드를 분석한 후, 트렌드를 어떻게 적용하여 사용자의 니즈를 읽는지 또한, 이에 따른 방법론의 단계까지 입각한 사고체계를 파악함이 중요하다.

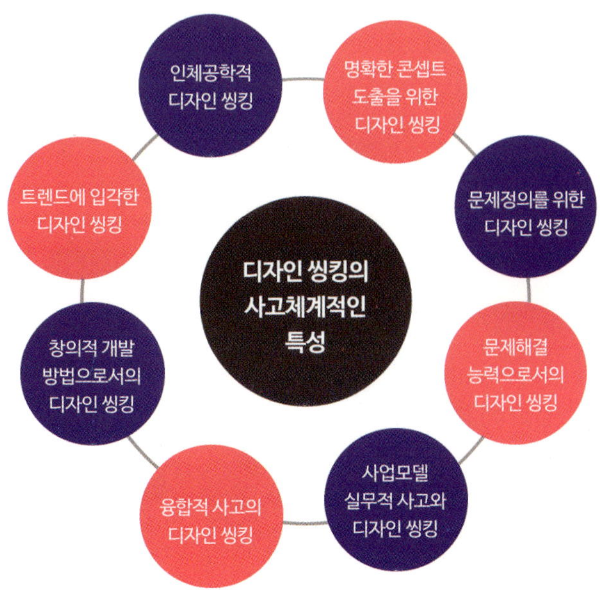

〈디자인 씽킹 사고체계적인 특성〉

(3) 창의적 개발방법으로서의 디자인 씽킹

아서 밀러가 주장했듯이 "창의성도 훈련이다"라는 의미는 창의력 개발은 단기적인 교육에 의한 결과가 아닌 끊임없이 노력하고 개발해야하는 훈련적인 능력이 요구되는 것을 강조하고 있다. 필자가 디자인 및 발명분야에서 습득한 창의력 개발방법 17가지를 제시해 보면 다음과 같다.

- 창의력 개발방법1_ 나 자신을 사랑하고 인정하고 칭찬하기
- 창의력 개발방법2_ 감사하기
- 창의력 개발방법3_ 감수성 함양과 감정표현의 극대화를 위한 자기점검
- 창의력 개발방법4_ 호기심과 문제의식 갖기, 자신만의 답 찾기
- 창의력 개발방법5_ 작문과 낙서는 기본
- 창의력 개발방법6_ 표현력을 극대화
- 창의력 개발방법7_ 몰랐던 것을 보게 하는 관찰력
- 창의력 개발방법8_ 도전력과 사고의 전환, 역발상의 쾌감
- 창의력 개발방법9_ 집중력 몰입능력은 필수
- 창의력 개발방법10_ 정보활용능력은 기본
- 창의력 개발방법11_ 끊임없는 연습으로 승부
- 창의력 개발방법12_ 역시, 인내
- 창의력 개발방법13_ 통합력, 결합력의 효과 느끼기
- 창의력 개발방법14_ 생각의 가속도를 즐기기
- 창의력 개발방법15_ 프로액티브 이미지네이션의 필요를 인식
- 창의력 개발방법16_ 어크날리지먼트(Acknowledgement) 전략을 활용
- 창의력 개발방법17_ 기회포착을 위해 준비

(4) 융합적 사고의 디자인 씽킹

'향후 10년간 사람들은 자신의 전문분야와는 완전히 다른 새로운 영역으로 경계를 넘어 생각하고 일하도록 요구받을 것이고 사람들은 이러한 경계를 넘어 기회를 규명하고 서로 다른 분야끼리 관계를 맺을 수 있어야 한다. 사람들은 다중렌즈를 통해 문제를 바라봐야 할 뿐만이 아니라

다중모드에서 일하고 훈련할 수 있는 능력을 갖춰야 한다.' 라고 제시한 클레멘토 모크의 주장과 같이 곧, 개인의 전공분야, 직무라는 일안렌즈의 시각으로 생각하고 생활했던 범주에서 벗어나, 다중렌즈라는 통합과 결합 속에 새로운 일자리를 창출해 내고 차별화된 전략으로 글로벌 무한 경쟁시대에 성공하기 위한 전략으로 '융합적 사고의 디자인 씽킹' 은 선택이 아닌 필수요소라고 생각된다.

(5) 명확한 콘셉트 도출을 위한 디자인 씽킹

명확한 콘셉트 도출할 때나 어떤 문제를 해결할 때에는 혼자서 생각하는 것도 중요하지만 타인들과의 다양한 생각을 공유하고 나눌 때 더 좋은 아이디어들이 배가가 된다. 디자인 씽킹도 다양한 인간들의 관점으로 시작하기 때문에, 타인들의 의견과 생각에 마음이 개방되고 수용하도록 노력하고 이 과정을 통해 본인의 창의성도 더욱 개발되는 계기가 될 수 있다.

(6) 문제정의를 위한 디자인 씽킹

인간들의 중요한 니즈나 문제를 재 정의하기 위해서는 다양한 정보를 통합해 보고자 하는 능력과 당면한 문제를 재구성해 보고 이에 따라 무엇이 얼마나 중요한지를 결정해야하는 문제도출로서의 디자인 씽킹이 필요하다.

(7) 문제해결 능력으로서의 디자인 씽킹

조직의 문제점이나 인간들의 중요한 니즈에 대한 문제해결책을 찾아내기 위해서는 가능한 다양한 해결책을 생각해 내는 것이 중요하다. 수많은 문제해결책을 다양하게 도출하기 위해서는 명확한 솔루션에 서로의 공감되는 혁신적인 답을 플러스하거나 마이너스를 하는 방법이 있다. 이러한 깊이 있고 폭넓은 해결책들의 가능성을 상상해 보는 디자인 씽킹이 중요하다.

(8) 사업모델 실무적 사고의 디자인 씽킹

디자인 씽킹기법을 활용한 창의적 문제발견 및 비즈니스 모델개발은 매우 중요하다. 제품과 서비스를 만들기 전에 가장 중요한 과정은 고객을 이해하고, 공감하며, 경청, 그리고 소통하며 체험하는 시간이 필수적이다. 각 개인별 환경과 관점, 라이프스타일에 심리적인 스타일 분석과 창업자의 비즈니스 모델이 가진 가치를 발견하고 프로토타입 제작 및 개선 등 검증하는 단계까지의 디자인 씽킹이 중요하다.

디자인 씽킹의 장점과 적용결과

(1) 디자인 씽킹(Design Thinking)의 장점

디자인 씽킹(Design Thinking)의 장점으로는 첫째, 타깃 고객과 비즈니스 모델을 빠르게 해결하게 만드는 매우 창의적인 문제해결방법이라는 점이다. 둘째, 경쟁자들과 차별화 전략을 개발할 수 있는 효율적 방법이다. 셋째, 디자인 씽킹 출발이 고객 중심의 마인드 셋이므로 고객의 입장에서 문제를 해결하게 하고 고객의 만족감을 높이는 차별적 방법을 찾아내도록 도와줌으로 고객의 만족감을 높인다. 문제해결방법에 있어서 디자인 씽킹은 매우 합리적이고 효과적인 방법이라고 할 수 있다.

(2) 디자인 씽킹의 단점

디자인 씽킹의 단점은 첫째, 공감을 위하여 끊임없이 조사하고 인터뷰하며 전략을 만들어내는 단계를 지나치게 진행하다 보면 생각에 문제가 발생할 수 있다. 너무 많이 생각하는 것도 힘들지만 너무 적게 생각하는 것도 좋지는 않다. 둘째, 모든 문제들이 달라서 디자인 씽킹의 방법을 표준화하는 어떤 하나의 방법도, 그 툴킷도 존재하지 않는다. 셋째, 고객에게 이득을 주는 혁신적인 아이디어일수록 하나의 아이디어에서 출발한 실현가능한 비즈니스 전략을 요구한다. 하지만 현실적으로 고객 이득도 높이면서 실현가능한 비즈니스 전략을 찾는 것이 쉽지 않을 때가 있다.

따라서 디자인 씽킹을 진행하면서 유의해야 할 주요 사항은 다음과 같다.

첫째, 디자인 씽킹은 문제를 해결하기 위한 사용자 중심의 접근 방식이므로 공감하는 단계가 핵심이다.

둘째, 디자인 씽킹은 불명확한 문제에 특별히 도움이 된다.

셋째, 디자인 씽킹은 반복과 피드백이 필요한 점진적이고 단계적인 과정이다.

넷째, 디자인 씽킹은 실행 그 자체가 중요한 것이다.

(3) 디자인 씽킹의 적용결과

디자인 씽킹의 기본원리를 창업교육에 적용시켜 본 결과 다음과 같은 시사점을 얻게 되었다.

첫째, 창의적 사고는 융합형 인재양성교육을 위해 도움을 줄 수 있다.

둘째, 창업자에게 사용자중심 관점에서 아이템 도출을 하는데 유용한 툴이다.

셋째, 그룹활동을 통해 협업과 창의력을 향상시키는데 도움을 준다.

넷째, 제한된 시간 내에 다수의 아이디어를 생성하는데 좋은 기법이다.

다섯째, 교수자 중심이 아닌 교수와 학습자 쌍방향 소통으로 참여율이 높다.

여섯째, 아이디어 창업뿐만 아니라 기술창업에도 적용될 수 있는 다양한 창업교육 프로그램 개발이 필요함을 각인시켜 준다.

일곱째, 정해진 시간 내에 전략과 효율을 통해 공감의 소통방법이 되므로 효과가 매우 크다.

여덟째, 창업자에게 필요한 고객관계, 파트너와의 커뮤니케이션에 유연한 사고를 제공한다.

아홉째, 학습자 뿐 아니라 창업전문교수의 역량개발이 필수적이다.

지금까지는 디자인 씽킹을 창업교육에 적용된 사례가 적어 보다 폭넓은 사례를 연구하고 분석함이 필요한 시점이다. 5, 6차 산업혁명시대를 준비하기 위하여 창의적인 문제해결방법의 접근법으로 이 시대의 산업과 사회적 문제에 적용되고 고객가치와 시장기회를 바꿀 수 있는 실행가능한 사업전략으로서의 디자인 씽킹교육이 실행되기를 기대해 본다.

디자인 프로세스와 디자인 씽킹 프로세스

디자인 프로세스(Design Process)

디자인 프로세스란 디자인제작을 할 때 모든 진행과정을 지칭하는 말이다. 디자인 계획부터 결과물을 제시하기 까지의 모든 단계를 표현하고, 제품 기획 및 창의력 과정자체를 포함하기도 한다.

디자인에 대한 프로세스는 일반상황에도 적용하여 자신만의 업무효율을 높이는 방법으로 모색할 수 있다. 그럼, 디자인은 어떠한 세부 프로세스를 거쳐 작업이 진행되어 지는 것인가? 각 디자인 분야마다 그리고 디자이너의 특성에 따라 다양한 프로세스를 활용하겠지만 기본적인 필수 단계가 있다.

그 필수 단계를 다섯단계로 제시해 본다.

1. 리서치 단계
2. 현황분석 단계
3. 아이디어 발상단계
4. 아이디어확정 & 프리젠테이션 단계
5. 검증 & 사후관리 단계

" **디자인 프로세스**

디자인 제작 시
모든 진행과정을 지칭.

디자인 계획부터
결과까지의 모든 단계 "

디자인 씽킹을 접목한 디자인 프로세스

위에서 제시한 디자인 씽킹 프로세스와 디자인 프로세스를 연계하여 쉽게 이해하도록 그림으로 표현해 보았다.

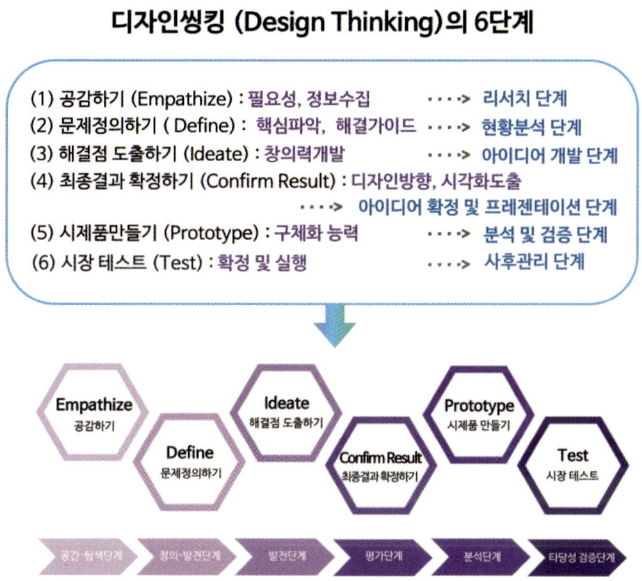

〈디자인 씽킹(Design Thinking)의 6단계〉

이 시대의 문제해결방법, 디자인 씽킹

디자인 씽킹(Design Thinking)을 적용해 보기

이러한 총 6단계를 문제해결방법으로 활용하기도 하지만 직접적으로 우리 삶에 적용시키기 위하여 행복이라는 기본개념 속에 새롭게 행복디자인 씽킹으로 적용하여 내용을 소개하고자 한다. 디자인 씽킹의 기본구조를 기반으로 우리 삶에 적용할 수 있는 새로운 개념으로서의 행복디자인 씽킹(design thinking)의 구조도를 그려보았다. 이 구조도는 자존감에 따른 혁신이 가장 기본적인 요인으로 제시되어야 하고 인간의 행복가치, 심리적인 충족, 생활적용 가능성의 세 가지 요인으로 이루어 진다고 제시해 본다.

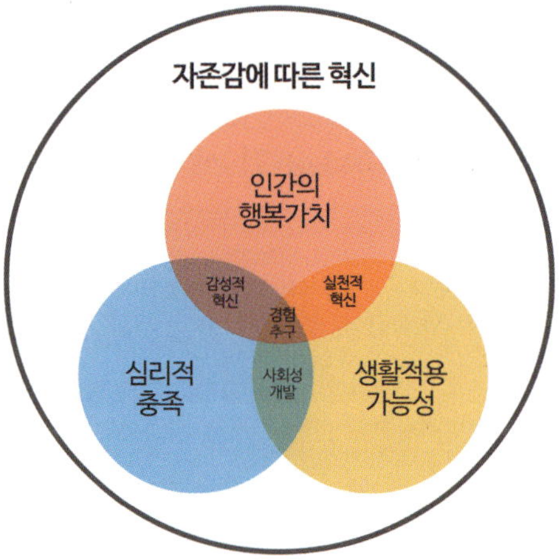

〈디자인 씽킹(design thinking)의 적용〉

위의 디자인 씽킹의 구조도에 따른 행복의 다양한 요인별 사고체계적인 특성을 8가지로 다음의 그림으로 새롭게 조성해 보았다.

〈행복의 사고체계적인 특성〉

이러한 디자인 씽킹을 우리 생활에 바로 적용하기 위하여 행복디자인 씽킹(happy design thinking)의 프로세스로 재조명하여 다시금 생각해 보았다. 왜냐하면 행복은 늘 우리 삶의 필수 아이템이기 때문이다.

행복추구를 위한 문제해결방법으로서의 디자인 씽킹(design thinking)의 프로세스 6단계는, 마음열기, 장애요인찾기, 해결방법 도출하기(Ideate), 최종결과 수용하기(Accept the final result), 실천하기 그리고 행복지수 추구를 위한 생활적용 테스트과정으로 생각해 보았다.

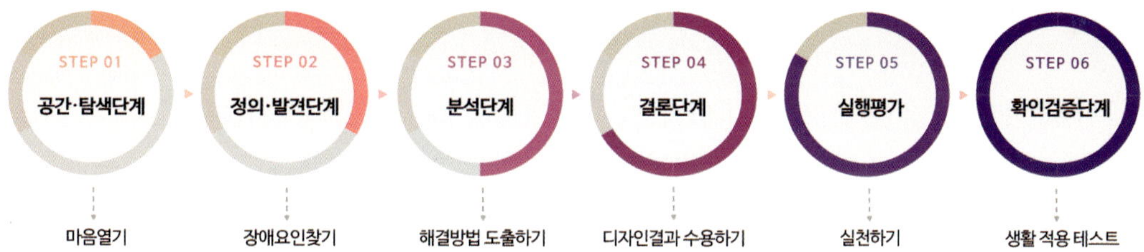

〈행복 디자인 씽킹의 프로세스 6단계〉

(1) 마음열기

마음열기란 내 스스로 갇혀있는 것이 아닌 다른 사람들에게 자신을 오픈하는 것이며 타인의 이야기나 반응을 찾는 것을 말한다. 이를 위해서는 첫째, 사람들의 마음에 동감하고, 둘째, 그들의 환경에 직접 참여하여 경험해 보고, 셋째, 대화가 필수적이다.

(2) 장애요인 찾기

문제나 상대방의 니즈를 파악하기 위해서는 첫째, 여러 장애요인이나 정보를 통합하고, 둘째, 문제점을 찾고 재구성해 보며, 셋째, 무엇이 중요한지를 결정해야 한다.

(3) 해결방법 도출하기(Ideate)

자신의 문제나 사람들의 니즈에 대한 해결책을 도출하기 위해서는 첫째, 가능한 많은 해결방법을 생각해 낸다. 둘째, 그 해결방법들의 가능성을 무한 상상해 보라. 셋째, 다양한 선택방법들을 모색하는 과정을 경험하다 보면 내 문제들의 방법들이 해결되어지기로 한다.

(4) 최종결과 수용하기(Accept the final result)

가능성 있고 다양한 해결책을 생각해 내었다면 나만의 문제해결방법의 실현으로 이 단계는 매우 중요하다. 결정에 따라 채택되는 합리적 해결책수립단계로 항상 부정적보다는 긍정적인 결과로 도출해야 한다.

(5) 실천하기

그 가치를 경험하고 검증하는 단계 바로, 해결책을 현실화하는 단계이다. 이 단계에서는 해결책을 가시화하면서, 제작과정에서 몰랐던 것을 배우며, 다른 사람들과 공유하게 된다. 실천하기는 생각보다 장애물이 많고 매우 어려울 것이지만 인내 속에서 또 다른 상황을 맞이할 것이다.

(6) 행복지수 추구를 위한 생활적용 테스트(Test)과정

나는 행복한가? 행복지수 추구를 위한 테스트(Test)과정으로 사용자들로부터 배우게 되고 아이디어를 재구성하게 되고, 다시금 수정하게 된다.

이를 위해서는 첫째, 사람들에게 행복지수 추구를 위한 점검을 하게 해보라. 그리고 그들의 반응을 들어보라. 둘째, 사용자들이 어떻게 경험하는지, 그리고 어떻게 느끼는지에 대해 이야기하게 해보라. 셋째, 감사함에 대한 검증이다. 이러한 검증은 매우 중요하다.

디자인 씽킹(Design Thinking)은 우리가 살아가는 이 시대에 매우 창의적인 문제해결방법이고 차별화 전략을 개발할 수 있는 효율적 방법이라는 점이다. 창의적 사고는 융합형 인재양성교육을 위해 도움을 줄 수 있으므로 미래의 산업혁명시대를 준비하기 위하여 이 시대의 산업과 사회적 문제에 적용되고, 미래를 위한 대책마련의 기회를 제공해줄 수 있는 실행 가능한 전략으로서도 중요하다. 또한, 행복한 삶을 영위하기 위한 나만의 차별화된 아이디어로 이 디자인 사고를 적용할 수 있다.

2

Emotion

감성이 중요

보라색 꽃비를 기다려 볼까?
보랏빛 우주에서 헤엄치기
내가 시인이라면
스트레스도 디자인 씽킹하자
디자인 감성이미지
예술사조, 그 시대의 트렌드 감성이미지

동백꽃

겨울이 좋아서 흙과 상의를 했지
난 봄보다 겨울에
인고의 꽃을 피울 거야

흰 눈이 좋아서 하늘과 협의를 했지
폭설로 덮여도
강인한 내 꽃을 반겨줘

그래서
난, 동백꽃

보라색 꽃비를 기다려 볼까?

보라색 꽃비가 내릴 확률이 0 %이지만 나는 상상으로 기다려 보려한다. 그리고는 보라색 우산을 준비하고 싶다. 당연히 보라색의 옷도 입을 것이다. 특별히 준비했던 보라색 구두를 신고 보랏빛 빗물을 첨벙첨벙 딛으며 그 빛깔의 향기가 피어 오르게 걸어 볼 것이다. 정상은 아니라해도 상상만으로도 행복하지 않은가?

> 나는 마침내 대기의 진정한 색을 발견했다. 그것은 보라색이다. 신성한 공기는 보라색이다. 앞으로 3년 뒤에는 모두가 보라색으로 작업할 것이다.
>
> \- 클로드 모네 -

〈클로드 모네 작품〉

1881년, 마네는 그의 친구에게
공기의 진짜 색을 발견했노라고 선언했다.
'바이올렛이더군. 공기는 바이올렛이야.'
'3년 뒤에도 세계는 여전히 바이올렛이겠지.'

많은 이들은 인상파 예술가들이 완전히 미쳤거나, 밝혀지지 않은 병에 시달린다고 결론을 내리고 '바이올레토마니아(보라색광)' 이라고 이름을 붙였다.

〈아르장퇴유의 내만 1872〉

〈아르장퇴유의 산책 1873〉

언제부터인지 주위사람들이 하는 말! 보라색을 보면 장교수가 생각난다고….
그 만큼 나는 보라색을 너무 좋아한다.
보라색 패션 아이템, 보라색 샤도우, 우리집 쇼파도 보라색! 온통 보라보라 코디네이션이다.

우리 민족은 옛날부터 보라색에 대한 선입견이 특별했다고 한다. 보라색은 빨강과 파랑이 혼합된 양면성의 감정이 공존하는 심리의 색으로서, 가시적인 중성색이기에 우리 눈에는 위험도가 높은 부정적인 색으로 인식되어 있었다. 그러나 보라색은 색상 그 자체만으로 고고한 세련미의 이미지를 주어 이로 인해 고대에는 귀족과 왕족만이 사용할 수 있는 특수 계층의 색상이었다. 왜냐하면 보라색이 일부 바다조개에서만 채취될 수 있는 아주 희귀한 색으로 많은 경제력과 권력을 바탕이 되어야 소지할 수 있었기 때문에 부유계층의 귀부인과 귀족들의 의상에 자주 사용되었다는 것이다.

기독교에서 예수 그리스도를 통한 하나님의 구원을 기억하기 위해, 교회에서는 보라색을 기다림과 회개, 고난의 상징으로 사용하였다고 한다.

보라(violet)는 빨강과 파랑의 중간색이며 이 색상은 가시광선 영역 안에서 볼 수 있는 색상 중에 가장 파장이 짧으며 이보다 파장이 짧은 광선은 자외선으로 분류된다. 보라색 위에 있는 자외선이 UV(Ultra Violet)이기 때문이다(위키백과).

인간이 인지할 수 있는 범위의 빛인 '가시광선' 중 가장 짧은 파장에서 나오는 보라색은 자연에서 찾아 볼 때 노랑, 빨강, 파랑, 초록에 비해 가장 드물게 발견되는 색이라서 우리들에게는 좀 특별함으로 느껴진다. 그래서 보라를 신비적이고 매혹적이라고 말하는 사람들이 있으며 색다른 감각적인 느낌으로 활용하기도 한다. 심리학적으로 볼 때 보라색은 몸과 마음의 조화를 원할 때 끌리게 되는 색으로 심신이 피로할 때 무의식적으로 찾게 되는 치유의 색이라고 한다. 여성이 임신하게 되면 보라색을 좋아하게 되고 특히, 갱년기 여성에게 자존감 회복의 마음의 치료, 심리치료 기능의 색이다. 뇌하수체의 기능과 연결되어 있어서 호르몬의 활동을 정상화 시키는 역할을 하기 때문이다. 흥분상태를 진정시켜주고 스트레스 회복에 좋은 효과를 가지고 있어서 향이 좋은 보라색 라벤더 꽃이 많이 활용된다. 더욱이 혈압저하의 작용을 하기때문에 고혈압 환자들의 옷이나 악세서리에 보라색을 활용해 주면 효과가 있다고 기록되어 있다.

보라색의 긍정적 키워드는 신비, 고귀함, 화려함, 초자아, 치유, 희망 등이고, 부정적 키워드로는 고독, 우울, 불안, 애증, 오만, 갈등, 애증, 이질성, 병약함 등이다.

우리가 부르는 보라색은 영어에서는 퍼플 purple과 바이올렛 violet으로 나뉘는데, 흔히 '퍼플' 은 붉은빛이 더 강한 보라, 즉 자주색(紫朱色)을 말하며 바이올렛은 푸른빛이 더 강한 보라, 즉 청자색(青紫色)을 말한다. 좀 더 전문적으로 파고들면, 퍼플은 '빨간색과 보라색이 혼합된 혼색' 으로 정의되며, 바이올렛은 무지개의 보라색이다. 광의적으로는 영어에서도 퍼플이 바이올렛을 내포하고 있기 때문에, 미국인들은 일반적인 보라색을 말할 때는 'purple' 을 더 많이 사용한다고 한다. 대부분의 유럽 대륙 언어에서는 Purple에 해당하는 단어는 마젠타같은 붉은 자주색을 뜻하고 보라색은 Violet에 해당하는 경우가 많다(더위키).

그래서, 보라색 꽃비는 평범한 우리의 일상에서 느끼지 못하는 전혀 색다른 경험으로서의 '오늘 속에 그려지는 나' 를 의미한다.

어느 순간, 나이가 들면 고정관념 속에 살아가는 것이 습관이 되고, 나의 일기장에는 매일 똑같은 하루가 그려지 듯 복사된 일상의 나를 만나게 된다. 그래서 특별한 나, 변화된 나를 이야기해보고 싶었다.

그 동안, 상상만으로도 입어 보지 않았던 보라색 옷도 입어 보고, 보라색 구두도 신어 보고 보라색 우산도 써 보는 특별함을 한번 맛보자는 것이다. 지긋지긋한 스트레스의 끝없는 시커먼 질투 속에서 우리의 행복은 점점 퇴색되어 가기 때문이다.

보랏빛이 주는 마술같은 신비의 하늘을 바라보고 보랏빛 향기를 맡아 보고 보랏빛 아이디어를 생각해 보는, 그런 '보라색 꽃비를 기다려 보는 특별한 상상'의 애틋한 하루를 만들어 보자.

보랏빛 우주에서 헤엄치기

보랏빛 우주를 상상해 본 적이 있는가?

우주의 시작은 어디서 일까? 우주의 기원에 대한 과학적 한계와 생명의 기원에 대한 생물학적 연구결과를 보아도 우리의 상상력을 불러일으킨다. 그리고 최신의 분자생물학과 분자 유전학의 발견들이 진화의 불가능성을 보여주는 논증들로 가득하다. 결국, 우리는 창조주 하나님을 기억할 수 밖에 없다.

어린시절 불렀던 동요, 반달의 가사처럼 '푸른 하늘 은하수 하얀 쪽배엔 계수나무 한 나무 토끼 한 마리…' 난 그 토끼를 기억하고 싶다. 과학적으로 말이 안되는 그 동화를 그리고 싶다.

일제강점기 나라잃은 민족의 애환을 달래주던 동요 '반달' 은 한국동요 작사 · 작곡의 선구자인 윤극영(1903~1988) 선생이 1924년에 작사, 작곡한 동요로 한국어 최초의 근대적 창작동요로 인정받고 있다. 노래의 분위기가 왠지 처연한데, 이는 윤극영이 이 노래를 작곡할 당시가 누이를 잃은지 얼마 되지 않았던 것과 무관하지 않다는 평이 있다. 윤극영이 어린 시절 시집 갔던 큰 누나가 고생만 하다 젊은 나이에 세상을 떠났다는 소식을 듣고 썼다는 이야기가 있다. 낮 하늘에 걸린 반달이 바다를 떠다니는 조각배 같다는 생각이 들어 작곡했다고 한다.

우리 선조들의 애환을 담은 그 감성이 우리 가슴에 지금도 남아있는 것은 우리는 한 민족이기 때문이다.

이러한 감성속에는 동화속의 한 장면같은 은하수의 벅찬 색상들, 방아찧는 토끼 뒷편에서 비치는 달의 빛깔… 토끼는 무슨 생각을 하면서 방아를 찧을까?

그 생각이 매우 궁금하다. 그런데 그 생각은 내가 만들 수도 있다는 것이다.

나만의 보랏빛 우주에서 나만의 동화를 만들어 보자. 그 생각의 우주공간에서 신나게 헤엄쳐 보자.

내가 시인이라면

내가 만일 시인이라면 그댈 위해 노래하겠어
엄마 품에 안긴 어린 아이처럼 나 행복하게 노래하고 싶어…

내가 만일 시인이라면… 어느 유명한 가수의 노래가사처럼 내가 시인이 된다는 그 느낌, 그 자체로 너무나 낭만적이고 멋지다.

1998년도에 나는 첫 시집을 출간하였다. 대학 다닐 때 꼬박꼬박 기록했던 내 일기장은 내가 보낸 하루를 점검하게 해주는 결과물이었고 나의 모습을 또한 재 정비해 주는 귀한 보석상자 같은 것이었다. 일기장에 하루 일과를 써 내려 가기 좀 지루할 때는 한 번씩 일기대신 시를 지어 시인의 흉내도 내어 보곤 하였다. 바로 이 끄적이던 내 보석같은 시들이 시집으로 정리되어 세상에 첫 인사를 한 것이다. 그 당시 컴퓨터 그래픽이 처음 도입되던 시기였던 1998년도… 나는 시 내용이 들어가는 바탕부분에 직접 레이아웃 및 일러스트레이션을 디자인하여 컬러로 인쇄하였기에 장규순 글, 그림의 '일러스트레이션 시집' 으로 완성될 수 있었다. 그 당시에는 멋진 시집이라 생각되었었는데 지금보면 많이 우습기도하고 촌스럽다.

난 시인이라기 보다는 내 생각자체를 늘 디자인하던 내 습관에 대입하여 상상하며 그린 것 뿐이었는데 시집을 발간해 보니 내가 시인인 줄 착각을 하였다. 그런데 이러한 착각도 나를 행복하게 했다.

내 생각을 디자인하는 창의력, 시

시는 내 생각을 글로 디자인한 결과물이다. 컬러링 도구로 스케치하거나 채색하는 그대로 글로 그림을 그리는 것이다. 이 세상에 없는 새로운 그림을 그리듯 언어의 마술사처럼 글로, 단어로, 문장으로 나는 새로운 세계를 탐구한다. 그리고 나만의 몇 줄의 글로 마침표를 찍는다. 이 마침표가 어울리지 않을 정도로 어색하여도 자신의 생각으로 표현했다는 그 자체만으로도 훌륭한 것이다. 평가조차도 내 몫이기 때문이다. 나만의 글을 써보고 내스스로 100점을 주는 습관도 자존감을 키우는데 매우 중요하게 작용할 수 있다.

무한경쟁의 시대… 성적의 기준으로 줄을 세우는 시대, 졸업장, 자격증으로 자신을 증명하는 이 시대… 살아남기 위하여 지금도 우리는 각자의 위치에서 힘들게 노력한다. 가슴 아픈 현실 속에 살아가려면 일단 현재의 나를 살펴 보자. 어떤 마음의 상처가 있는 지, 어떤 고통이 있는 지… 이 때, 내 생각, 내 마음을 점검하며 명상의 시간을 가져 보자.

긴 심호흡에 나를 싣고 나 자신과 내 생각을 디자인한다는 마음으로 시를 써 보자. 왜냐하면 시는 내 생각, 내 눈물, 내 아픔을 단어로, 문장으로 정리하여 주는 나 자체이기 때문이다.

우리 모두는 시인

내 생각은 시라는 도구로 지금까지 살아 온 내 삶자체를 디자인할 수 있다. 그래서 시를 쓸 때면 나를 세워놓고 저 먼 곳에서 나를 관찰한다. 주관적인 내가 객관적인 소통의 언어를 공감이라는 색깔로 찾는다. 그래서 나는 행복하다. 그래서 우리 모두는 시인이 될 수 있다.

가슴속에 그대로 담아두지 못하고 두서없이 일기장에 쏟아두었던 글을 이제 먼지 틈에서 찾아내어 조심스레 세상앞에 모습을 드러낸 시집, '당신이 만드신 난, 사랑악기'! 세월의 두께만큼 잠들어 있던 글을 사랑의 빛깔로 생명을 불어 넣어 햇빛아래로 살며시 꺼내 보았던 내 시집이다.

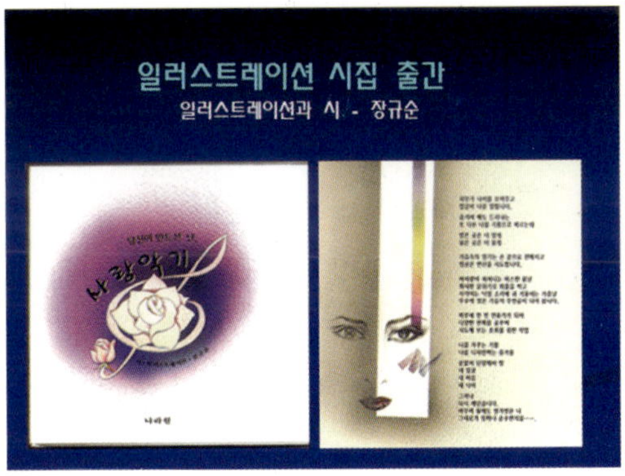

나는 '아버지' 라는 시를 제일 좋아한다, 생전에 아버지는 이 시를 큰소리로 낭독하시며 흐뭇해 하셨기 때문이다. 이 시 내용에 있는 아버지의 눈물이 이제는 내 눈물이 되어 지금도 내 마음에 흘러 내린다.

아버지

장규순(1997)

아버지가 나를 바라보고 계시듯
나도 아버지를 항상 바라봅니다.

아버지의 불호령 한마디에 내 삶은 차렷을 하고
아버지의 콧노래에 내 노래는 후렴이 되었습니다.

아버지가 원하는 숫자만큼 나는 늘 가지고 있어야 했기에
지금도 그 양만큼 가지지 못함이 아쉬움으로 남아…

어떠한 기쁨을 더 드려야 할지요.

할머니께 다 드리지 못한 아버지의 가슴 속 사랑들이
주름사이로 흐르는 눈물 속에 묻어져 나옵니다.

그 사랑이 내 가슴속에서 아버지의 사랑으로
다시 묻어져…

아버지의 흰 머리카락 수 만큼
살아온 내 인생의 날들이 부끄럽지 않기를
언제나 기도하면서
내 솜씨만큼 그려지는 아버지의 사랑

내 마음 한 켠에는
늘 아버지의 자리가 우두커니 남겨져 있습니다.

*** 애틋한 ㅇ점 맞은 짝사랑 시**

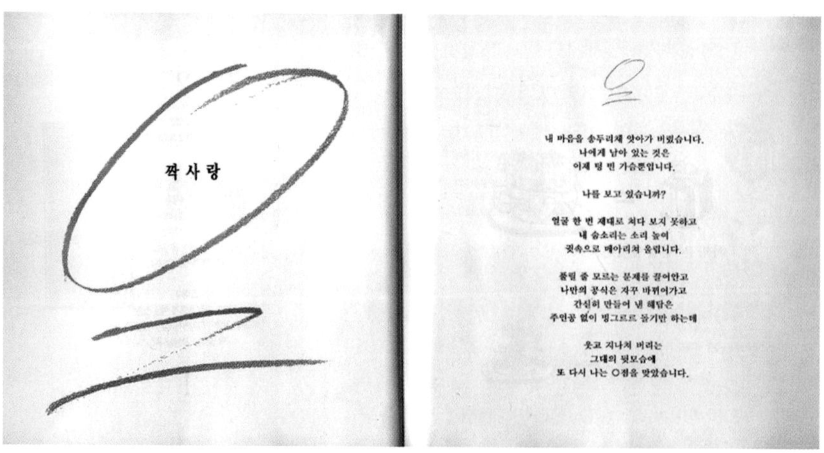
짝사랑

내 마음을 송두리째 앗아가 버렸습니다.
나에게 남아 있는 것은
이제 텅 빈 가슴뿐입니다.

나를 보고 있습니까?

얼굴 한 번 제대로 쳐다 보지 못하고
내 숨소리는 소리 높여
귓속으로 메아리쳐 울립니다.

풀릴 줄 모르는 문제를 끌어안고
나만의 공식은 자꾸 바뀌어가고
간신히 만들어 낸 해답은
주인공 없이 빙그르르 돌기만 하는데

웃고 지나쳐 버리는
그대의 뒷모습에
또 다시 나는 O점을 맞았습니다.

스트레스도 디자인 씽킹하자

내 걱정지수를 환산해 본다면 어느 정도일까? 왜 걱정과 염려, 근심은 끝이 없을까? 마인드맵처럼 꼬리에 꼬리를 물고 우리 안에 있는 평안을 파괴할까?

현재의 나를 지배하고 있는 제일 커다란 걱정은 무엇일까?

시소에 나의 행복,걱정을 올리면, 기울어지는 쪽은?

놀이터 시소에 나의 행복과 걱정을 올려놓는다면 어느 쪽으로 기울어질까? 우리는 어릴 적 놀이터의 시소를 잊을 수가 없다. 그런데 시소의 특징은 절대로 혼자 탈 수가 없다는 것이다. 그 누군가와 함께하는 놀이기구이다. 그래서 다행이다.

'시소(영어: seesaw)는 긴 널판의 한가운데를 괴어 그 양쪽끝에 사람이 타고 서로 오르락내리락하게 만든 놀이기구이다. 놀이터의 시소는 일반적으로 균형점이 거의 가운데에 맞추어져 양쪽균형을 이룬다. 각기 양쪽끝에 탄 사람은 한 번에 한 사람씩 발을 굴러 각각의 끝편을 위로 솟아오르게 한다. 놀이터 시소에는 대개 타는 사람이 잡을 수 있는 손잡이가 설치되어 있다. 여기에 사람이 마주 보며 탄다(위키백과).'

시소의 정의를 보면서 흥미로운 두 가지 생각이 들었다. 첫째는 '놀이터의 시소는 일반적으로 균형점이 거의 가운데에 맞추어져 양쪽균형을 이룬다' 바로, 중심이 있다는 것이다. 내가 그 중심을 어디에 맞추느냐에 따라 무게의 정도가 달라진다. 나는 개인적으로 내 신앙에 항상 중심점을 맞춘다. 지금까지 살아오면서 이 중심점이 없었다면 내 인생은 공허하고 피폐해질 수밖에 없기 때문이다. 두 번째는 위험을 방지하기 위해 타는 사람이 잡을 수 있는 손잡이가 있다는 것이다. 걱정염려에 지치고 지쳤을 때, 그 쏠린 무게감으로 정신조차 못 차릴 때, 나는 손잡이가 있는가? 없다면 그 위험 속에 방치되고 만다. 그 손잡이는 나 자신이 될 수도 있고, 내 옆에 있는 그 누군가가 될 수도 있다. 무게를 못 이겨 낸다면 오늘부터 손잡이라도 찾아야겠다.

'아이들이 시소를 탈 때, 위험할 수도 있다. 저쪽 아이가 갑자기 세게 뜀뛰기를 하여, 이쪽 아이가 갑자기 땅에 세게 부딪힐 수도 있다. 또한, 저쪽 아이가 땅 쪽으로 내려앉아 있을 때, 시소에서 갑자기 내리면, 이쪽 아이가 갑자기 솟아오르게 되면서, 땅에 떨어져 다칠 수도 있다. 이러한 이유로, 대개 시소는 모래밭과 같은 부드러운 땅 위에 설치된다(위키백과).'

중요한 것은 위험요소이다. 걱정이 갑자기 뜀뛰기를 한다면 나는 갑자기 땅에 세게 부딪힐 수 있다. 또한, 근심걱정이 땅 쪽으로 내려앉아 있을 때, 시소에서 갑자기 내리면 난, 갑자기 솟아오르게 되면서, 땅에 떨어져 다칠 수도 있다. 이러한 이유로, 대개 시소는 모래밭과 같은 부드러운 땅 위에 설치된다고 하는데 내 밭은 어떤가? 놀이터처럼 모래밭인가? 아님 나 스스로가 만든 차가운 콘크리트 바닥인가? 점검할 것이 많다. 왜냐하면 나는 나 스스로 차가운 콘크리트 위에 맨발로 서도록 방치하고 있기 때문이다. 이러한 상황에서 나는 다행이도 담대한 편이다. 나의 신앙이 중심을 잡게 하고 손잡이를 제공해 주며 땅에 곤두박질하여도 상처가 덜 나도록 부드러운 모래밭이 되어 주기 때문이다.

재활용할 만한 스트레스는 없다

한번 눈을 감고 무게를 측정해 보자. 나를 끊임없이 괴롭히는 걱정과 염려는 과연 무엇인가? 인생은 왜 이리 다양한 일들이 많은지, 허겁지겁 살다보면 내 생각과 마음속에 쓸데없는 걱정과 근심, 쓰레기들이 가득가득 쌓인다. 재활용할 만한 스트레스는 없다. 걱정은 꼬리에 꼬리를 물어 점점 길어지고 끝이 보이질 않는다. 이럴 때, 낮은 자존감이 있다면 우리는 한 방에 무너질 수 있다. 우울증이 생겨나고, 상황에 따른 분노와 화병이 찾아오고, 불면증이 오고, 내 성질로 주위사람들과 분쟁이 발생한다. 그래서 우리는 각자의 스트레스 해소방법을 꼭 찾아내어야만 한다.

스트레스를 '디자인 씽킹' 하라

우리가 이 세상을 살아가면서, 걱정, 근심, 스트레스가 없는 사람이 정말 있을 까? 돈이 많은 사람은 돈이 많은 것 때문에 근심이 생기고, 돈이 없는 사람은 돈이 없는 것 때문에 힘들고 어려움에 부닥친다. 돈많은 가정들을 보면, 부모유산으로 형제들이 남보다 못한 원수가 되는 상황을 목격할 때면 안타까울 때가 있다.

어느 순간, 내가 감당해야 할 업무들로 쉴틈조차없이 달릴 때, 열심히 해야한다는 억압 속에 나도 모르게 자다가 벌떡 일어난 적이 있다. 학교에서 창업지원단장 외 보직 네 가지를 한꺼번에 맡았을 첫해에는 내 머리에 과부하가 걸려 힘든 시기가 있었다. 학과 교수, 교수창업업무 외에도 협회장, 동창회장, 재능기부봉사, 각 학회 부회장 일 등등. 그리고 여기에 플러스 된 삼 남매 엄마. 어떻게 감당하고 살았는지. 참 어이가 없다. 지금은 습관적으로 이 많은 일들을 감당하다 보니 1년 동안 해야 할 스케줄들이 머릿속에 정리되어 일상적인 나만의 필요업무로 되었지만, 처음에는 너무 힘들어 친한 선배교수의 소개를 받아 맥을 잘 잡는 것으로 유명한 한의원에 가서 검진받은 적이 있다. 그때, 그 한의사의 첫마디를 잊을 수가 없다. 직업조차 말을 안하고 진맥만 받은 나에게 '투 잡' 을 하며 살아가냐고 질문을 하였다. 그 당시 50세 초반인 내 맥은 수험생 맥이 뛴다고 했다. 이 세상에 이런 맥은 두 번째로 본다고 표현하였다. 말 그대로 내 삶은 과부하였다. 너무 바쁜일상에서 오는 업무에 대한 책임감의 과부하는 참을 수 있으나 나도 모르게 나를 짓누르는 걱정, 근심, 스트레스가 문제였다. 이 스트레스는 내가 조절하지 않으면 의학적으로도 결국 병으로 진전되어 나를 망가뜨린다. 아무런 스트레스가 없는 사람이 이 세상에 과연 있을 까? 이 스트레스를 어찌 해소할 수 있는가?

스트레스 총량불변의 법칙

우리가 흔히 알고 있는 '질량불변의 법칙', '질량보존의 법칙' 이 있다. 이 원리를 보며 나만의 원리를, 나 스스로 위로하는 한 가지 방법을 터득하였다.

'나의 스트레스 총량 불변의 법칙!'

'질량불변의 법칙', '질량보존의 법칙' 은 화학반응의 전후에서 반응 물질의 전체 중량과 생성 물질의 전체 중량은 같다고 하는 법칙이다. 이 법칙을 기반으로 여러 가지 비유의 총량 불변의 법칙들이 흥미있는 비유로 적용되어 진다. 사람이 살면서 누릴 수 있는 행복의 총량은 불변한다는 행복 총량불변의 법칙, 주위 사람들에게 전이되고 전이되어 결국 총량이 같아진다는 스트레스 총량불변의 법칙 등등 여러 비유가 회자한다.

내 스트레스를 조금이라도 삭감시켜 줄 '나만의 스트레스 총량불변의 법칙' 이 있다. 지금까지 살아오면서 곰곰이 생각해 보니 내 머릿속의 스트레스는 하얀백지처럼 맑아진 적이 별로 없다는 것이다. 제일 높은 스트레스가 나를 괴롭히다가 해결되는 듯하면 또 다른 스트레스가 그 순위로 올라선다. 마치 인터넷 검색순위처럼 말이다. 그것이 또 평안으로 해결되는 듯하면 또, 또, 그래서 이렇게 결론을 내렸다.

지금 이 글을 쓰는 중에도 우리 아파트 앞동에는 이사를 하느라 이사탑차의 소리가 들린다. 누구는 더 큰 집으로 기쁘게 이사를 하고, 누구는 상황에 따라 지금보다 더 좁은 평수로 갈 수 있을 것이다. 누구는 이 도시의 오염이 싫어 귀촌을 기쁘게 준비하며 이사를 한다. 일단, 이사는 그 자체로도 스트레스이다. 감당할 일들이 너무 많기 때문이다. 스트레스, 스트레스, 스트레스.

이 스트레스를 즐길 수밖에

지금 불면증까지 유발하는 이 스트레스는 내 것이다. 이것이 사라지면 더 큰 스트레스가 오는 그 자리를 내어 줄 바에는 이 스트레스를 즐겨보자.

그래서 나는 이 스트레스와 대화를 나눈다. 그 원인 제공자를 가상에 두고 열심히 대화를 나눈다. 그리고 메모한다. 그러다가 나 스스로 위로받는다. 넘어져서 무릎을 다치면 약을 바르고 호호불어도 그 상처가 거의 낫기 전까지는 끝없이 아프다. 그러나 그 아픔은 하루하루 지나면서 조금씩 아픔의 강도가 적어지고 며칠이 지나면 그 상처가 내 일부가 된다. 결국 이 상처는 나을 때쯤 가렵게까지 하다. 상처가 나을 때 가려운 이유가 있었다. 염증반응 시 체내에서 분비되는 히스타민이라는 물질은 체내에서 여러 작용을 하게 되는데 그중에 가려움증을 유발하는 작용도 한다고 들었다. 어릴 때, 의사였던 엄마에게 상처가 남을 끝 무렵인데 왜 가렵냐고 질문을 하면 이제 그 상처는 다 낫고 있다는 즐거운 표징이라고 늘 말씀하셨다.

스트레스도 이와 같다. 간지러워서 웃어 버리자. 아니 가려움이 없다 한들 나 스스로 웃어줄 가려움을 찾아보자. 종이와 펜을 꺼내서 다 써 보라. 내 스트레스를 그림으로 그려보라. 내 스트레스와 비슷한 노래도 찾아보며 너도 나랑 비슷하구나! 동지 의식을 느껴 보라. 스트레스가 0인 사람은 이 세상에 아무도 없기 때문이다.

내 스트레스는 내 손안에 있소이다.

내 스트레스는 내 것이다. 내 생각안에, 내 손안에 있다.

나 스스로가 내 스트레스의 무게와 부피를 정할 수 있다.

내 몸무게는 나 스스로 만들어 나가는 의지에 의해 정해지는 것처럼, 내 몸의 부정적 콜레스테롤, 건강을 해치는 체지방을 운동으로 승화시켜 태워버리는 것처럼, 내 스트레스도 나 스스로 가공시켜 나갈 수가 있다. 그래서 스트레스의 무게와 부피는 내가 정하는 것이다.

디자인 감성 이미지

디자인은 감성이 필수적이다. 아무런 의도도 없이 디자인을 완성할 수 없기 때문이다. 그래서 감성, 감각, 이미지에 대하여 알아보자.

감성(感性)은 느낌을 받아들이는 성질이나 감수성을 말하며 또한, 대상으로부터 감각되고 지각되어 표상(表象)을 형성하게 되는 인간의 인식 능력이라고 국어사전에 기록되어있다. 자극이나 자극의 변화를 느끼는 성질. 프로이트의 무의식 실험을 통해 알려진 인간의 성격의 한 종류이다. 또, 감각(感覺)이란 단어가 있다. 감각은 외부의 물리적 자극으로 인간의 의식에 변화가 생기는 것을 의미하며 사물의 가치나 변화 등을 알아내는 정신 능력이라고 백과사전에서 정의하고 있는데 이 두 가지 용어에는 차이가 거의 없음을 알 수 있다.

이미지(image)는 마음속에 그려지는 사물의 감각적 영상(映像)이나 심상(心象), 또는 어떤 사람이나 사물로부터 받는 느낌이나 인상이다. 이러한 사전적인 의미에서 본다면 감각이나 감성을 전달하기 위한 이미지의 연출이라는 복합어로서 해석하여 '감성 이미지'라는 표현을 사용하고자 한다.

디자인 감성 이미지는 현재까지 각 연구자의 주관적 성향에 따라 다종다양한 유형에 따른 분류들로 발표됐다. 장규순의 박사학위 논문을 발췌하여 디자인 감성 이미지를 보다 체계적이고 이론적인 분석을 통한 10가지의 디자인 감성 이미지로 다시 도출해 보았다. 선행연구의 다양성 있는 감성 이미지의 유형에 대하여 객관성 있는 데이터 분석과 선행연구자 32명의 유형이론을 상세하게 살펴보았다. 이에 따른 체계적인 검증 과정으로서의 기준축출을 위하여 최소 점인 4가지 유형과 최대 점인 12가지의 유형을 고려하여 그 빈도수에 따라 가장 많이 중복된 감성 이미지를 비교 분석하였으며 이 과정을 통하여 10가지의 디자인 감성 이미지를 도출하게 되었다. 곧, 모던(Modern), 매니쉬(Mannish), 액티브(Active), 컨트리(Country), 내츄럴(Natural), 에스닉(Ethnic), 클래식(Classic), 로맨틱(Romantic), 엘레강스(Elegance), 소피스티케이티드(Sophisticated)이미지로 세부적인 내용설명은 다음과 같다. 디자인 감성 이미지를 패션으로 대입시켜 설명하면 그 이해가 더 쉬울 것이다.

(1) 모던(Modern) 이미지

모던(Modern)은 "근대적", "현대의"라는 사전적 의미로, 대중적인 보편적 가치보다는 남다른 개성을 추구하는 특별한 성격의 감성으로 현대적이고 지적인 세련미와 미래지향적인 이미지의 진보적인 스타일이다. 도시환경에 적합한 합리적이고 기능적인 이미지로 샤프하고 차가운 느낌이 강하다. 컬러는 도시적이며 이지적인 차가운색과 하이테크 이미지 색이 속하며, 생략과 절제의 미를 추구하는 심플한 도시 감각인 미니멀리즘(minimalism)이 여기에 속한다. 미니멀리즘은 단순함에서 더 나아가 최소한으로 억제된 생략의 표현법을 사용한다. 하이테크란 하이 스타일과 테크놀로지의 합성어로 모던에서 파생된 일종의 미래지향적인 감각인 첨단 과학적 이미지를 말한다. 차가운 스틸 감각의 심플하고 모던한 디자인에 나일론, 인공피혁, 알루미늄, 금속 등 소재

자체가 특징이라고 할 수 있다. 이러한 모던 이미지에는 데카당스, 데 테스 테, 쉬르리얼리즘, 아방가르드 분위기가 포함된다. 아방가르드는 15세기의 프랑스 군대 용어로 선두에 서서 돌진하는 부대를 의미하는데 기존의 개념을 부정하고 전통을 무시하거나 파괴하기 위해 새로움을 창조하는 실험적인 전위예술로 독창적이고 기묘한 디자인의 경향을 말한다.

(2) 매니쉬(Mannish) 이미지

매니쉬란 남성적이라는 의미로 자립심이 강한 여성을 표현할 때 인용되는 감성 이미지이다. 남녀평등을 주장한 시대적 배경 속에 파생된 감각으로 서구적 합리주의와 남성적인 이미지로 표현되었으나 현대의 매니쉬 감성은 품위와 격조의 상징으로 선호되며 클래식의 중후한 멋을 즐기려는 의도에서 다양한 감각으로 발전되고 있다.

매니쉬 이미지에는 남성취향의 신사복 스타일을 응용한 멋쟁이 여성 패션을 말하는 댄디(dandy)와 마린(marine), 그리고 군대, 군인이라는 의미로 여성패션에 군복풍의 요소로 디자인된 것을 말하는 밀리터리(military) 분위기의 패션으로 분류한다. 마린(Marine)룩은 해군복장과 비슷한 스타일을 말하며 세일러 칼라와 해군모자, 세일러 팬츠, 짧은 상의, 그리고 해군장교 스타일의 긴 재킷이 대표적인 아이템이다.

(3) 액티브(Active) 이미지

밝고 쾌활하면서 남성취향의 활동적이며 터프한 이미지를 말하며 1960년대 미국을 중심으로 패션의 캐주얼화가 진행되면서 새로운 감각으로 자리를 잡았다. 밝고 쾌활한 사람들의 감성의 패션을 의미하며, 액티브는 운동감과 기능성을 중시한 스포티브한 디자인에서부터 건강과 레저를 위한 실용적인 디자인에 이르기까지 다양하다.

(4) 컨트리(Country) 이미지

자연을 존중하고 전원에서의 건강한 생활을 추구하는 소박한 자유스러움과 서민적인 정취와 투박함, 그리고 남성적 야성미를 돋보이게 하는 디자인이다.

컨트리 이미지에는 1990년에 크게 유행하였던 서부개척시대의 카우보이 무드나 인디언 패션을 테마로 한 패션 이미지인 웨스턴(Western), 그리고 영국식민지의 왕정복고시대 양식으로 열대 지방의 풍물을 모티브로 한 트로피컬 프린트 이미지의 대표적인 라이프스타일인 콜로니얼(Colonial style) 분위기가 포함된다.

(5) 내추럴(Natural) 이미지

변형이나 과장의 인공적 요소를 피한 자연스럽고 편안한 실루엣과 천연소재를 사용한 자연미가 강조되는 감각으로 생태계를 보호하고자 하는 사회인식의 변화에서 출발하였다. 1990년대 대표적인 트렌드였던 에콜로지(Ecology)이미지는 인공적으로 오염된 환경을 거부하고 자연으로의 회귀본능과 환경보존을 강조하는 디자인 감각으로 천연적인 소박함, 편안한 착용감을 추구함이 특징이다. 내추럴에는 에콜로지(Ecology)와 프리미티브(Primitive), 클리어(Clear)이미지가 포함된다.

(6) 에스닉(Ethnic) 이미지

에스닉은 인류학적이라는 의미로 민속의상의 염색, 직물, 자수 등에서 보여 지는 토속적이고 전통적인 감각을 강조한 이미지이다. 비기독교 문화권의 민속을 지칭하는 비교적 원형을 잘 간직한 토속적인 스타일로 1960년대 포클로어에 이어 80년대에 들어서 지역주의의 문화적 현상과 함께 크게 붐을 일으켰다. 포클로어(Foklore)는 예로부터 전승된 문화유산이나 민속학을 지칭한 말로 전원적 취향의 일반적인 민속의 감각을 뜻한다.

이러한 토속적 이미지와 함께 이국적인 풍의 낯설고 색다른 취미를 추구하며 미지의 세계에

대한 신비한 경향을 추구하는 엑조틱(Exotic) 이미지가 있는데 과거에 대한 회상과 향수로서 민속의 특색과 스타일·장식 등을 선호하는 노스탤직에서 파생되었다. 또한, 동양적 이미지를 지칭한 말로 한복 및 일본의 기모노나 중국 의상, 싱가포르, 타이, 인도 등의 민속적 이미지의 오리엔탈리즘(Orientalism)과 열대지방 특유의 프린트 무늬와 선명한 비비드 컬러가 돋보이는 이국적인 민속 이미지인 트로피컬(Tropical) 감각이 여기에 속한다.

(7) 클래식(Classic) 이미지

시대를 초월하는 가치와 보편성을 지닌 고전적이고 전통적, 보수적인 감각을 클래식이라 부른다. 패션에서의 클래식은 지속성이 가장 중요한 특징이며 스타일 자체에는 유행의 변화가 적어 하나의 유행이 쇠퇴하고 새로운 유행이 시작되는 기간에 등장하기도 한다. 베이직한 테일러 슈트, 카디건 스타일의 슈트가 여기에 속하며 클래식에서 요구되는 전체적인 이미지는 전통성을 바탕으로 한 침착성, 안정감, 품위에서 파생되는 은은한 컬러, 오랫동안 지속되어온 정감있는

컬러로 구성된다. 여기에는 '보수적인, 소극적인' 의미로 유행에 좌우되지 않고 보편화된 가치가 최대의 무기이며 정통파의 이미지인 컨설버티브(Conservative)와 '전통적, 정통'의 의미로 대체로 전통적인 남성 신사복을 의미하고 보수성이 강한 캐쥬얼풍으로 지성미를 표현하는 트래디셔널(traditional) 이미지가 여기에 속한다.

(8) 로맨틱(Romantic) 이미지

소녀다운 귀엽고 사랑스러운 이미지로 꿈의 동심세계로 이끌어 주는 부드러운 장식과 꽃무늬, 낭만적인 감각이 돋보이는 트렌드이다. 기능성보다는 장식적인 디자인 요소가 강한 것이 특징이며, 프릴이나 레이스 장식, 리본 등 장식적인 디테일을 사용하며 전체적인 컬러의 느낌은 여

성적이고 부드러운 페일톤이 활용된다.

로맨틱한 이미지에는 향수를 느끼게 하고 과거의 유행이나 민족의 스타일을 도입한 올드 패션의 리바이벌 이미지인 노스탤직(Nostalgic), 소녀적인 가련함과 소극적인 이미지보다는 생기발랄하고 적극적이며 깜직하고 모험적인 감각을 지칭하는 미네트(Minette), 청순하고 맑은 이미지로 소녀 스타일의 청초한 패션 감각인 이노센트(Innocent), 실용적이고 현실적인 이미지보다는 환상적이고 공상적인 꿈과 같은 미지의 세계를 표현하는 감각인 판타지(Fantasy)의 감각이 포함된다.

(9) 엘레강스(Elegance) 이미지

우아한 품위와 고급스러움을 지닌 여성의 아름다움이 특징인 트렌드 테마로, 불어로는 「우아한, 고상한, 맵시」의 뜻을 가지고 있다. 일정한 모양이나 규격은 없지만 컬러나 세부적인 디자인에서 여성적인 요소들이 표현된 이미지를 총칭하는 페미닌(Feminine) 스타일이 엘레강스의 대표적인 감각이며, 심플리시티(Simplicity)나 고저스(Gorgeous)이미지가 포함된다. 고저스의 특징은 화려하고 대담하며 고급스러운 이미지로 원숙하고 성숙한 취향의 고전적이고 전통적인 미가 조화된 것을 말한다.

(10) 소피스티케이티드(Sophisticated) 이미지

지적인 세련미와 도시감각을 추구하는 이미지로 원래는 「궤변을 부린다. 세파에 닳아빠지다」라는 의미이나 인공적으로 잘 다듬어진 도회적인 세련미의 상징으로 표현되었다. 소피스티케이트는 20대와 30대 여성들이 선호하는 감각으로 지성미와 교양미를 여성 최대의 아름다움으로 표출시키는 전문직 여성들의 스마트함을 표현하는 감각 스타일이다.

소피스티케이트 이미지에는, '속물', '재물 숭배자' 의 뜻으로 소위 재물이 있는 사람의 '과시' 를 감각용어로 표현한 고도로 세련된 도시적인 미의 감각을 지칭하는 스노브(snod), '젊은 young', '도시화 urban', '전문직 professional' 의 세 이니셜을 이용한 YUP에서 파생되었다. 여피(yuppie)는 엘리트이고 도시에서 생활하며 전문직에 종사하는 젊은 지식인의 감성을 말하고, 전문적인 직업과 경제적인 여유, 그리고 패션감각이 뛰어난 도회적인 현대여성의 새로운 감각의 스타일의 컨템퍼러리(contemporary) 분위기의 감각이 포함된다.

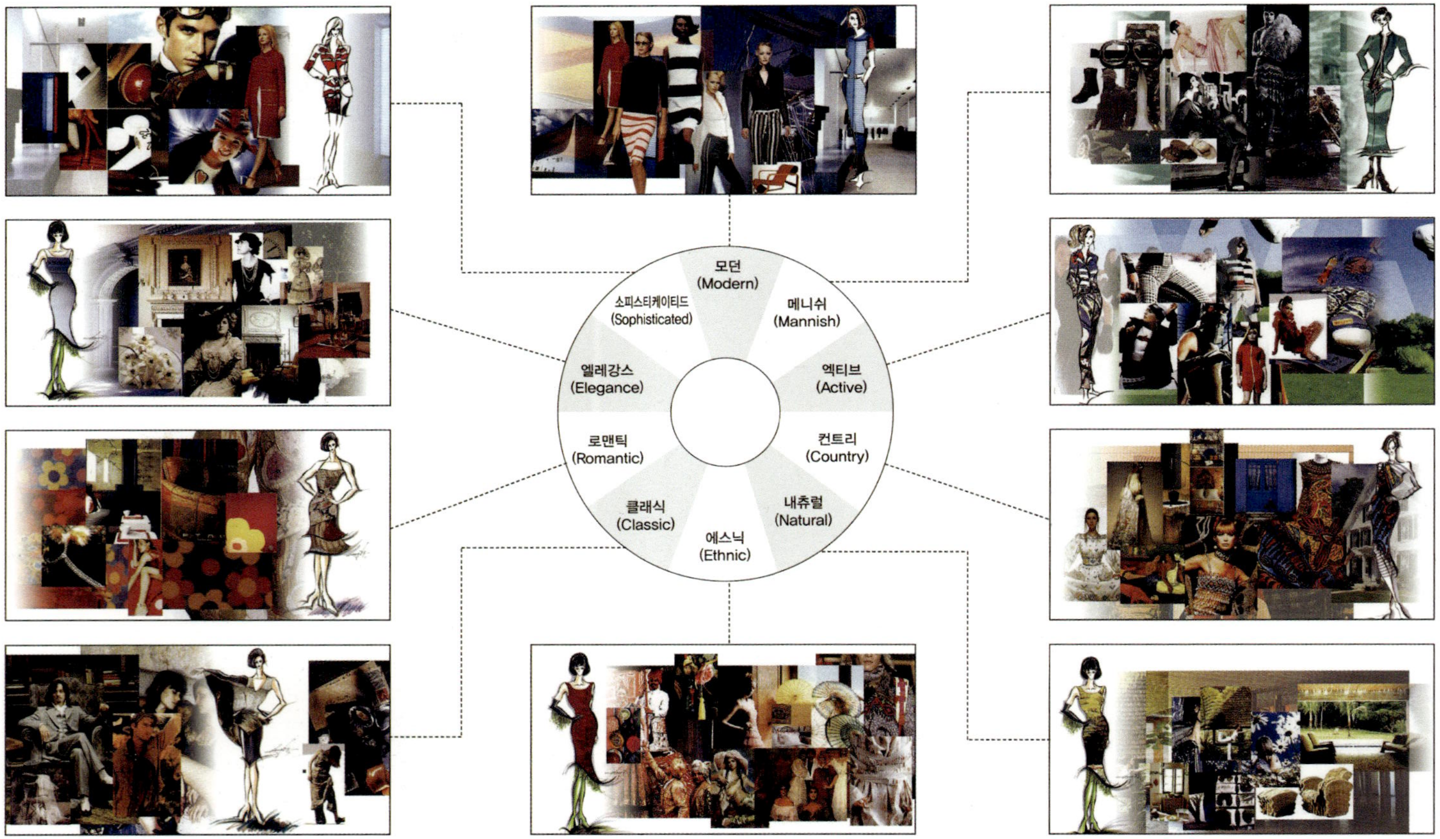

〈패션감성 이미지의 10가지 유형에 대한 시각적 분류 이미지 맵〉

예술사조, 그 시대의 트렌드 감성이미지

기본 10가지 디자인 감성이미지 외에 우리가 알아야 할 각 시대별 대표적인 예술사조, 그 시대의 트렌드를 주도한 감성 이미지는 다음과 같다.

'예술 사조'는 작가와 작품이 추구하는 주제의식과 형식성에 따라 분류하는 틀로서, '작가'와 '작품'이 대두되어 르네상스 시대 이후에는 미술사라는 거대한 트렌드를 파악하는 데 사용할 수 있는 효율적인 방식이다

(1) 아르누보

- '아르누보'는 영국과 미국의 용어이고, 독일에서는 '유겐트 양식(Jugendstil)', 프랑스에서는 '기마르양식(Style Guimard)', 이탈리아에서는 '리버티 양식(Stile Liberty: 런던의 백화점 리버티의 이름에서 유래)'으로 불린다.
- 1890에서 1910년까지 장식예술과 조형예술의 지배적인 양식으로, 모든 역사적 양식을 부정하고 자연에서 유기적인 모티브를 응용해 새롭게 표현하였다.
- 섬세함이나 정교함이 결여된 당시의 기계 문명과 진부해지고 경직된 실증주의 문화에 대한 반발로 시작된 미술공예운동에 기원을 둔다.
- 아르누보 양식은 역사주의의 반복이나 모방을 거부하고 대칭에 의한 균형보다는 비대칭으로 균형을 추구하며 자연의 모든 유기적 생명체 속에 있는 근원적인 모티브를 이용하여 율동적인 섬세함과 유기적인 곡선의 장식패턴을 추구한다.

  특히, 덩굴풀이나 담쟁이 등 식물의 형태를 연상하게 하는 유연하고 유동적인 선과, 파상(波狀)·곡선·당초무늬(唐草文) 또는 화염(火焰)무늬형태 등 특이한 장식성을 자랑했고, 유기적이고 움직임이 있는 모티프를 즐겨 좌우상칭(左右相稱)이나 직선적 구성을 고의로 피했다.

(2) 아르데코

- 아르 데코라티프(art de coratif: 장식미술)의 약칭이며, '1925년 양식' 이라고도 한다.
- 1920년대의 고도로 장식적인 표현에서부터 꾸미지 않으면서도 우아한 '기능주의' 시대, 1930년대의 유선형 금속 모더니즘에 이르기까지 광범위한 장식과 표현을 서술한 용어이다.

- 주제와 기법은 사실상 제1차 세계대전 이후 얻게 된 강박관념인 속도에 대한 은유로 이루어졌으며 모던디자인과 합리성. 기능성을 추구한다.
- 원시적.이국적.동양적인 형식을 내포하고, 근대주의적 이미지를 반영한 색채, 기하학적이고 역동적인 나열, 빛이 반사되는 표면에서 느껴지는 자연의 힘을 기하학적 패턴으로 추상화하는 것이 특징이다.
- 흐르는 듯한 곡선을 즐겨썼던 아르 누보(art nouveau)와는 대조적이며 기본형태의 반복, 동심원(同心圓), 지그재그 등 기하학적인 것에 대한 취향이 두드러지게 나타나 있다.

(3) 초현실주의

- 초현실주의라는 말은 쉬르레알리슴이라고도 하는데, 1917년 시인 아폴리네르에 의해 만들어진 용어로 처음에 쉬르나튀랄리슴(超自然主義)이라는 명칭을 생각했으나, 철학용어로 오해받을 것을 염려하여 초현실주의로 탄생하였다.

- 초현실주의는 제1차 세계대전 이후로 기존의 전통과 질서의 파괴를 꾀하던 다다이즘에서 비롯된 전위적 문학, 예술운동으로 프랑스 파리에서 앙드레 브르통이 발간한 〈초현실주의 선언〉 1924에서 시작되었다.
- 초현실주의적 예술의 원천은 무의식의 세계를 대중화하는 작업으로서 현실적인 사물의 개

념을 비합리적이며 복합적 차원의 형태로 표현하는 기법을 사용하며, 이성(理性)의 지배를 받지 않는 공상·환상의 세계를 중요시한다.

- 패션에서의 초현실주의는 초현실적 회화작품을 의상에 응용하기도 하고, 인체와 나무, 새 등의 자연물을 오브제로 도입하는 형식 등으로 콜라주 기법을 동원한 여러 가지 조형성을 창조하였다.

(4) 구성주의

- 순수형태의 구성(構成)과 기능성이 중시되고, 기계 주의적 내지는 역학적(力學的)인 표현이 강조되었으며 금속이나 유리, 그밖의 근대 공업적 신재료를 과감히 받아들여 자유롭게 쓰지만, 자기표출(自己表出)로서의 예술이기보다, 공간구성 또는 환경형성을 지향했다.
- 제1차 세계대전 후 러시아에서 일어나 서유럽에 퍼진 추상미술의 유파로 러시아 혁명기의 대표적인 아방가르드 운동 중 하나로서 1920~30년대에 러시아에서 일어난 추상주의 예술운동이다.

- 자연을 모방하거나 재현하는 전통적인 미술 개념을 전면적으로 부정하는 새로운 '기계시대'에 걸맞게 예술과 디자인에서도 급진적이고 새로운 아이디어를 창출하였고 디자인에서의 구성주의는 기계적 또는 기하학적인 단순한 형태를 적용한 역학적인 미를 창조하였으며 대량 생산된 재료를 이용하여 새로운 형식을 탄생시켰다.
- 1918년에는 칸딘스키의 구상으로 모스크바에 고등기예공방(高等技藝工房)이 설립되어 구성주의의 하나의 거점이 되었다.
- 네덜란드의 '데 스테일(De Stijl)'이나 '바우하우스'에 많은 영향을 주었고, 파리에서 설립된 '추상·창조'의 그룹도 구성주의의 계보에 속한다. 공간구성 ·환경 형성이라고 하는 구성주의 본래의 정신은 근대건축이나 근대디자인의 성립에 커다란 시사를 부여한 외에도 다극화(多極化)의 특성이 강했다.

(5) 미니멀리즘

- 영어의 '최소한도의, 최소의, 극미의' 라는 뜻의 '미니멀(minimal)' 과 '주의' 라는 뜻의 '이즘(ism)' 을 결합한 미니멀리즘이라는 용어는 1960년대부터 쓰이기 시작했다.
- 60년대 후반, 미국의 젊은 작가들의 최소한의 조형수단으로 제작한 회화나 조각과 같은 '최소한의 예술' 을 뜻하며, 미학적인 범위에서 극도로 단순화하는 것이 특징이다.
- 미니멀리즘은 디자인에서 최소한의 장식을 통해 미감을 최소한으로 줄여 나타내려는 것으로 그 시각적인 특성은 화려한 색상을 절제하며 대체적으로 검은색이거나 단색, 때때로 금. 은색을 사용하며 미니멀 디자인들은 그 절제된 단아함 속에서 더욱 세련된 면모를 보인다.

(6) 맥시멀리즘

- 맥시멀리즘은 '최대의, 최고의, 최대한의' 의 뜻인 maximal에 '이즘, 학설, 주의' 의 접미사 -ism이 합쳐진 단어이다. 따라서 맥시멀리즘은 최대주의, 최대지향주의, 극대주의 등의 뜻이며, 문학, 미술, 멀티미디어 및 그래픽 디자인, 음악 등에서 다중목표를 수행하기 위한 많은 요소의 확장과 움직임을 총괄적으로 표현할 수 있는 용어로 사용된다.

- 포스트모더니즘의 한 표현형태로 1990년대 후반부터 부각되기 시작하여 21세기에 들어서는 페미니즘과 함께 대중적인 트렌드로 변모하였다.
- 장식을 배제하고 단순한 선을 추구하는 미니멀리즘의 원리와는 달리 복고풍이 반영된 모든 디테일과 과장된 장식 그리고 재미를 추구하는 양식적 특성을 일컫는다.
- 인간의 감성에 충실하고 과거와 전통에 관한 관심을 드러내는 현상으로 풍요롭고 다채로우며 따뜻한 감성과 여린 서정성을 극대화하였으며. 고급스러움을 추구하고 화려함의 새로운

의미를 개척하였다.

(7) 데 스테일

- 네덜란드어로 '양식 style'을 의미하며, 1917년부터 1931년까지 네덜란드에서 시작된 새로운 미술운동에서 비롯된 것으로 유럽 추상미술의 대표적인 운동이다.
- 개성을 배제하는 주지주의적 추상미술운동으로서 자연에서 벗어나 인간의 정신 속에서 영감을 찾는 순수조형주의의 특성을 갖는다.
- 회화, 건축, 조각, 디자인을 등의 분야에서 모든 공간을 동일한 평면으로 간주하는 신조형주의의 원리를 따르려고 하였다.
- 데 스테일의 가장 뛰어난 화가는 몬드리안으로 그의 미술은 신지학(神智學 Theosophy)이라는 신비주의적 사상에 뿌리를 두었다. 몬드리안은 순수한 조형요소인 선, 면, 3원색, 3무채색의 여덟까지 요소를 보편적이고 불변하는 법칙이라고 보았으며 이를 바탕으로 신조형주의가 발전하였다.
- 네덜란드에서 생겨난 미술운동이지만 이 양식은 네덜란드를 벗어나 1920년대의 독일 바우하우스와 국제주의 양식에 영향을 끼쳤다.

(8) 플래퍼

- 플래퍼(Flapper)는 1920년대 재즈시대의 자유분방하고 젊은여성들을 지칭한다.
- 그 어원은 독특한 외모와 성향을 지닌 신여성들이 주로 입었던 주름잡힌 짧은 치마가 춤추며 회전할 때 넓게 펴져 올라가 펄럭대는 모습을 빗대어 붙여진 이름이다.
- 제1차 세계대전 이후 여성의 지위가 향상되고 경제적인 독립으로 자유로운 생활을 영위할

수 있게 되면서 젊은 여성을 상징하는 용어로 사용되었다.

- 말괄량이라는 뜻의 플래퍼는 당시 매우 유행에 민감했던 멋쟁이들로 이들은 여성성이 느껴지는 의상보다는 소년적인 느낌이 나는 직선 실루엣과 짧은 스커트를 즐겨 입고, 패션에서는 짧은 머리, 짧은 스커트, 접어 신은 양말, 긴 담뱃대를 특징으로 하고 신체적으로는 편편한 가슴선, 앙상하게 말라 보이는 몸을 특징으로 하였다.
- 플래퍼들은 시대의 흐름이 만들어 낸 하나의 현상으로, 그 화려한 끝을 보지 못하고 제 2차 대전이 발발하면서 사라졌다.

(9) 팝아트

- 1950년대 초 영국에서 그 전조를 보였으나 1950년대 중후반 미국에서 추상표현주의의 주관적 엄숙성에 반대하고 대중 매체와 광고 등 미국적 물질 문화의 반영과 낙관적인 분위기가 연결되어 대중 문화적 시각이미지를 미술의 영역 속에 적극적으로 수용하고자 했던 구상미술의 한 경향을 말한다.
- '팝 pop' 은 '대중적인' 의 약자로 예술성을 논하기보다는 광고, 산업디자인, 사진술, 영화 등과 같은 대중매체의 유행을 미술 속으로 끌어들였다.
- 패션에서 젊은 층이 패션리더로 등장하여 패션의 대중화를 주도했으며, 미니스커트, 청바지, 핫팬츠 등이 출현하여 전위적인 아이템과 스타일로 발전하였다.

- 팝아트는 텔레비전이나 대중매체, 상품광고, 쇼윈도, 고속도로변의 빌보드와 거리의 교통표지판 등의 다중적이고 일상적인 것들 뿐만 아니라 코카콜라, 만화 속의 주인공 등 범상하고 흔한 소재들을 미술 속으로 끌어들임으로써 순수예술과 대중예술이라는 이분법적, 위계적 구조를 불식시키고, 산업사회의 현실을 미술 속에 적극적으로 수용하고자 한 긍정적인 측면을 지니고 있다. 그러나 한편으로는 다다이즘에서 발원하는 반(反)예술의 정신을 미학화시키고 상품미학에 대한 진정한 비판적 대안의 제시보다 소비문화에 굴복한 것이 특징이다.

(10) 히피

- 히피(Hippie 또는 Hippy)는 1960년대 미국샌프란시스코, LA 등의 지역에서 청년층에서부터 시작된, 기성의 사회통념, 제도, 가치관을 부정하고 인간성의 회복, 자연 회귀 등을 주장하며 일상적이 아닌 반사회적 행동하는 젊은이들을 가리키는 말이다. 어원으로는 happy(행복한), hipped(열중한, 화가 단단히 난), hip(재즈 용어로 가락을 맞추다), hip(엉덩이), "hip, hip" (갈채를 보낼 때의 소리) 등에서 유래한다.
- 1960년대 후반 중산층의 지식인 계층과 예술가들을 중심으로 부르주아의 가치와 서구의 전통적 신념에 대항하는 반문화운동으로 이루어진 문화이다.

- 히피의 주된 관심사는 현대문명의 이기와 물질만능주의에 저항하는 것과 반전운동으로 기성사회나 관습에 대한 반발, 몸치장, 생활따위에 무관심함으로써 현대문명의 이기와 물질만능주의에 저항하였고 인간성 회복을 위해 노력했으며 또한, 물질문명의 이기로 인해 잊혀 가는 자아나 인간성을 회복하기 위한 스타일을 추구하였다. 이들은 일반적으로 평화를 사랑하고 자연으로의 회귀를 외쳤고, 도덕보다는 자연스러운 감성, 이성보다는 자유로운 감성을 중시하고, 즐거움을 추구했다.

(11) 옵아트

- 옵티컬 아트 라고도 하며 1965년 뉴욕 현대 미술관에서 열린 '반응하는 눈(The Responsive Eye)' 이라는 전시회를 계기로 소개되었으며, 《타임》지에 처음 쓰였다. 이 전시회 출품작들은 평행선이나 바둑판 무늬, 동심원 같은 단순하고 반복적인 형태의 화면을 의도적으로 조작하고 명도가 같은 보색을 병렬시켜 색채의 긴장상태를 유발하여 움직이는 듯한 착시를 일으켰다.

- 옵아트는 구성주의적 추상미술과는 달리

사상이나 정서와는 무관하게 원근법에 의한 착시나 색채의 장력을 통하여 순수한 시각효과를 추구하며, 원색의 대비, 선의 교차, 물결모양 등을 이용하여 보는 사람의 눈에 착시를 일으키는 기하학적 추상미술이다.

- 팝아트의 상업주의와 지나친 상징성에 대한 반동적 성격으로 탄생한 듯하였고 당시 디자인계나 패션계에 영향을 끼쳤으나 사고와 정서를 배제한 계산된 예술로서 일반대중으로부터 지지받지는 못했다.

(12) 포스트모더니즘

- 1960년대 미국에서 태동하여 모든 분야에 걸쳐 전 세계적으로 확산된 지성적 문화운동이다. 원래 건축비평에서 사용된 용어로 모더니즘 건축양식의 쇠퇴를 강조하면서 등장한 포스트모더니즘은 세계와 인간을 파악하고 이해하려는 사고방식으로 좁게는 문학과 예술의 영역, 넓게는 인간정신의 모든 산물에 걸쳐 나타나는 현상이다.
- 전통적인 기능주의의 형식에서 벗어나 대중적인 접근을 시도한 포스트모더니즘은 '모든 가치에 대해 차별없이 열린 풍토' 를 의미하며 장르의 붕괴, 다양한 양식의 공존, 문학적 다원주의적 경향을 말한다.
- 비합리주의, 해체주의, 탈 중심주의, 탈 약사회를 중요시하며 개성, 자율성, 다양성, 대중성을 중시하고 절대이념을 거부했기에 탈이념이라는 정치이론을 탄생시켰다.
- 19세기 사실주의(Realism)에 대한 반발이 20세기 전반 모더니즘(Modernism)이었고 다시 이에 대한 반발이 포스트모더니즘이다.
- 이념, 광고와 패션에 의한 소비문화, 여성운동, 제3 세계운동이라는 정치이론을 제시했다.

(13) 플럭서스

- '흐름, 끊임없는 변화, 움직임' 을 뜻하는 라틴어에서 유래한 말로 1960년부터 1970년대에 걸쳐 일어난 국제적 전위예술운동을 일컫는다.

- 플럭서스라는 용어는 리투아니아 출신의 미국인 마키우나스(George Maciunas)가 1962년 독일 헤센주(州)의 비스바덴 시립 미술관에서 열린 '플럭서스-국제 신음악 페스티벌'의 초청장 문구에서 처음 사용하면서 널리 알려졌다.

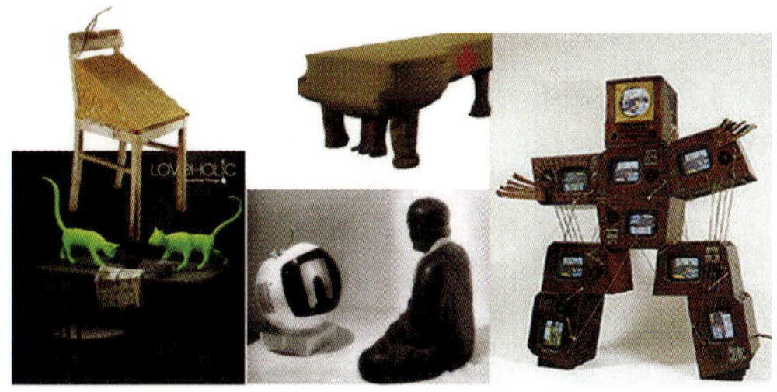

- 플럭서스 운동은 전후 추상표현주의, 앵포르멜 등 추상미술이 주류를 이루고 있었던 1960년대에 등장하여 '삶과 예술의 조화'를 기치로 '모든 경계를 허무는' 독특한 행위미술과 오브제 작업으로 현대미술계는 물론 사회전반에 충격을 던졌다.
- 표현형식에서는 처음에는 다양한 재료를 혼합해 많은 미술형식을 동시에 표현함으로써 조화를 이루지 못하는 것처럼 보이면서도 희화적이고 개방적인 경향을 보였다.
- 플럭서스 운동은 음악과 시각예술, 무대예술과 시 등 다양한 예술형식을 융합한 통합적인 예술개념을 탄생시켰으며, 개념미술·포스트모더니즘·행위예술 등 현대 예술사조를 직접 탄생시키기거나 여러 예술운동에 많은 영향을 주었다.

(14) 글램

- 1971~72년경 런던에서 시도되었던 무질서 하나, 자유 이상주의적인 문화적 기조를 타고 나타난 시험적 장르의 음악인 글램 록(glam rock)에서 나온 명칭으로 양성적인 옷차림과 도발적이고도 현란한 화장, 화려하고 번쩍이는 공상과학적 이미지는 글램 음악과 스타일의 대명사가 되었다.

- 글램이란 말이 "매혹적인"이란 뜻을 가진, 글래머러스(GLAMOROUS)란 말에 어원을 두고 있듯이, 글램 록의 스타들은 음악 외에 비주얼적인 메커니즘을 통해 해석, 표현함으로써 패션에 있어, 글램룩(glam look)이란 새로운 기조를 만들어 내었고 성의구분을 뛰어넘은, 이들의 화려하고 양성애적이며, 몽환적이면서 퇴폐적인 "패션"은 당시의 주류

문화를 뒤흔드는 반항적인 비주류적 패션문화의 탄생을 상징한다.

- 글램스타일은 60년대 히피에 반감이 있었던 중산층 청년들과 백인우월주의에 빠졌던 젊은 이들에게 인기를 얻었다.
- 글램은 당시 상대적으로 부유한 백인의 자유로운 표현을 대변하였고 도시 언더그라운드와 접목해서 하류층의 반항적이 스타일을 형성했으며 펑크의 직접적인 전조가 되며 글램룩을 표현하려면 다양한 스타일의 블랙 가죽점퍼와 재킷, 다리곡선을 드러내는 레깅스나 스키니 팬츠 등이 필수 아이템이다.

(15) 사이키 델릭

- 영혼을 의미하는 그리스어인 '사이키'와 시각적이라는 의미의 '델로스'에서 유래하였으며 일반적으로 선명한 색채와 복잡한 패턴을 지닌 무정형을 의미한다.
- 1960년대 옵아트와 팝아트의 영향을 받아 현란한 색상으로 인한 명암의 대비와 물결치는 듯한 무늬, 군악대 의상에서 사용되는 장식끈과 금속단추같은 화려한 장식이 혼합된 스타일이다.

- 1960년대 중 후반 '히피문화'의 여파로 생긴 이 기법은 패션에서 일상적인 감각의 영역을 확대한 색다른 무늬나 강렬한 형광색을 주로 사용하여 크게 유행하였고 한국에는 1970년대 후반에 들어와 주로 유흥장의 조명 및 음악 등에 응용되었다.
- 강한 자극을 얻으려는 감각적인 쾌감의 추구, 그리고 획일적이고 규격화된 현실세계로부터 몽환적 ·도취적인 세계로의 도피를 나타내고 있다.
- 기계와 인공적인 것에 집착하는 화려한 사이키델릭 이미지는 철저히 미래지향적이었고, 이런 의미에서 그들은 진보주의자라고 할 수 있다.

(16) 고스

- 전체적으로 어둡고 신비스러운 이미지로 19세기 빅토리아 시대의 패션스타일과 가죽계열

고딕 락(Gothic rock)이 일어나면서 새롭게 부활한 아웃사이더의 하위문화이다.

- 런던을 중심으로 1970년대 후반과 80년대 초에 처음 등장하였으며 펑크, 뉴 로맨틱, 글램 등에 반대하여 출현한 스타일이다.
- 하얀 얼굴과 검정의복 등 컬러가 올블랙이거나 화이트가 약간씩 가미된 정도를 선호하는 고스족은 피를 연상시키는 붉은색이 가미될 때도 있다. 역사성, 양성성, 페티시즘의 미적 요소를 지닌다.
- 인간의 소외, 죽음과 공포, 자학과 고통 등을 초현실적으로 표현하면서도 중세적이며 이교도적인 효과를 의도하는 것이 특징이며 패션 또한 중세적인 요소를 가미한 스타일에서 발전하였고 액세서리 등 장식적인 요소로는 해골, 관, 십자가, 날개같은 이미지가 많아 악마적인 이미지로 표현되기도 한다.

(17) 그런지

- 1980년대 정통 하이패션과 엘리트주의에 대한 반발로 시작되어 1960~1970년대 히피룩에서 풍기는 남루한 분위기와 하류층 복식의 영향을 받은 그런지 룩은 1980년대 말 미국의 시애틀 지역에서 최초로 발전한 지저분한 느낌을 주는 스타일이다.
- 도회적 보헤미아니즘(bohemianism)에 그 뿌리를 두고 있으며, 90년대 중반에 이르러 대중적인 면모를 갖춘 얼터너티브 음악이자 문화를 일컫는다.
- 실용적인 가치관이 낳은 이 문화는 젊은이들의 염세주의와 불안을 잘 표현하였고 현실에 대해 냉소적이며 구속받지 않고 자기 편한 대로 입고 싶어 하는 현대인의 욕구를 잘 반영하여 실용적이고 감각있는 젊은이들의 패션으로 탈바꿈하였다.
- 그런지룩은 대담한 레이어링과 남루하고 의도적인 지저분함과 특별한 형식없이 아무렇게나 입는 것이 특징이며 여러 가지 스타일을 섞거나 반대되는 소재를 사

용하여 다양함을 표현한다. 색상에서도 서로 반대되는 것을 혼합하여 한층 더 세련된 스타일을 연출한다.

- 대표적 요소로는 낡은 코트, 꽃무늬 스커트, 털실로 짠 스웨터같은 여러 종류의 옷을 겹쳐 입는 것과 오래된 느낌의 패치워크, 납작한 털실모자, 군화모양의 신발착용을 들 수 있다. 소재로는 투박한 울, 부드러운 벨벳, 가벼운 비스코스 등을 적절하게 매치하여 사용한다.
- 거리청소년들에게서 시작된 영스트리트 패션이었으나 파리나 밀라노의 고급기성복 컬렉션 무대에서도 선풍을 일으켜 1990년대 전반의 획기적인 패션흐름으로 자리를 잡았다.

(18) 테크노

- 테크노(Techno)는 전자음악의 한 갈래로, 신시사이저(Synthesizer)를 이용해서 디자인한 기계음을 중심으로 대체로 4/4박자로 구성되며, 기계음이 반복되는 특징을 보이는 음악으로 1980년대 후반 미국 디트로이트(Detroit)에서 유래한 컴퓨터에 의해 생성된 음악의 형태이다.

- 80년대 즈음에 등장하여 후에 여러 전자음악에 영향을 주었는데 그중 특히 트랜스와는 연관이 깊은데 초기의 트랜스는 테크노의 하위장르로 분류되었었다. 넓은 의미의 테크노는 전자음악 그 자체를 가리키기도 한다.

(19) 데포르마시옹

- 주로 회화에서 사용하며 데포르메라고도 불리는 미술용어로 '변형, 왜곡' 이라는 뜻이며 대상을 표현할 때 작가의 주관에 의해 형태를 변형시킴으로써 대상을 강조하는 것을 말한다.
- 역사적으로 데포르마시옹이란 근대 이후에 한정된 기법이나 현상이 아니라 예술의욕 또는 예술 의식의 방향이 사실로부터 다른 유형으로 이행할 때 인정되는 것이다.
- 자연의 충실한 재연을 거부하고 형체나 비례를 파괴하거나 왜곡하는 것을 특징으로 하여 부자유스러움과 불쾌감을 주기도 하지만 동시에 그만큼 새로운 조형적 시도를 통한 창조성

을 발휘한다는 특징이 있다.

- 패션에서 데포르마시옹은 디자인을 의식적으로 확대, 축소, 변형시키는 현대 패션의 급진적인 표현법 중 하나로서 대상의 현실적인 형태(인체 이미지, 실루엣, 디테일 등)를 변화시켜 창의적인 의도를 강조하였다.
- 자연주의에서 인상주의적인 유형전개, 또는 표현주의, 일부의 포비즘·입체주의·구성주의·초현실주의 등 사실에 의거한 모든 유형대립이 여기에 나타나며, 이에 따라 데포르마시옹의 다양한 기법이 두드러지게 되었다.

(20) 노마드(nomad)

- 자유로운 떠돌이, 21세기 인간형으로 불리는 신인류 노마드는 '유목민' 이라는 뜻의 라틴어로 유동성을 최우선으로 하는 디지털 문화의 신세대를 뜻하는 말로 프랑스 철학자 질 들뢰즈(Gilles Deleuze)가 그의 저서 《차이와 반복》(1968)에서 노마드의 세계를 '시각이 돌아다니는 세계' 로 묘사하면서 현대 철학의 개념으로 자리 은 용어로 '노마디즘' 에서 유래했다.
- 과거 아날로그 시대에서는 노마드가 사회의 주변부 세력 또는 일탈자로 분류된 반면, 디지털시대의 노마드는 자유로우면서 창조적인 인간형으로 각광받고 있다.
- 자유와 개방, 홀가분하고 쾌적한 삶을 추구하는 노마드족의 유목민적 성향은 21세기의 주도적 소비흐름이 되기도 했다.

(21) 레트로

- 레트로(Retro)는 과거에 대한 향수를 담은 복고주의를 지향하는 하나의 유행, 패션 스타일로 상징적인 복고적 표현 또는 과거 스타일에 대한 새로운 분석에서 비롯된 감성의 표현이다.

- 유래로는 회상, 회고, 추억이라는 뜻의 영어 'Retrospect'의 준말로 옛날의 상태로 돌아가거나 과거의 체제, 전통 등을 그리워하여 그것을 본뜨려고 하는 것을 말한다. 1970년대 후반까지의 'Retro'는 '뒤로' 혹은 '되받아'의 뜻을 가진 접두어로서 'Pre'의 반대의미로 사용되어 오다가 음악과 패션, 디자인 등에서 빈번하게 등장하여 하나의 현상으로 자리 잡게되자 신조어로서 명사화되었다.

- 방법론적인 고찰에서의 가치보다는 '시대적 이념 혹은 이상의 계승'이라는 측면이 강하며 레트로의 표현은 고대부터 1980년대풍의 이미지까지 다양하나 주로 가까운 과거인 20세기에 대한 복고적 성향을 일컫는다.
- 이러한 '레트로'가 패션에서 스타일의 한 형태가 된 것을 '레트로 룩'이라 하며 디자이너 입생로랑이 1971년 S/S 컬렉션에서 1940년대 패션을 재현시킴으로써 레트로 룩이 한 장르로 등장하게 되었다.
- 과거의 시대적 상황과 감각을 현대와 접목하여 현대적 감성에 맞는 새로운 의미와 가치를 창조하는 것이다. 따라서 시대별로 등장하는 레트로 룩을 통해 과거를 바라보는 그 시대의 지배적인 패러다임을 알 수 있으며, 현대복식에서 디자이너에게 끊임없이 아이디어를 제공하고 있다.

(22) 메트로섹슈얼

- 패션에 민감하고 외모에 관심이 많은 남성을 이르는 말로 20~30대 남성을 지칭하며, 경제력을 갖추고 대도시(메트로폴리스)에 살기 때문에 이런 이름이 붙여졌고 이들은 유행을 이끌어가는 패션산업의 새로운 소비계층이다.

- 영국의 작가이자 문화비평가인 마크 심프슨(Mark Simpson)이 1994년 〈인디펜던스〉 지에서

주창한 신조어로 '도심에 살며 각종 클리닉과 피트니스 센터, 클럽 그리고 레스토랑 등을 즐겨 찾는 젊은 남자'를 뜻한다.

- 라이프스타일은 패션 · 화장품 산업에 크게 영향을 미치고 여성적인 면을 다양하고 과감하게 표출하며 또한, 남성 의류지만 소재와 컬러, 디자인에서 여성들이 착용해도 될 정도로 우아하고 섬세함이 돋보인다.

(23) 보보스

- 보보스는 미국의 저널리스트인 데이비드 브룩스(David Brooks)가 자신의 저서인 'BOBOS in Paradise'에서 처음 사용하였으며 미국의 새로운 상류계급을 나타내는 용어로 부르주아(bourgeois)와 보헤미안(bohemian)의 합성어이다.
- 고정관념을 깨고 합리적이면서도 개성있게 소비를 하는 '보보'들은 삶의 가장 중요한 가치를 자기만족이라고 여기고 자기에게 필요하다고 생각되는 항목에 대해서는 아낌없는 투자를 한다.

(24) 빈티지

- 빈티지는 '수확기의 포도' 또는 '포도주 숙성' 등을 의미하는데, 숙성된 포도주처럼 편안한 느낌을 주는 옷이라는 뜻에서 이런 이름이 붙었다. 빈티지 룩(look)과 함께 쓰이며 1990년대 말 미국 대학생들 사이에서 색이 바래거나 구겨진 옷들이 인기를 끌면서 유행하기 시작하였다. 이를 '아메리칸 빈티지 룩'이라고 하는데, 활동적이고 형식에 얽매이지 않는 청소년들이 즐겨 입는다.

- 중고감각의 패션을 뜻하는 용어에는 할머니의 처녀시절 옷장에서 빌려온 듯한 케케묵은 구식스타일로 물질적으로는 풍요롭

지만, 정신적으로는 황폐한 현대인들의 소외감을 표현하는 방법으로 단순한 형태와 색상을 선호하고 빈곤과 여유를 과시적으로 드러내는 라이프 스타일이다.

(25) 아방가르드

- 전위(아방가르드: avant-garde)란 원래 15세기의 프랑스 군대용어로, 전투할 때 선두에 서서 적진을 향해 돌진하는 부대의 뜻이다. 이것이 변하여 러시아혁명 전야 계급투쟁의 선봉에 서서 목적 의식적으로 일관된 집단으로서의 정당과 그 당원을 지칭하게 되었다. 예술에 전용(轉用)되어 혁명적인 예술경향 또는 그 운동을 뜻하기에 이르렀다.

- 제1차 세계대전 무렵부터는 유럽에 나타나기 시작한 혁명적인 예술운동을 지칭했고, 현재에는 문학과 예술부문에서 전위적인 예술 경향이나 그 운동을 뜻하며 기존의 개념을 부정하고 전통을 무시하거나 파괴하기 위해 새로운 것을 창조하는 실험적 성격이 짙어서 다다, 추상파와 초현실파를 중심으로 나타났다.

(26) 여피

- 여피라는 말을 '젊은young', '도시화urban', '전문직professional'의 머리글자를 딴 YUP에서 나왔으며, 특히 1980년대 전후에 뉴욕을 중심으로 한 도시 근교의 25~45세 젊은 지식인과 전문직 종사자를 가리킨다.
- 여피족은 베이비붐으로 태어나 가난을 모르고 자란 세대로 고등교육을 받고 도시 근교에 살면서 전문직에 종사하여 높은 수입을 보장받고 있는 젊은이들로 스노브, 컨템퍼러리룩과 함께 소피스티케이트 스타일에 속한다. 특히 미국 민주당 대통령 예비선거에서 선풍을 불

러일으켰던 게리 하트의 지지층 중 대부분이 여피였기 때문에 주목받았으며, 패션적으로도 그들의 현대적인 트래디셔널 스타일이 주목받았다.

- 이들의 패션은 의복에서 구두, 액세서리에 이르기까지 최고급, 일류만을 추구하여 일류 브랜드 상품과 진짜 보석만을 선호하며 전통적이고 보수적인 비즈니스 슈트를 입는데, 이것이 여피의 대표적인 패션 스타일이다.
- 유럽에서도 이러한 여피들이 나타났는데 이들은 유로여피(euro yuppie)라 하여, 조금 보수적이고, 성공 지향적인 젊은이로서 뉴 리치 의식을 가지고 있는 세대이다. 프랑스에서는 '낫프스', 이탈리아에서는 '스리스', 독일에서는 '도웬즈'라는 뜻으로 사용된다.

(27) 오가닉

- 환경과 건강을 함께 중시하는 라이프 스타일에 따라 정신과 육체가 조화를 이루고 자연 지향적이며 여유를 추구하는 문화를 지칭한다.
- 의식주 전반에 걸친 친환경적인 상품과 요소는 미래적인 트렌드의 하나로 지구와 인간이 하나되어 공생하는데 가장 적합한 환경을 만들자는 노력의 일환이다.
- 오가닉은 농약과 화학비료를 사용하지 않은 유기농법을 말하는 것으로 오가닉 제품에는 건강과 지구환경을 보전하려는 배려가 내포되어 있으며, 인위적인 환경을 최대한 배제하고 자연친화적인 삶으로 변화하려는 일련의 노력과 활동을 모두 포함하는 용어이다.

(28) 젠

- 동양적인 불교, 선의 일본식 표현. 디자인을 단순화하며 동양의 정신적 분위기를 표현한 것으로 1990년대 후반부터 라이프스타일의 흐름으로 정착하였다.
- 순수, 자연, 정신주의 등의 개념을 상징하

는 트렌드로써 장식성을 최대한 절제한 간결함, 흑백 위주의 모노톤, 정 여백 등 동양의 내면적 아름다움을 강조한 것이 특징이다.

(29) 코스튬플레이

- '복장' 을 뜻하는 '코스튬(costume)' 과 '놀이' 를 뜻하는 '플레이(play)' 의 합성어이다. 일본어로 코스프레(コスプレ)라고 하며 영어로는 코스플레이(cosplay)라고도 한다. 영국에서 유래하였으며 일본에서 확대·발전하였다.
- 자신이 좋아하는 만화나 애니메이션 및 게임의 캐릭터나 가수, 영화배우, 역사적 인물 등 현존하거나 현존하지 않는 가상의 존재를 의상이나 소품, 동작 및 상황묘사를 통하여 재현하고 즐기고 공연하는 일련의 행위를 일컬으며 만화와 게임 캐릭터를 친구로 삼아 성장한 캐릭터 세대의 대표적 문화이다.
- 특히 코스튬플레이 사이버동호회의 활성화로 10대들 사이에 각광받는 신종 마니아 문화 중의 하나가 되기도 하였다.

(30) 코쿤

- '누에고치' 라는 말에서 유래한 용어로, '나 홀로족' 이라고도 한다.
- 미국의 마케팅전문가 페이스 팝콘이 그의 베스트 생산자〈팝콘 리포트〉 1991에서 "21세기에는 모든 사람이 직장의 속박을 벗어나 자기개성의 자유를 찾아 재택근무를 하게 되는 이른바 코쿠닝, 누에고치 신드롬이 널리 퍼질 것" 이라고 예언한 데서 유래하였다.
- 급격한 사회변화와 범죄증가에 대응하여 안정적인 삶을 지향하는 신개념으로, 가족, 안전, 인간을 중시하며 새로운 것을 추구하기보다는 기존의 익숙한 것, 편안한 것에서 만족감을

느끼는 부류이고 복잡하고 스트레스가 많은 현실에서 벗어나 자기만의 공간에 칩거하려는 현대인을 말한다.

(31) 키치

- '조악한 모조품, 저속한 표현기법, 통속적인 일상 행위' 를 뜻하며 1860~70년대 사이의 하찮은 예술품을 지칭하는 속어로 출발하였다.
- 키치라는 용어가 처음으로 유행하기 시작한 것은 1870년대 독일 남부 당시에는 예술가들 사이에서 '물건을 속여 팔거나 강매한다' 라는 뜻으로 쓰이다가 갈수록 의미가 확대되면서 저속한 미술품, 일상적인 예술, 대중패션 등을 의미하는 폭넓은 용어로 쓰이게 되었다.
- 포스트모던한 시대에서 날것 그대로, 또는 조금은 과장되고 조잡한 방식으로 과거의 문화를 재현하는 형식으로서 자극적이면서 저속한 색채, 지나치게 산만한 장식, 싸구려 소재 등 전근대적인 감각을 추구하고 간결한 세련미를 추구하는 것이 특징이다.
- 패션에서는 키치가 '고상하고 품위있는 것에 대한 반대, 격식에 대한 반대, 전통에 대한 이단적 감각의 표현' 등을 뜻하는 말로 쓰인다.
- 그러나 현대에 이르면서 고급문화나 고급예술과는 별개로 대중 속에 뿌리박은 하나의 예술장르로까지 개념이 확대되어 현대대중문화 · 소비문화시대의 흐름을 형성하는 척도를 제공하기도 한다.
- 키치현상을 보편적인 사회현상, 인간과 사물 사이를 연결하는 하나의 유형, 일정한 틀에 얽매이지 않고 기능적이며 편안한 것을 추구하는 사회적 경향 등으로 풀이하기도 한다.

3
Startups
창업이론

기업가정신(Entrepreneurship)이란?
창업이란?
디자인 창업실무
디자인 경영
비주얼머천다이징

보라빛 그 하늘

보라빛 하늘을 아시나요.
보랏빛인 그 이유

푸르른 하나님 사랑과
가슴 아픈 그 보혈의 색이
내 가슴에 스며와
내 하늘은 온통 보랏빛

변함없이 기다리시는
푸르른 사랑 앞에
우리의 꿈은 푸른 소망이 되고

골고다 그 보혈로
우리의 심장은 더 붉게 울부짖는 고뇌

푸르른 하늘과 붉은 그 사랑이
내 마음에 채색되어

그래서
내 기도의 꽃밭은 보랏빛

그래서
내 마음의 하늘은 보랏빛

기업가정신(Entrepreneurship)이란?

우리는 TV나 인터넷 뉴스를 보면서 세상을 바꾸는 혁신적인 기업가들을 만날 수 있다. 대표적인 기업인 아마존이나 구글, 애플은 모두 세상을 바꾼 선구적인 스타트업의 사례이다. 나와는 동떨어진 세상에 사는 특별한 사고를 하기에 동경스럽다. 그들을 닮고 싶어도 가까이 하기엔 너무 먼 그들이다.

경영학자 피터 드러커(Peter Druker, 1909~2005)는 말했다. 기업가정신(entrepreneurship)이란 '위험을 무릅쓰고 포착한 기회를 사업화하려는 모험과 도전의 정신이다' 라고… 대부분의 경영자들이 기업은 무엇인가에 대한 대답으로 '영리를 추구하는 조직' 이라고 하는 반면 '피터 드러커' 는 '영리를 추구한다' 는 말이 '기업' 에 대해 정의하는 데 적합하지 않으며, 기업의 존재 이유는 '고객' 이며 목적은 '시장' 이라고 주장했다. 이 주장을 '뉴 포디즘(New- Fordism)' 이라고 한다.

기업가(entrepreneur)란 단어는 프랑스어 동사 'entreprendre' 에서 유래하였는데 그 뜻은 '시도하다', '모험하다' 등을 의미한다. 그러고 보면 모험이라는 단어가 딱 어울리는 말이다. 18C 경제학자 리샤르 캉티용(Richard Cantillon, 1680~1734)이 창업가를 모험적인 경제활동과 연관시켜 최초 언급함으로써 시작되었다.

우리가 살아가는 현대사회에서 기업가정신이 점점 강조되는 이유는 바로, 기업가정신을 갖춘 기업가는 앞이 보이지 않는 불확실한 환경속에서도 신속하고 유연하게 대처할 뿐 아니라, 이 시대가 강조하는 이노베이션의 활동이 가능하다라고 여겨지기 때문이다. 전세계적으로 최근의 기업생태계를 살펴보면, '창업 전성시대' 라고 할 정도로 청년부터 시니어에 이르기까지 창업에 대한 관심이 날로 증가하고 정부의 대책도 남다르기에 우리는 기업가정신(Entrepreneurship)이라는 용어를 너무 쉽게 들을 수 있다. 이것은 창업에 성공하면 기업으로 성장하게 되고, 이 과정에서 기업은 기업가의 사업아이디어에서 창의성, 혁신, 기업가정신에 의해 비즈니스 모델이 구체화되기 때문에 성공의 지름길로 들어서기 때문이다.

기업가정신 연구에 있어서 미국 경제학자 슘페터(Joseph Schumpeter, 1883~1951)는 대표적인 학자로, 그는 새로운 생산방법과 새로운 상품개발을 기술혁신으로 보고, 기술혁신을 통한 창조적 파괴에 앞장서는 기업가를 혁신자, 곧 창조적 파괴자로 불렀고, 그들의 정신을 바로, 기업가정신으로 보았다.

창업이란?

'창업' 하면 무슨 단어가 떠오를 까? 혁신? 사업시작? 모험? 도전의식? …

누구나 아이디어를 떠 올릴 수 있지만 이 것을 실제로 실현, 구현하는 것은 쉽지 않다. 또한 이 아이디어는 우리가 흔히 생각하는 막연한 상상력이 아니라 이 시대가 요구하는 트렌드에 적합한 비즈니스 창의력이기 때문에 매우 중요한다.

우리나라 고령화 속도는 세계 1위라는 통계분석이 있다. 이제는 100세 시대라고 얘기하면서 50세 전에 퇴직을 할 수 밖에 없는 현실에 당면해 있다. 50세 전후에는 자녀들이 학업 및 결혼을 준비시키는 시기로서 퇴직을 하게 되면 대부분 창업을 생각할 수 밖에 없을 것이다. 그래서 100세 시대 노후준비에 있어서 창업은 선택이 아닌 필수일 수 밖에 없다.

평생직장의 종말, 평생직장에서 평생직업으로 라는 말이 나오는 시대에 우리는 살아 간다. 평생직장의 시대가 끝났다면 우리는 앞으로 20대 중반부터 60대 중반까지 40여 년 동안 도대체 몇 번이나 직장(직종)을 바꾸게 되는 걸까? 오스트레일리아의 학자들은 10~15년 후 한 사람당 평균 29~40개의 직업을 선택하며 살아갈 것으로 전망했다. 미국과 유럽에서도 이와 비슷한 연구와 보고서가 많이 나오는 실정이다. 세계경제포럼(다보스포럼)에서 '일자리의 미래(the future of jobs)' 라는 보고서가 크게 이슈가 되었다. 그 보고서에는 우리가 당연하게 생각하는 직업의 대부분이 20년 안에 없어질 것이라는 충격적인 내용이 담겼고 앞으로 살아갈 시대에는 80% 이상이 지금은 전혀 상상할 수 없는 직업의 세계에서 살아가야 한다는 예측도 제시했다(교육부).

창업이란 사업의 기초를 조성하고 세워나가는 것을 말한다. 창업을 영어로는 벤처(Venture) 또는 스타트업(Startup)이라 하고 한자로는 창조할 創, 사업 業으로 표기한다. 벤처는 모험, 도전을 의미하는 단어로, 여태까지 남이 하지 않은 새로운 사업에 도전적으로 뛰어든다 하여 벤처 또는 스타트업이라 한다. 창업은 말 그대로 새로운 업종을 창조하거나 또는 기존의 업종을 새로이 창조하는 것이다. 즉, 여태까지 없던 새로운 형태의 제품이나 서비스를 제공하는 것을 말한다.

결국, 기업가정신 혹은 창업가정신은 트렌드에 따른 시대적 환경변화에 민감하게 대응하면서 항상 기회를 대비하여 준비하고 이를 추구하며, 그 숙명적 기회를 잡기위해 혁신적인 사고와 행동을 즉각적으로 행함으로 시장성 분석에 타당한 새로운 가치를 창조하고자 하는 생각과 의지이다.

디자인 창업실무

디자인을 잘 알면 창업하기가 쉽다. 왜냐하면 창업을 준비하기 위한 첫단계가 기업명의 네이밍과 마크, 로고 디자인이기 때문이다. 나의 창업을 제시할 명함에 내 이름과 같이 필수적으로 삽입되어야하는 기본 내용이기 때문이다. 내가 동네에서 김밥집을 차린다고 가정할 때 역시, 간판이 있어야하고 명함이 필요하며 매장의 인테리어디자인도 중요한 기본 요소이다. 이런 측면에서 본다면 디자인 관련 공부는 필요한 분야로 등장한다.

전국의 창업지원관련 기관이나 센터외에 디자인창업센터, 디자인지원센터 등 수많은 곳들이 디자인창업을 돕는다. 디자인 스타트업 인큐베이팅 플랫폼의 역할을 해주고, 차세대 청년 디자이너뿐 만이 아닌 시니어들의 활발한 스타트업 창업을 지원하기도 한다. 디자인 창업에 특화된 공간을 제공하기도 하고 차별화된 창업관련 프로그램을 통해 창업기업의 빠른 성장과 글로벌 경쟁력을 강화하며, 다양한 정보를 제공하고 교류하는 소통의 장으로서 역할을 담당한다. 또한, 창업의 시작과 보육, 성장을 지원하는 정부사업의 정보를 제공하기도 한다.

피터 드러커의 명언 중 한가지,

> The best way to predict your future is to create it.
> 미래를 예측하는 가장 좋은 방법은 미래를 만드는 것입니다.

디자인 경영

(1) 디자인 경영(Design management)의 필요성

우리가 살아가는 정보화 사회의 새로운 패러다임은 '지식경쟁사회' 를 넘어선 '창조경쟁사회' 이다. '정보화', '복합화(multi)', '다기능화(multi-play)' 라는 메가트렌드의 급물결 속에서 글로벌 경제에 패러다임을 변화시키며 현대의 산업구조도를 바꾸어 버린 제4차 산업혁명시대를 넘어서서 이제는 제5차, 제6차의 산업혁명시대가 급물살을 타고 있다. 곧, 창의성 중심의 지식의 보편화로 경제 및 산업 등 모든 분야에 영향을 미치는 다양한 기술력으로 설명되기에 적절한 산업적 대응이 필요하고 디자인 경영의 측면에서도 이러한 트렌드변화에 민감하게 대처할 수 밖에 없다.

국내의 창조경쟁산업의 지도자들은 기술이 융합되는 각 분야 속에서 창의적인 열정과 리더십, 디자인경영의 마인드 속에서 미래를 예측하는 명확한 비전과 목표를 가지고 성장, 발전하여 왔다. 이러한 혁신적인 융합적 사고의 창조경쟁사회에서 필수요소로 등장한 디자인 경영(Design management)을 살펴 보고자 한다.

(2) 디자인 경영의 정의

디자인 경영(Design management)이란 소비자의 미적 만족 추구경향이 강해지면서 디자인을 경영전략적 수단으로 활용하여 새로운 비전과 가치를 창출함으로써 조직의 목표를 달성하고, 생활문화를 창달하기 위해 경영자, 디자이너, 그리고 관련분야의 전문가들이 활용할 수 있는 지식체계를 연구하는 것이다(한경 경제용어사전, 한국경제신문).

곧, 디자인 경영(Design management)은 새로운 제품이나 서비스의 기획에서부터 개발과 유통 등 혁신의 전 프로세스를 디자인 마인드로 관리하는 경영 전략적 수단으로 디자인을 활용함으로 새로운 비전과 가치를 창출함으로써 총체적으로 기업의 경쟁력을 제고시켜 주는 경영활동을 말한다.

(3) 디자인 경영의 문제점

무한경쟁 속에서 글로벌시대의 경영전략은 기업 내의 가치와 전략을 초월하여 고객의 마음을 움직일 차별화에 초점을 맞추어야 한다. 디자인은 브랜드가치, 특성화, 그리고 많은 기업 제품의 품질에 전략적 자산으로 떠오르고 있고 급속도로 발전하는 정보화, 자동화 시대에 기업의 가치를 높이는 수단이 된다. 기업경영에 있어서 디자인의 중요성은 더 높아지는데 기술중심의 한계를 극복하고 기술과 감성의 융합을 통한 기업혁신의 중요수단으로 디자인은 매우 중요하다.

따라서 기업은 디자인 관련 활동에 주력하고 더 나은 기업의 경영전략 프로세스와 디자인을 연결하는 디자인 경영을 적용해야만 한다.

① 트렌드 분석 능력의 부족

글로벌 경제의 기업경영 패러다임을 변화시키며 현대의 산업구조도가 바뀌어지는 지금, 창의적인 아이디어를 지식과 기술, 제품과의 결합 및 융합과정을 통해 정량화할 수 없는 가치를 구현하는 혁신적인 비즈니스 마인드가 필요한 시대이다. 예전의 제품중심의 경영트렌드에서 이제는 혁신적이고 차별화된 브랜드 이미지 중심의 디자인 경영트렌드를 인식해야만 한다.

② 소비자의 요구성향, 시장동향분석 예측능력 부족

통계적으로 신규 고객을 확보하는 데에는 기존 고객을 유지할 때보다 통계적으로 6배 이상의 비용이 든다고 한다. 현실을 자각하며 소비자의 요구성향을 민감하게 파악하고, 시장동향분석 예측능력을 키워야 한다.

③ 기업 및 브랜드의 차별화 전략 부족

Corporate Identity의 중요성을 파악하고 Brand Identity, Store Identity 의 확립이 중요해 지는 시대가 되었다. 이제는 비주얼머천다이징의 차별화 전략이 부각되어 기업 및 브랜드의 정체성을 확립해야 할 것이다.

④ 고부가가치 디자인 전략부족

디자인의 기본상식과 트렌드에 따른 감각이 없는 경영상황이라면 먼저 디자인을 깨닫고 차별화된 전략수립에 나서야 한다.

⑤ 창의적 아이디어 및 제품 이미지 정체성의 결여

이제는 물리적, 생물학적, 디지털적 세계가 새로운 가치와 사업 창출로 제시되어야 하기에 미래의 기업 경쟁력은 바로, 차별화된 기업이미지와 제품디자인이 좌우한다는 현실을 결코 잊어서는 안 될 것이다.

(4) 디자인 경영에 있어서 C.I 디자인의 중요성

① C.I 디자인의 정의

C.I 디자인은 기업이나 단체의 이미지를 시각적으로 체계화, 또는 단일화·통일화하기 위한 전략적 커뮤니케이션 시스템이다. 곧, 기업의 좋은 이미지의 형성 및 기업의 존재감, 주체의 명시, 기업 표시의 통일성 전략, 그리고 기업의 얼굴이라고 할 수 있다. CI는 정보화시대로 전환되면서 기업의 정체성 표현뿐 아니라 적극적인 마케팅 활동 및 경영환경을 개선하여 나가는 데 필수적인 것으로 기업의 이미지를 통합하는 작업을 가리키며 CIP(corporate identity program)라고도 한다.

② C.I, B.I, S.I 알기

C.I는 정보화시대로 전환되면서 기업의 정체성 표현뿐 아니라 적극적인 마케팅 활동 및 경영환경을 개선하여 나가는 데 필수적인 것으로 기업의 이미지를 통합하는 작업이라고 한다면 S.I인 스토어 아이덴티티의 매장연출작업은 기업과 브랜드의 기획의도 및 디자인 콘셉트에 대한 정확한 전달을 통하여 매장(현장)과 본사와의 밀착된 연계가 매우 중요하다.

또한, 지점이나 매장(현장)에서의 상황이나 문제점, 요구사항 등을 본사에 빠르게 FEED BACK할 수 있는 시스템을 갖추고 있어야 하며, 문제 발생 시, 적절히 대처할 수 있도록 하는 일종의 가교 역할을 할 수 있도록 준비되어야 한다.

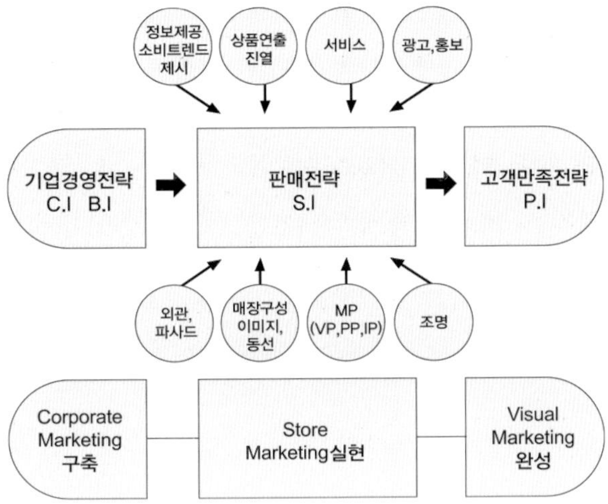

〈C.I, B.I, S.I, VM의 전략적 프로세스〉(장규순, "디자인 크리에이터" ,2017)

비주얼머천다이징

(1) 비주얼 머천다이징(VM)의 시대적 변화

국내 유통산업은 판매경쟁의 시대를 넘어서 트렌드 변화에 민감한 감각적이고도 독창적인 컨셉과 디자인적인 사고를 바탕으로 차별화, 특성화된 경쟁력있는 스토어 아이덴티티의 확립에 심혈을 기울이고 있다. 곧, 비주얼 마케팅뿐 만이 아닌 고객의 오감을 자극하는 감성마케팅, 멀티 마케팅의 시대로 전환된 것이다. 데코레이션의 시대, 디스플레이 디자인의 시대를 지나 이제는 비주얼 머천다이징의 차별화 경쟁시대가 도래하면서 유통업체는 고객의 니즈에 따라 효율적으로 비주얼 머천다이징을 확립한 매장환경의 경쟁력있는 차별화로 평가되어 지고 있는 현실이다.

'상품기획' 과 '정보' 와 '환경', 그리고 고객을 향한 '시각적 표현전략' 의 기능을 가진 기본

구조와 방법으로서의 비주얼 머천다이징은 고객의 쾌적한 쇼핑환경제공과 판매관계자의 활동을 조력하여 효율적인 매장관리의 기능을 가짐으로 결국, 고객을 향한 비주얼 마케팅과 고객의 심리를 파악한 감성 마케팅의 주요 수단이 되는 것이다.

국내에 흡수된 비주얼 머천다이징의 용어 및 업무적 기능은 미국과 일본의 영향력이 매우 크다. 영어의 비주얼 머천다이징의 약어는 VM으로 사용되어 지며, VMD는 머천다이징을 MD로 표기 및 사용하는 일본식 언어로 전달되어 졌다. 이러한 영어표기인 Visual Merchandising은 우리나라 국립국어원의 순화규정에 '시각상품기획', '시각상품전략' 으로 한국어식 표기로 용어정립이 되었다.

(2) 비주얼 머천다이징 전략의 필요성

비주얼머천다이징(VM)은 기업의 기획의도 및 브랜드의 디자인 컨셉에 대한 정확한 이해와 전달을 바탕으로 매장(현장)과 본사와의 밀착된 연계에 의해서 출발하기 때문에 스토어 아이덴티티(S.I)뿐 만이 아닌 코퍼레이트 아이덴티티(C.I)와 브랜드 아이덴티티(B.I)와의 연계성은 필수적인 부분이다. 매장연출작업은 곧, B.I의 확립이며 이것은 스토어 아이덴티티의 확립이라고 할 수 있다. 더 나아가 결국에는 C.I를 견고하게 구축시키는 작업이다.

CI는 정보화시대로 전환되면서 기업의 정체성 표현뿐 아니라 적극적인 마케팅활동 및 경영환경을 개선하여 나가는 데 필수적인 것으로 기업의 이미지를 통합하는 작업을 가리키며 CIP(corporate identity program)라고도 한다. 기업이 추구하는 가치를 공유하게 하고 광고 및 홍보의 주요 수단이며 동시에 미래지향적인 경영환경에 대응하기 위하여 1950년대 미국에서 처음 시작된 경영전략이다.

마케팅전략의 요소인 브랜드는 기업이 자사의 제품을 차별화하고 경쟁우위를 획득하기 위해 사용되며 기업브랜드는 기업의 가치를 나타내는 기준이 되므로 소비자에게는 신뢰성과 일관성, 제품의 품질 및 서비스 등의 가치에 대한 확신을 제공해주는 역할을 한다.

기업브랜드의 가치상승을 위해서는 일관된 브랜드 이미지를 유지하는 것이 중요하고, 기업 아이덴티티(corporate identity) 관리를 통한 기업이미지 통합전략이 이루어져야 한다. 스토어 아이덴티티에 있어서 매장연출작업은 기업과 브랜드의 기획의도 및 디자인 컨셉에 대한 정확한 전

년도	시대별 특성	공간의 변화	판매 공간의 변화	판매형태	시대별 마켓의 특성
1960	장식의 시대	기능 공간	백화점의 고급이미지	판매원 권유에 의한 구매	시장 및 초기 백화점 진출시대
1970	디스플레이의 시대	상징 공간	백화점의 확대기	고객이 상품을 선택	슈퍼마켓의 시대
1980	VP의 시대	쾌적 공간	트렌드 및 정보 제공의 백화점	라이프스타일에 의한 선택	전문점의 시대
1990	VM의 시대	생활문화 공간	백화점 이미지의 변환 시대	소매형태의 다양화	복합 소매업 시대
2000	VM경쟁의 시대	복합 문화 공간	대형마켓, 대형쇼핑몰의 등장	판매형태의 다양화, 차별화	복합 쇼핑몰의 시대
2010	VM의 차별화 시대	글로벌 멀티 문화 공간	글로벌 마케팅 시대	판매형태의 특성화	디지털 콘텐츠 쇼핑몰 시대
2020	VM의 전략화 시대	글로벌 트렌드 콘텐츠 공간	글로벌 트렌드 콘텐츠 시대	판매형태의 전략화	디지털 콘텐츠 마케팅 시대

〈시대별 판매유통 공간의 변화〉

달을 통하여 매장(현장)과 본사와의 밀착된 연계가 매우 중요하다.

브랜드의 경쟁력은 고객의 니즈에 따라 비주얼 머천다이징을 효율적으로 확립한 매장연출

환경에 경쟁력 있는 차별화로 평가되어 지는 중요한 관건이라고 할 수 있다. 그 브랜드를 선호하는 고객들의 성향 및 LIFE STYLE를 정확히 파악하여 그 타켓에 합당한 매장 환경, 진열방법, 세부적인 코디네이션 연출 등을 제안하여 타 브랜드 및 매장, 더 나아가 기업의 이미지까지 차별화를 구축하는 임무가 중요하다. 그러므로 비주얼머천다이징(VM)은 상품의 시각적 표현연출전략으로 경쟁력있고 차별화된 비주얼 브랜드 언어로 표현하여야 한다.

(3) 비주얼 머천다이징의 정의 및 목적

VM(Visual Merchandising)의 정의

비주얼 머천다이징은 '시각상품기획' 또는, '상품전략의 시각화' 로, 매장구성의 기본이 되는 상품기획, 디스플레이, 판촉, 서비스, 홍보 등 주요 요소들을 시각적, 기술적으로 구체화시켜 상품을 보기 쉽고 선택하기 쉽고 구매하기 쉽게 연출하는 총합적 시각표현 기술전략을 말한다.

Visual(시각화)+Merchandising(상품기획) = VM

VM(Visual Merchandising)의 목적 12가지

1. 기업(브랜드)이나 매장, 그리고 상품의 이미지를 높인다.
2. 고객에게는 고르기 쉽고 구매가 편리한 매장을 제공한다.
3. 판매원 측에게는 관리하기 쉽고 판매가 용이한 매장을 제공한다.
4. 감성마케팅으로 즐겁고 쾌적한 쇼핑분위기를 제공한다.
5. 기능적이고 효율적인 매장을 구성한다.
6. 상품에 대한 가치를 더욱 높여준다.
7. 새로운 트렌드 정보를 제공해 준다.
8. 비주얼 마케팅을 통하여 구매의욕을 높여 스토어 아이덴티티를 제공한다.
9. 타 브랜드나 매장과의 차별화 전략으로 활용한다.
10. 최종 목표인 판매효율을 극대화 한다.
11. 판매 환경에 따른 디자인 컨셉을 구체화하고 브랜드나 제품의 홍보를 돕는다.

12. 외부의 쇼윈도에서부터 내부의 매장구성, 동선, 코디네이션, 조명 등 제작 및 설치 등의 기획에서부터 디자인 프로세스, 마무리 공사까지 총괄 담당한다.

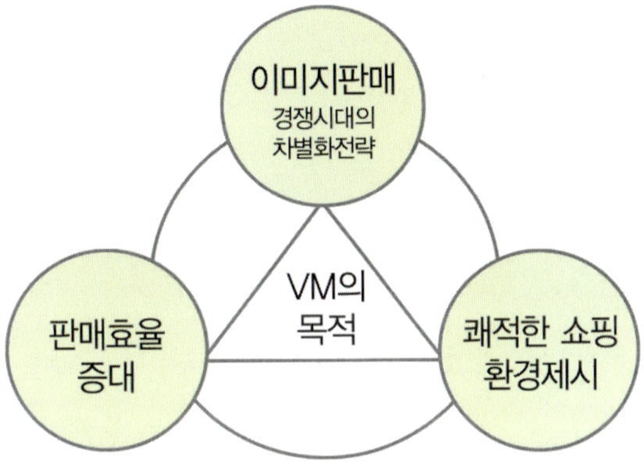

〈VM 의 근본 목적〉

(4) 비주얼 머천다이징의 역할 및 기능

VM(Visual merchandising)의 역할

머천다이징의 역할이란 상품기획측면에서 고객이 원하는 상품을 필요적절한 시기와 가격과 장소에서 효율적으로 제공받을 수 있도록 상품의 아이덴티티를 부여하고 그 상품이 소비자에게 최대한 어필될 수 있도록 연출하고 제시하는 것을 말한다. 이러한 머천다이징에 비주얼이 결합된 비주얼 머천다이징의 역할은 상품의 시각적이고 효과적인 연출로 고객이 시선을 집중하고 강한 구매 욕구를 불러일으킴으로써 상품을 구입하여 결국은 판매율을 극대화시키는 것이 중요 역할이다.

결국, VM은 상품의 시각적 표현연출전략으로, 고객이 그 상품의 가치와 정보를 쉽게 인식하고 이해할 수 있도록 도와주는 것이다.

VM 의 기능 5가지

1. 앞장에서 제시한 C.I와 B.I, S.I의 구축을 통하여 궁극적으로는 고객위주의 P.I 실현에 그 주요 기능을 둔다.
2. 머천다이징에 따른 '상품기획' 과 '정보' 와 '환경', 그리고 '시각적 표현 전략' 의 기능을 가진 기본구조와 방법이다.
3. 고객을 향한 비주얼 마케팅과 고객의 심리를 파악한 감성 마케팅의 주요 수단이 되는 기능을 가진다.
4. 고객의 쾌적한 쇼핑환경제공과 판매관계자의 활동을 조력하여 효율적인 매장관리의 기능을 갖는다.
5. 타 브랜드나 매장과의 차별화 전략의 주요 기능을 가진다.

(5) 비주얼 머천다이징과 디스플레이 디자인의 비교분석

디스플레이(DISPLAY) 디자인이란, '상품의 특성과 목적에 따라 제시하고자 하는 상품을 필요공간에 전시, 진열하여, 고객에게 전달하는 기술적인 표현방법' 으로 우리말에는 전시, 장식, 진열, 연출 등 디스플레이를 뜻하는 말이 있다. 디스플레이 디자인의 4가지 요소는 첫째, 보이고자 하는 대상(Object), 둘째, 그 내용을 전달받는 대상으로서의 고객(Client), 셋째, 전달이 이루어지는 장소로서의 공간(Space), 넷째, 어떤 시기, 어느 정도의 기간으로써의 시간(Time)이다. 결국 4가지 요소에 의해 성립되어 지는 전시 행위의 본질적 기능을 가진 디자인의 한 분야이다.

비주얼 머천다이징(VM)과 디스플레이의 용어적 연관성

비주얼 머천다이징은 상품전략의 시각화로, 고객이 원하는 상품을 필요적절한 시기와 장소에서 고객에게 상품연출을 시각적으로 알기 쉽게 표현하여 구매의욕을 높이는 체계화된 표현방법이다. 이에 비해 디스플레이는 시각적, 장식적이고 소프트 웨어적인 VP(Visual presentation) 연출만을 강조하던 개념적 표현이 대부분이었다. 이 두 가지 용어 모두 결과적으로는 판매효율의 극대화를 이루는 것이 가장 중요한 부분으로 이제는 상품기획뿐 만이 아닌, 소비자에게 정보를 제공하고 하드 웨어적인 매장 환경을 인간공학적으로 디자인하여야 함이 중요하다.

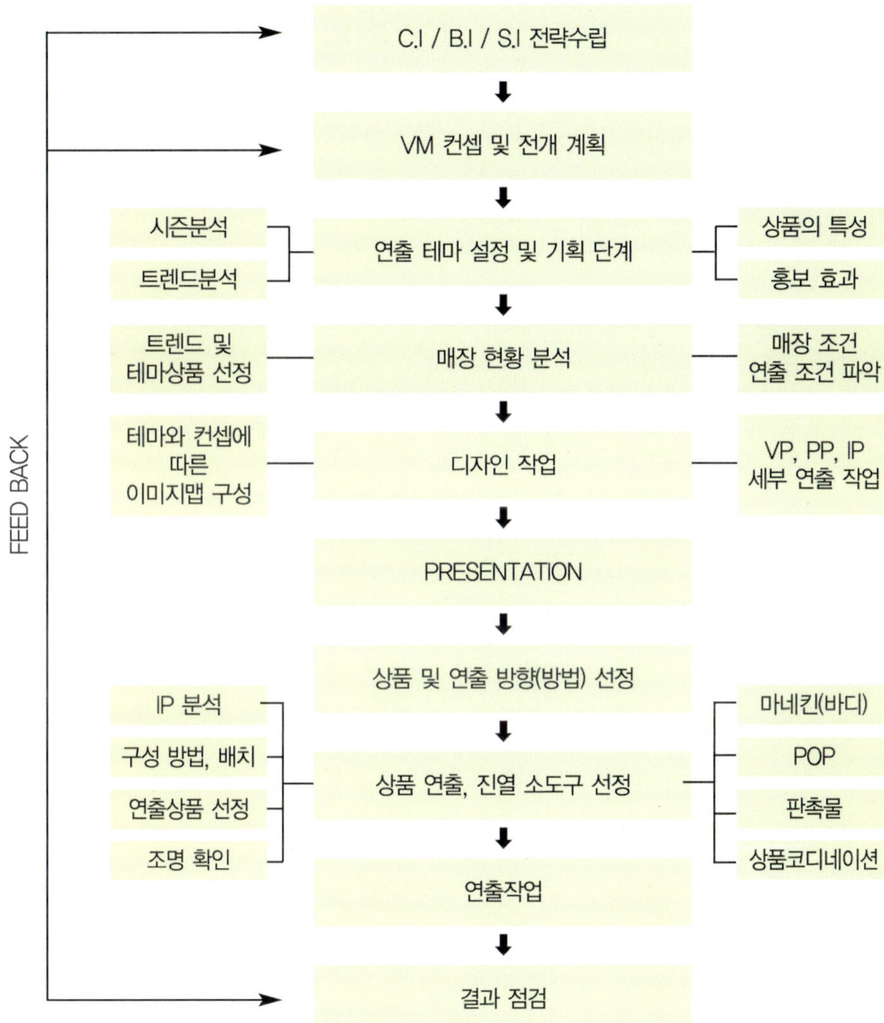

〈VM 연출 프로세스〉

마케팅분야에서는 구매심리의 두 가지 전통적인 법칙이 있다.

바로, AIDMA 법칙과 AIDCA법칙이다.

디스플레이 디자인을 통한 고객의 5단계 구매법칙

- A(Attention) 주의, 관심, 주목-시선을 집중시키는 단계
- I(Interest) 흥미유발 -시각적 감정에 호소하는 단계
- D(Desire) 욕구 자극구매의 충동을 자극하는 감성적 단계
- M(Memory) 및 C(Conviction, Confidence) - 기억에 남고 확신을 주는 단계
- A(Action) 및 S(Satisfaction) 행동, 만족 - 구매 행동에 따른 만족감, 성취단계

나가시마 유 킬로의 구매심리 5단계 그림은 다음과 같다.

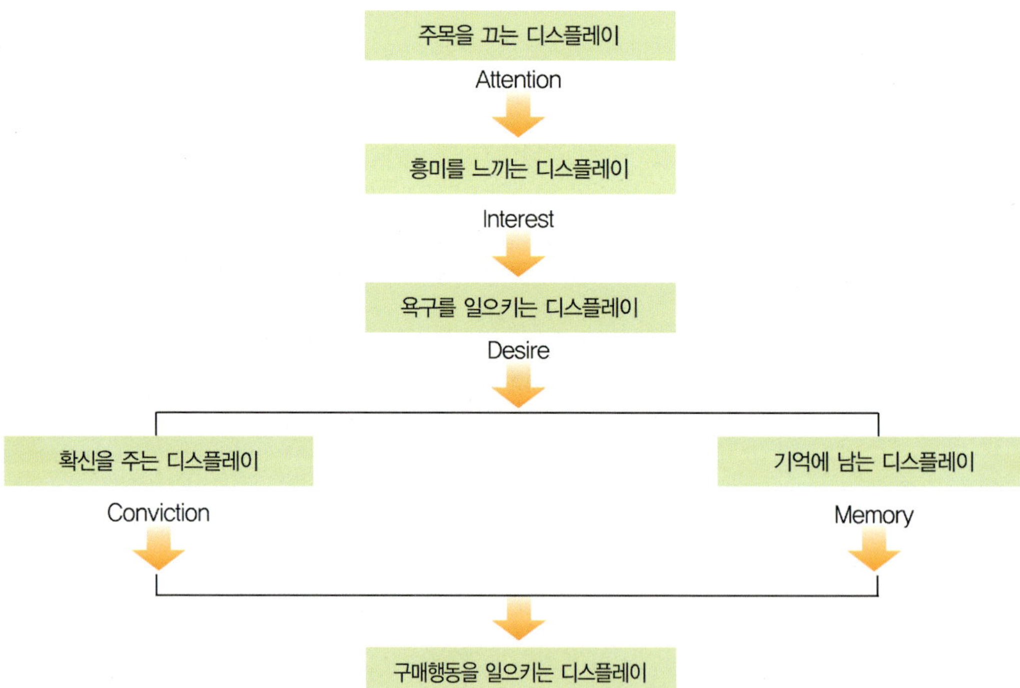

〈구매심리 단계〉

(6) 비주얼 머천다이징의 전략

비주얼 머천다이징의 전개방법

MP(merchandise presentation)에는 VP, PP, IP가 있다.

- VP(Visual presentation): 매장(브랜드)의 이미지와 패션 감성 테마의 종합적인 표현의 장으로 얼굴의 역할을 하는 쇼 윈도우 또는 메인 디스플레이 스테이지를 말한다.
- PP(Point of sale presentation): 분류된 상품의 판매 포인트를 제시하고 VP와 IP를 자연스럽게 연결시키는 역할로 벽면 상단 및 집기류 상단의 연출공간을 말한다

	구분	역할	위치	기능	사진
MP	VP Visual Presentation	시각적인 테마연출의 종합적 표현의 장. 기업과 매장, 상품의 이미지를 높임.	고객의 시선을 집중시키는 쇼윈도우. 디스플레이 스테이지	시각적 표현기능	
	PP Point of Sale Presentation	분류(Grouping)된 상품의 판매 포인트를 연출	매장내의 고객의 시선이 닿는 부분 벽면상단, 선반 및 집기류 상단	시각적 표현기능 및 유도기능	 
	IP Item Presentation	세부적인 상품을 분류 정리하여 보기쉽고 구매하기 쉽게 진열.	모든 집기류(행거 및 선반류, 쇼케이스 등)	판매기능	

〈MP(merchandise presentation)= VP, PP, IP〉

• IP(Item presentation): 세부적인 상품을 분류하고 정리정돈하여 고르기 쉽고 구매하기 쉬운 매장 연출의 역할로 모든 집기류 및 선반, 쇼케이스, 행어 등을 말한다.

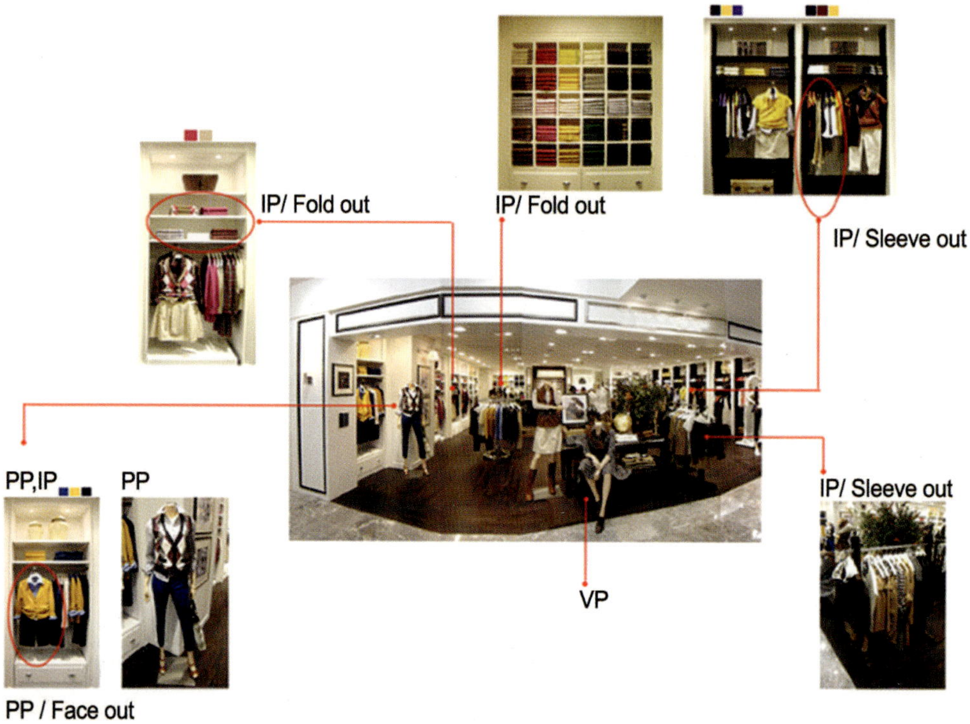

〈VP, PP, IP의 구분〉

상품분류의 방법

1. 상품의 그루핑 및 관련된 배치를 고려한 아이템 분류
2. 고객의 구매요소 우선 순위에 따른 순서별 구매요소 분류(브랜드별, 가격별, 질, 양적 효과 등)
3. 필수상품(주력상품), 준 필수상품(보조상품), 충동상품(자극 상품)에 따른 효율적인 판매중심 분류
4. 양감을 강조, 맛과 질을 강조, 상품의 브랜드 신뢰를 강조하는 제안중심 분류
5. 동일한 조건과 내용의 상품이라면 고급성과 일반성에 대한 가격중심 분류

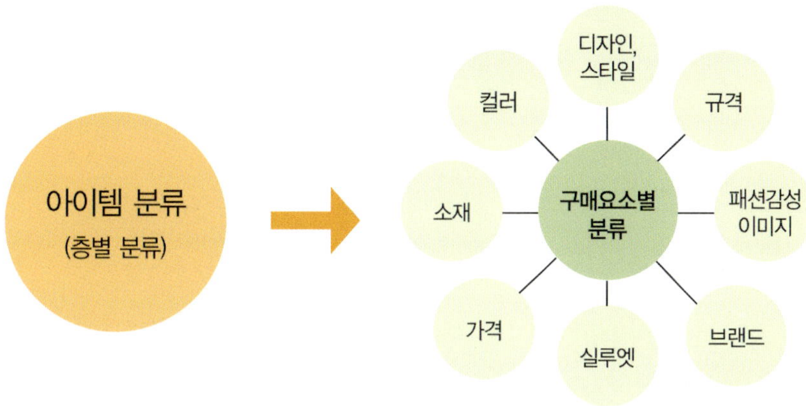

〈상품분류의 방법〉

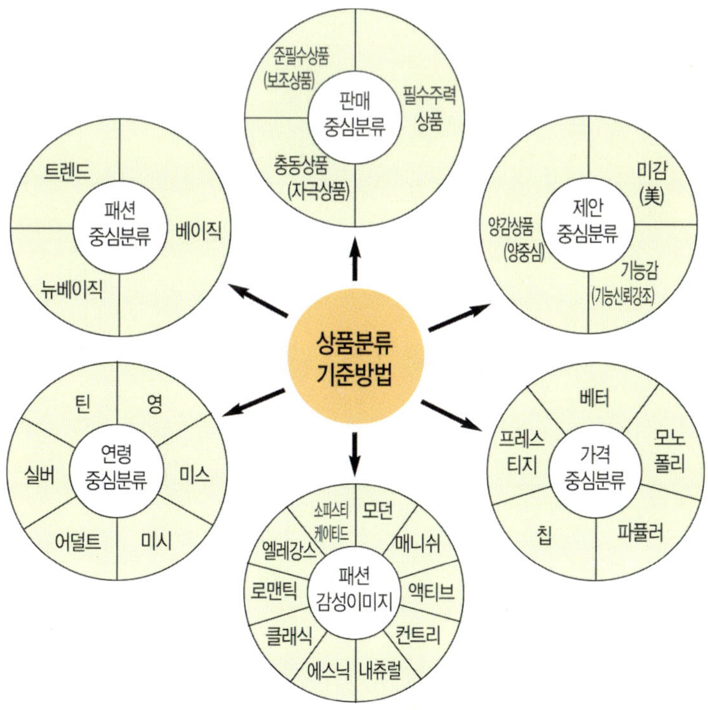

〈상품분류기준에 따른 방법〉

(7) 연출과 진열

상품에 고객이 흥미를 느끼며 발길을 유도하도록 시선을 집중시키고 유도하는 것이 연출의 역할이라면 구매 시 고객에게 고르기 쉬운 편리성을 제공하여 실제 판매행동을 일으키는 것이 바로, 진열의 역할이다.

진열 및 연출의 기본 인식

① 진열은 '무엇을 보여 주는가' 이고, 연출은 '어떻게 보여 주는가' 이다. 상품판매를 위한 가장 중요한 수단으로 진열보다 더 고객의 시선을 집중시키고 그 감성에 소구하는 것이 연출로 감성마케팅의 한 요소로 활용된다.

② 진열은 상품자체를 정리정돈 및 체계적인 방법으로 표현한다면, 연출은 상품의 가치와 장점을 최대한 부각시키는 시각적 전략임을 인식하여야 한다.

③ 연출은 개별적인 상품의 특성과 전체적인 상품의 흐름을 고려하여 매장과 상품을 효과적으로 표현하고 관련 판매를 유도해야 한다.

④ 감성을 소구하는 것이 연출이므로, 연간 스케줄에 따라 그 시즌에 판매할 상품에 중점을 두고 사전에 충분한 계획과 디자인이 이루어져야 한다.

⑤ 연출은 전문가 뿐만이 아니라 판매원 및 샵 매니져 등 판매 관련자는 누구나 시행할 수 있는 기술적 표현 방법으로 경험과 다양한 매뉴얼이 필수적이다.

연 출	요 소	진 열
어떻게 보여주는가?	목적	무엇을 보여주는가?
호기심을 주고 끌어들인다.	역할	실제 판매를 유도한다.
상품의 가치와 장점을 표현한다.	표현	상품 자체를 표현한다.
감각과 경험이 필요하다.	필요작업	정리정돈과 청결이 필요하다.
감성에 소구한다.	소구	이성에 소구한다.
쇼윈도 • 스테이지 • 벽면상단 등	위치	행어 • 쇼케이스 • 선반 등 모든집기
VP • PP	기호	IP • PP

〈연출과 진열의 차이〉

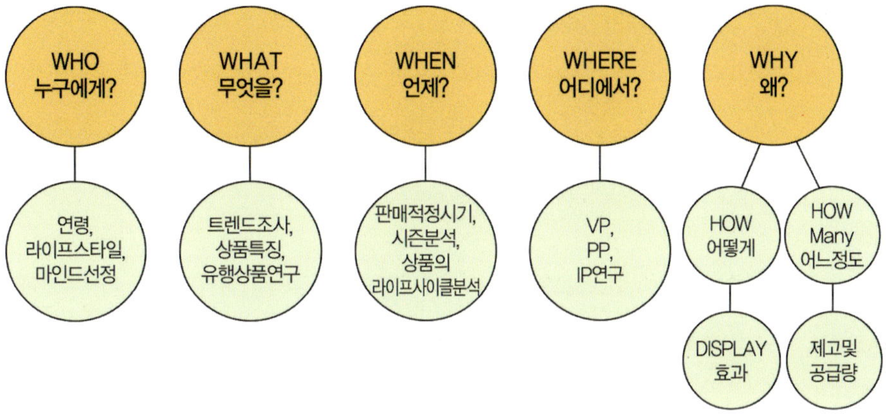

〈연출과 진열의 기본전제 조건 5W〉

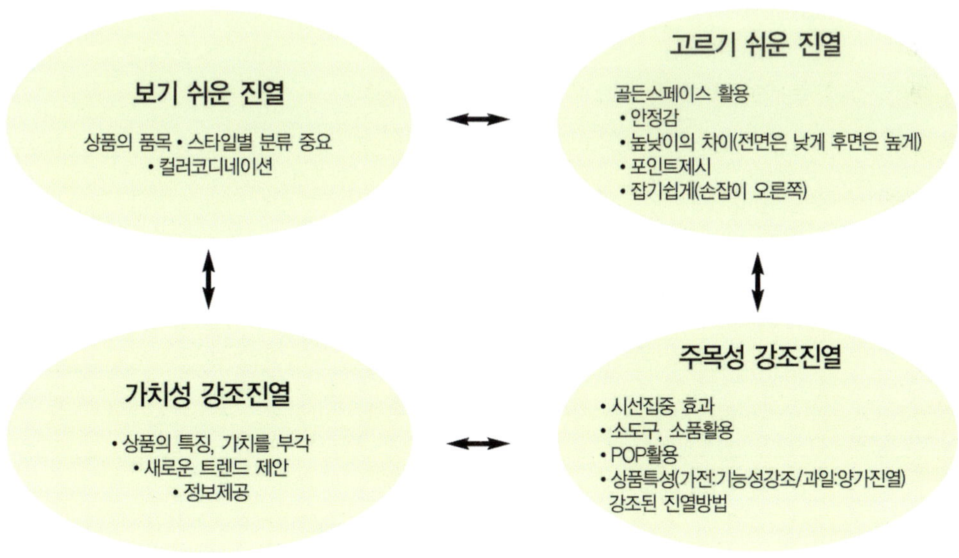

〈진열의 기본조건〉

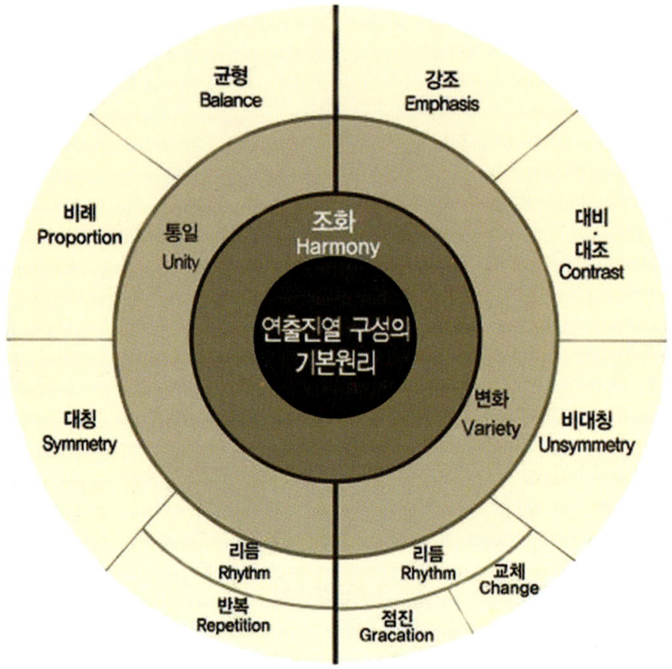

〈연출 진열 구성의 기본원리〉

시각(관찰범위)에 따른 연출

인간공학적인 측면에서 인체의 시선각도에 따른 연출은 매우 중요하다. 시야는 눈을 고정한 상태에서 지각할 수 있는 주변전체의 각도라고 한다면 시각은 시선을 집중시키고 자세히 관찰할 수 있는 각도라고 할 수 있다. 이러한 지각의 범위안에서 기능적인 연출방법들이 제시되어야 한다.

높이에 따른 연출

매장구성에 있어서 높이에 따른 연출구성은 구매자와 판매자의 기능성 공간을 위하여 필수적인 요소 중의 하나이다. 골든 스페이스는 75cm~135cm의 높이에 따른 구역을 말하는데 디스플레이 비밀이라는 책에 제시된 조사자료에 의하면 골든 스페이스의 위치로 제품을 이동하면 매출이 75% 증가한다는 분석적 결론이 도출되었다.

구분	시야(視野)	시각(視角)
특성	눈을 고정한 상태에서 지각할 수 있는 주변시(周邊視)의 범위	망막의 감각세포에 자극되어 발생되는 감각·관찰 영역
수직방향	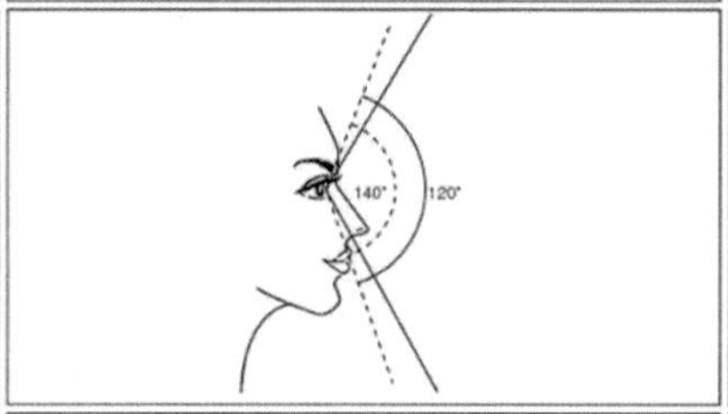	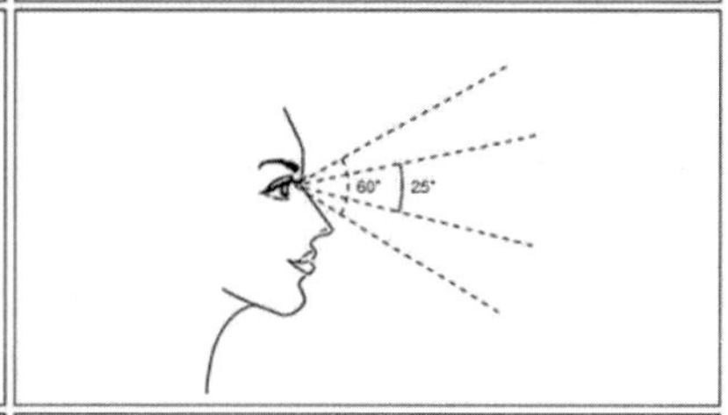
수평방향	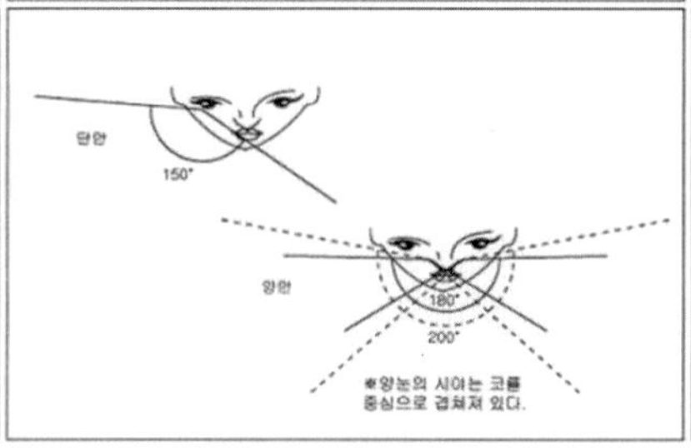	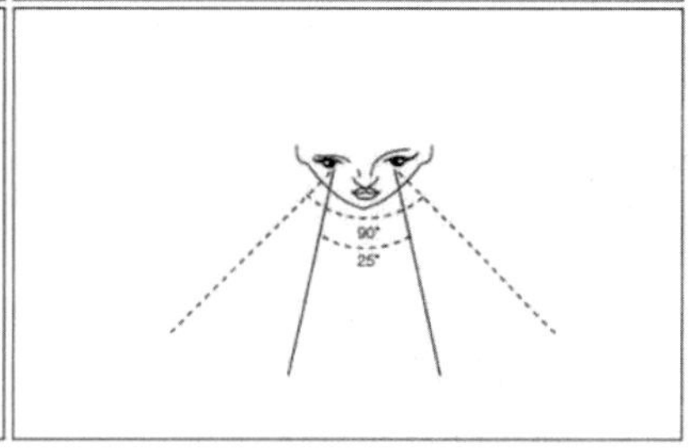

〈시야와 시각〉

	구분	인체공학적 평균키에 따른 높이	연출효과	연출 상품 특성
3M 300cm 270cm 240cm 210cm 2M	Sign Space (Theme · Zone)		광고 및 전시효과 Point of Sale Presentation	· 판매포인트 연출 · 자극상품 연출 · 아이템의 대표상품 연출 · 시각적 효과
180cm	Silver Space			· 중점상품 연결
150cm 120cm 1M 90cm	Golden Space		진열효과 Item Presentation	· 중점상품 · 고회전상품
60cm	Silver Space			· 중점전상품 · 보조상품
30cm	Stock Space			· 저회전상품

〈높이에 따른 연출범위〉

상품연출의 주의사항

① 연출의 테마를 정확히 숙지하여 상품의 가치와 특성, 관리방법 등을 정확히 파악하여야 한다.

② 시즌 연출과 판매적기를 파악하여 VP, PP, IP 전략을 구축한다.

③ 연출상품은 시각적 효과와 청결로 최상의 상태를 유지한다.

④ 회전율을 고려한 연출관리가 필요하다.

- 아이템별로 일정 기간에 교대로 연출하여 회전율을 고려한다.

⑤ 상품의 특성 및 정보를 고객에게 명확히 제시하여야 한다.

⑥ 상품 주기에 따라 아이템별 분류 및 적정 위치의 배치를 고려 한다.

⑦ 정리정돈 및 청결은 필수사항이다.

구분	특 징	형태의 변화
반복	• 동일한 형태, 컬러 등의 요소들을 두개 이상 배열 (질서, 연속성, 되풀이 효과)	
점진	• 점층적으로 변화하는 것 (창의적, 동적, 진행감)	
교체	• 반복보다 역동적 효과 (간격유지나 요소 자체의 강조,약화)	
대조	• 상반된 분위기 조성 (자극성, 변화성)	

〈상품연출의 리듬 원리의 응용〉

연출의 유형의 4가지

① 상징적 연출: 매장이나 기업의 이미지 또는 대표적인 상품의 특성을 상징적인 표현방법으로 연출하는 것으로, 시선을 집중시키는 효과가 있다.

② 이미지 연출: 상품 또는 매장이나 기업의 이미지와 관련된 분위기를 조성하는 연출로 시즌이나 특정 테마를 활용하거나 상품의 가치나 특성을 소구하는 감각진열로 구매심리를 자

극한다.

③ **사실적 연출**: 라이프 스타일에 연관된 관련 상품을 축소 또는 확대, 사실 그대로를 연출하는 기법으로 판매와 연결시키는 방법이다.

④ **정보적 연출**: 상품의 정보, 사용방법, 효과, 미래적 경향 등을 제시하여 새로운 안목과 정보를 제안하는 연출유형이다.

연출의 기본방향

① **감성적 연출**: 인간의 오감(시각, 청각, 촉각, 후각, 미각)을 자극하여 감성에 소구하는 연출로 감성적 라이프 스타일을 창출하는 것.

② **시즌연출**: 각 시즌에 어울리는 효과적인 연출로 매출의 효율성, 매장이나 기업의 기획컨셉, 상품의 아이템 분류에 따라 다양하게 계절감을 연출.

③ **판매 적기 연출**: 선물 철, 바캉스철, 환절기 등 적정 기간을 설정하여 판매 상품을 부각시키는 연출.

④ **시간대별 연출**: 평일, 주말, 마감시간, 축제 및 기후에 따른 고객의 기호와 기분의 변화를 파악하여 상품제시방법, 매장의 효율적인 배치, 조명의 조도와 컬러 코디네이션 등의 변화를 활용.

연출구성의 종류

① **수평구성**: 가장 기본적인 구성으로 시선이 옆으로 자연스럽게 이동하여 질서와 정리정돈이 되어 보이므로 시선의 편안함을 제공할 수 있는 구성방법이다.

② **수직구성**: 시선을 상하로 움직이도록 유도하므로 수평구성보다는 다양성을 제공할 수 있으며, 특히 그룹핑의 효과를 다양하게 연출 가능한 방법이다.

③ **격자구성**: 좌우, 상 · 하의 시선을 함께 유도하므로 연출구성의 다양성을 제시하는 방법으로 수평구성과 수직구성의 교차하는 정점을 활용하여 질서정연함과 안정감, 균형감을 줄 수 있는 복합구성이다. 관련 상품의 안정감이 있는 다양한 코디네이션 구성에 적합하다.

④ **사선구성**: 수평, 수직구성보다는 긴장감을 주고 시선을 자극하며, 생동감과 속도감을 줄 수 있는 구성방법이다.

⑤ **삼각형 구성**: 시각적인 안정감을 주는 기본 구성으로 가장 많이 활용되는 방법이다. 조형적인 측면에서는 완벽한 균형감을 보여 주므로 비교적 손쉽게 활용된다.

⑥ **곡선구성**: 직선보다는 부드러움, 유연성, 움직임, 변화와 리듬감을 제공하므로 딱딱한 분위기보다는 우아한 이미지 활용에 적합한 구성이다.

⑦ **방사선 구성**: 방사선 이미지의 강한 연출구성으로 양감이나 시선을 집중시킬 때 활용되며 컬러별, 디자인 별, 패턴별로 다양하게 활용되는 방법이다. 테이블뿐만이 아닌 다양한 소도구, 벽면의 핀업에 응용되기도 한다.

⑧ **추상구성**: 직선이나 곡선 등의 기본형식에 얽매이지 않고 다양한 창의력을 바탕으로 대비, 강조의 효과 등 통일성보다는 변화를 추구하는 독창성을 활용한 방법이다.

구분	수평구성	수직구성	사선구성	삼각형구성
구성형태	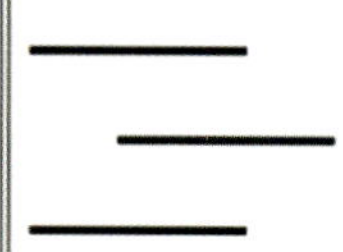		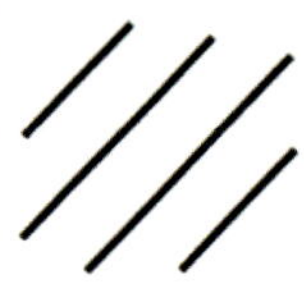	
특징	· 질서, 정리정돈 · 균등 강조 · 그루핑 효과 · 안정감 · 상품구성시 제일 많이 활용	· 수평구성보다 강한 효과 · 질서 강조 · 정리정돈 효과 · 세로선이 강조된 그루핑 조화	· 시선자극 효과 · 생동감 · 속도감 · 안정감 · 리듬감	· 가장 기본형 · 시각적 안정감 · 균형감 및 대칭효과 · 높이에 따른 효과에 주의 · 응용 범위가 넓다 (부등변 삼각형 중복 · 반복)
사진		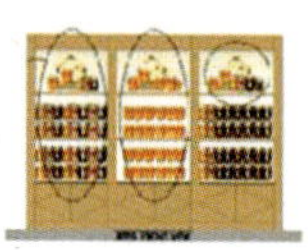		

〈대표적인 기본 연출구성〉

풀 라인 머천다이징(full-line merchandising)

풀 라인이란 제품디스플레이에 있어서 해당 그룹의 제품배치를 자사 브랜드만으로 가능하도록 제품화하는 것을 말한다. 소매점의 경우는 제품을 그룹핑하여 디스플레이하기 때문에 결과적으로 보면 자사 제품위주로 디스플레이하게 될 확률이 높아 디스플레이 면적을 크게 확보할 수 있으므로 고객들의 주목을 끌 수 있고 판매율 또한, 증가할 수 있다.

1) 컬러의 풀 라인

컬러가 다양한 제품은 매장연출을 하는데 가장 효과적이며 시선을 집중시키는 역할을 한다. 특히 컬러 머천다이징(color merchandis-ing)된 제품을 컬러의 특성별로 디스플레이 하는 것이 기본 원칙이다.

2) 사이즈의 풀 라인

제품의 특성에 따라 크기를 다양하게 조절하여 고객의 요구에 세심하게 대응할 수 있도록 사이즈를 풀 라인하는 것도 효과적이다.

3) 용도의 풀 라인

고객에게 제품선택의 폭을 넓혀준다는 의미에서 본다면 용도의 풀 라인은 매우 효과적이다. 가정용, 회사용, 휴대용, 여행용, 비즈니스용, 통신용, 방범용, 파티용 등 그 다양성은 제품의 특성에 따라 다양하다.

4) 풀 라인 제품화

- 컬러의 풀 라인: 컬러풀한 제품은 매장연출에서 매우 효과적이다
- 디자인 풀 라인: 디자인의 한 포인트를 풀 라인으로 만든다.
- 사이즈의 풀 라인: 사이즈를 풀라인하여 고객이 제품을 쉽게 구매하게 도와준다
- 용도의 풀 라인: 용도를 풀라인하여 새로운 수요를 창출한다
- 효용의 풀 라인: 제품의 특성에 따라 의약품, 화장품, 건강식품 등의 풀 라인
- 기능의 풀 라인: 단순 기능에서 다기능까지 선택의 폭을 넓힌다.
- 맛의 풀 라인: 매운맛, 신맛, 단맛 등 식품에서의 풀 라인을 가능케 한다.
- 양의 풀 라인: 양의 다양화에 대한 고객 요구에 대응한다.
- 가격의 풀 라인: 가격지향에서 품질지향에 이르기까지 다양한 고객 요구에 대응한다.
- 시리즈 풀라인: 단품보다는 시리즈를 기획하여 계속적으로 풀 라인을 적용한다.
- 영상 풀라인: 모션그래픽이나 다양한 영상을 기획하여 제시한다.

5) 고객층의 풀 라인

제품의 특성에 따라 많은 차이가 있으나 왼손잡이용, 여성용, 어린이용, 장애인용 등을 특정 상품에 적용한다면 다양한 고객의 요구에 대응할 수 있다.

6) 양의 풀 라인

적은 양의 구매를 선호하는 핵가족 세대뿐만이 아닌 독신자 세대, 고령자 세대 같은 경우와는 반대로 한꺼번에 대량으로 구매를 선호하는 고객들의 요구에 대응하여야 하므로 다량 및 소량 패키지까지 양의 풀 라인도 제품의 특성에 맞게 고려해야 한다.

7) 시리즈 출시를 통한 풀 라인

단품보다는 계속적으로 시리즈 제품을 개발하여 풀 라인이라는 방법이다. 이러한 시리즈 출시를 통한 풀 라인으로 디스플레이 점유율을 높일 수 있다.

이외에도 제품의 성격과 특성에 따라 다양한 풀 라인을 창안하여 풀 라인 머천다이징(full-line merchandising)을 성공적으로 이끌어야 한다.

페이싱 플랜

FACE(페이스)는 곧, 상품의 얼굴을 말한다. 유통과정을 통해 상품은 감성적 가치가 포함되어 소비자들에게 만족감과 즐거움을 제공해 줄 수 있어야 한다. 그러기 위해서는 외관의 파사드가 그 기업이나 매장의 첫인상을 결정짓는다고 하면 매장 내부의 주인공은 바로, 상품이다. 매장은 그 상품의 가치와 특징을 담는 그릇으로써 얼굴, 곧, 대표성의 개념인 페이스(Face)가 되는 것이다.

1) 페이싱 플랜(Facing plan)의 정의

페이싱 플랜은 매장 계획 시 필수적으로 확인 점검해야 하는 기본과정으로 효율적인 연출과 진열을 위해 기능적이고 합리적인 데이터에 따라 제시되는 최선의 작업이다. 페이싱 플랜(Facing plan)을 통해 상품의 기본적인 분류가 명확해지며, 상품기획 시 품목별 균형감을 조절할 수 있다.

2) 페이싱 플랜의 방법

① 페이스 아웃(Face Out):제품의 전면이 보이도록 하는 진열방법

디자인을 한눈에 볼 수 있고, 코디네이션 변화가 용이하며 빠른 회전율이 장점이다. 그러나 보충빈도가 높고 공간을 많이 차지하는 단점도 있다. 주로, 재킷이나 블라우스, 니트, 셔츠류에 많이 활용한다.

② 슬리브 아웃(Sleeve Out): 제품의 소매가 보이도록 하는 진열방법

행어를 사용한 스톡 형 진열로 페이스 아웃(Face Out)에 비해 많은 양을 확보할 수 있고, 컬러, 패턴, 사이즈별 배열이 용이하며 꺼내 보기가 쉽다. 그러나, 꺼내기 전에는 전면의 디자인을 잘 볼 수 없고 회전율이 낮다는 단점이 있다. 재킷, 코트, 셔츠, 바지에 적용된다.

③ 폴디드(Folded): 접은 면이 보이도록 하는 진열방법

선반을 사용한 스톡형 진열로 많은 양을 확보할 수 있으며, 슬리브 아웃처럼 컬러, 패턴, 사이즈 별 배열을 편하게 연출할 수 있다. 고객의 시선 아래로 진열할 때는 디자인을 확인할 수 있으나 부분적으로만 확인 가능하고, 접는 데 시간과 노력이 필요하며, 고객의 입장에서 개별로 꺼내 보기가 부담스러운 단점이 있다. 블라우스, 스웨터, 니트, 셔츠, 바지에 많이 활용된다.

구분	페이스아웃 Face Out	슬리브아웃 Sleeve Out	폴디드 Folded
특징	상품의 전면이 보임	소매가 보임	접은면이 보임
장점	• 쉽게 디자인 파악 용이 • 코디네이션 연출의 다양한 변화 • 빠른 회전율	• 행거형 진열이 많아 많은 양을 확보 • 컬러, 패턴, 사이즈 배열가능	• 선반류 진열 • 컬러, 사이즈 배열 가능 • 시선아래 진열시 디자인 파악용이
단점	• 높은 보충빈도 • 넓은공간 필요	• 전면디자인 파악이 어려움 • 회전율이 낮음	• 디자인 파악이 부분적임 • 접는 연출로 시간, 노력필요 • 펼쳐보기 어려움
주요진열상품	재킷,블라우스, 니트,셔츠	재킷,코트,셔츠,바지	블라우스,스웨터, 니트,바지
사진			

〈페이싱 플랜(FACING PLAN)의 기본형〉

3) 페이싱 플랜(Facing plan)의 3가지 효과

① 프레젠테이션(Presentation) 효과

- 시선집중의 효과로 보기 쉽게 연출: 시각적인 효과를 이용하여 상품의 특성을 표현한다.
- 감성을 이용하여 구매욕구를 느끼도록 연출 : 다양한 코디네이트 연출이 가능하다.
- 구매하기 쉽게 : 아이템별 분류 및 pop 활용 등으로 편리한 구매환경을 제공한다.

② 오퍼레이션(Operation) 효과

오퍼레이션(Operation)은 작용, 운전, 작전의 뜻으로 비주얼 머천다이징 오퍼레이션은 매장환경에 있어서 최적한 상품정보 및 연출을 조성하는 기술시스템이라고 할 수 있다.

- 상품의 세부적인 분류, 정리정돈으로 관리가 용이하다.
- 상품운용의 기본적인 전개방안을 제시한다.

③ 로지스틱스(Logistics) 효과

로지스틱스(Logistics)는 경제용어사전에서 보면, 본래 의미는 병참(兵站)이지만 유통 합리화의 수단으로 채택되어 원료 준비, 생산, 보관, 판매에 이르기까지의 과정에서 물적유통을 가장 효율적으로 수행하는 종합적 시스템을 말한다. 적량(適量), 적종(適種), 적시(適時)의 시스템을 연구하는 분야로 비주얼머천다이징 로지스틱스는 다양한 상품 진열에 응용될 수 있는데 특정한 제품의 특정한 컬러만 판매율이 높을 경우, 그 제품만 더 많이 보유하는 것이 아닌 여러 가지의 다양한 컬러를 함께 연출함으로 그 상승효과를 높이는 것이 중요하다. 또한, 판매율이 높은 제품은 신속히 보충이 완료될 수 있도록 창고의 효율성을 높이는 것이 판매공간의 대비효율을 극대화 시킬 수 있는 것이다.

- 상품의 재고관리 및 보충을 용이하게 함으로 회전율을 높인다.
- 매장환경에 적합한 적정량 보유로 매장 내의 창고화를 방지한다.

비주얼 머천다이징의 실무용어

▶ 크로스 머천다이징(cross merchandising)

특정 매장에 전혀 다른 아이템을 디스플레이하여 고객의 시선을 집중시키고 구매욕구를 자극하는 전략을 말한다.

▶ 점블(Jumble) 디스플레이

다양한 상품을 결집시켜 풍성하게 쌓아 놓는 기법으로 세일을 홍보하거나 저렴한 느낌을 주어 판매 분위기를 유도하는 디스플레이를 말한다.

▶ 페깅(Pegging) 디스플레이

상품을 못이나 후크에 걸어서 연출하는 디스플레이로 할인점이나 슈퍼마켓 등 크기별, 컬러별, 가격별로 그룹핑하여 고객들이 쉽게 구매할 수 있도록 활용하는 것이다.

▶ 실링(Ceiling) 디스플레이

매장의 천장공간을 이용하여 붙이거나 매달아 늘어뜨리도록 연출하는 디스플레이로 멀리서도 시선을 집중시키는 연출효과를 주는 표현방식이다.

▶ POP(Point Of Purchase advertising, 구매시점 광고)

POP는 '침묵의 세일즈맨'이라고도 불리며 매장의 입구 또는 매장에서 제시하는 표시물로서 고객으로 하여금 편리한 쇼핑을 할 수 있도록 판매원을 대신하여 상품 및 판매정보를 알려주고, 행사 및 시즌 분위기를 연출하여 매출증대에 기여하는 제3의 판매원 역할을 하는 것이다. 주요 홍보매체인 TV, 신문, 잡지, 라디오, 인터넷에 이은 광고매체라고 할 수 있다.

▶ 리테일 머천다이징(retail merchandising)

상업공간에서 소비자의 필요와 욕구를 충족시켜주기 위해 상품의 기획과 구매 및 판매를 위해 세우는 전략적 계획과 전술적 관리시스템을 말한다.

▶ 마그넷 디스플레이(magnet display)

자석과 같이 고객의 시선을 유도하고 끌어들인다는 의미로, 쇼윈도나 스테이지 그리고 매장 내를 돌아보는 고객의 시선이 연결되는 벽면이나 집기의 상단에 고객의 감성을 자극할 수 있는 트랜드 상품이나 신상품 등을 연출하여 시선의 유도는 물론, 매장 안으로 자석처럼 끌어들이는 것을 말한다. 또한, 자석을 이용하여 냉장고 등 가전제품에 POP를 부착하여 판매효과를 높이는 디스플레이를 뜻하는 경우도 있다.

▶ 세일즈 프로모션(sales coordinator)

판매촉진, 판촉 또는 SP라고도 한다. 마케팅이론에서 나오는 용어로 상품이나 서비스를 소비자와의 커뮤니케이션을 통해 판매를 유도하는 DM · POP · 광고 · 경품행사 · 각종 이벤트 등의 제반활동을 말한다. 바로, 디스플레이도 세일즈 프로모션의 일환이다.

▶ 스크램블 디스플레이(scramble display)

스크램블은 계란에 우유나 버터 등을 넣어 휘저은 요리를 말하며 규칙에 얽매이지 않고 상품을 섞어놓아 보물찾기하듯 흥미로움을 유발시킬 수 있다. 세일매대나 좌판 등에서 의류 · 생활용품 · 중고품 등을 판매할 때 효과적인 디스플레이 방법이다.

▶ 스탁(stock)

저장 · 비축 · 재고의 뜻으로 매장에서 팔기위해 상품을 쌓아놓은 것(selling stock)을 말하며, 진열부분(IP:Item Presentation)에서 정리 정돈된 상태를 가리킨다.

▶ 스탁진열(stock display)

쌓아두기식 진열로 해석되는 용어이다. 창고에 쌓아 놓는다는 개념으로 가능한 한 많은 상품을 매장에 정리 · 진열하여 다양성을 느끼게 하고, 모든 사이즈를 구비하여 창고를 드나들지 않아도 되며, 창고의 면적부담을 줄여 매장을 보다 넓게 활용한다는 이점도 고려할 수 있다. 정보시스템과 물류 시스템의 활용으로 재고상품을 무분별하게 많이 쌓아 놓지 않고 기간 내에 다 소화할 수 있는 만큼의 상품량을 매장에 확보한다는 사고방식으로 불필요한 재고를 없애고 최소의 창고만을 유지할 수 있다.

▶ 스태빌 디스플레이(Stabile Display)

스태빌은 금속판·철선·목재 등으로 만드는 정지된 추상조각 또는 구조물을 가리키며, 움직인다는 의미의 모빌과 구별하여 사용하는 용어로서, 움직이지 않는 디스플레이를 의미한다.

▶ 스태킹 디스플레이(stacking display)

상품을 차곡차곡 쌓아놓고 판매하는 디스플레이 기법. 규격박스 상품에 유용하며 많이 쌓아 놓으면 인기상품처럼 보이기도 한다. 통로중앙 등 위치에 따라서는 일종의 이벤트와 같은 느낌으로 고객의 시선을 끌 수 있다.

▶ 스테어웨이 디스플레이어(stairway displayer)

액세서리, 가죽 소형제품, 화장품 등 작은 상품을 진열하는 계단 모양의 디스플레이용 도구를 말한다. 스텝 디스플레이어라고도 한다.

▶ 스폿 디스플레이(spot display)

고객의 시선이 집중될 수 있도록 특정 상품 또는, 특정 장소를 선정하여 주목효과를 높이는 연출방법으로 평범한 매장 분위기를 생동감 있게 만들 수 있다. 예를 들면 의류매장의 경우 쇼윈도에만 마네킹을 사용하는 것이 아니라 매장 내에도 마네킹이나 다양한 오브제 등을 활용하여 주목성을 높이는 것을 가리킨다.

▶ 슬롯 디스플레이(slot display)

대량 판매점에서 같은 상품을 빈틈없이 진열하면 고객이 손을 대기에 부담을 느낀다는 심리를 역이용하여 진열대에서 부분적으로 상품을 빼내어 마치 많이 팔린 흔적처럼 꾸미는 방법을 말한다. 슬롯은 사슴의 발자국, 눈 속의 동물 발자국처럼 패인곳을 만드는 데서 유래하였으며, 하나의 어텐션(attention: 주의, 주목) 효과를 주는 디스플레이 기법을 말한다.

▶ 파사드 디스플레이(facade display)

상업공간의 파사드에서 매장의 특성을 알리고 이미지를 표현하기 위한 디스플레이를 말하며, 쇼윈도 연출을 중심으로 사인·배너·조명·출입문·차양 등 전체를 대상으로 계획을 해야 한다.

▶ 팔레트 디스플레이(pallet display)

팔레트를 활용한 디스플레이를 말하며, 주로 할인점에서 박스채로 매장에 놓고 파는 매스 디스플레이의 유형으로 다른 집기에 다시 옮겨야 하는 수고를 덜 수가 있다. 또한 이동이 손쉬워 매장의 상황에 따라 또는 시간대에 따라 적재적소에 배치할 수 있는 장점이 있다.

▶ 80 : 20의 법칙

원래는 유태상법에서 유래되었다고 하는 78:22의 법칙으로 자연현상도 마찬가지로 공기 중의 산소 대 다른 가스와의 비는 78:22이고, 사람의 신체는 수분과 그 밖의 물질이 78:22의 비율로 구성되어 있으며, 또한, 지구는 바다와 육지의 비율이 78:22이다. 이러한 맥락에서 전체 매출 중 80%는 판매순위 상위 20%의 품목에서 이루어진다는 법칙이다. 그렇다고 나머지 80%의 품목이 불필요하다는 개념이 아니라 주 품목의 중요성을 인식하고 관련 품목의 역할을 충분히 활용할 수 있는 식견이 필요한 것이다.

▶ 퍼머넌트 디스플레이(permanent display)

디스플레이는 속성상 짧은 기간 동안 보여 주는 컨템포러리 디스플레이를 말하지만, 상황에 따라 장기간 지속되는 디스플레이를 가리킬 때 퍼머넌트 디스플레이(permanent display)라고 한다. 기간의 기준은 펼쳐지는 장소, 상황, 시기 등에 따라 차이가 있다.

▶ 퍼블릭 존(public zone)

상업공간에서 판매와 직접적으로 관계되지 않는 곳. 즉, 입구의 로비를 비롯하여 휴식 공간·통로·화장실·엘리베이터 등 공공의 장소를 가리키며 특히, 쇼윈도 앞이나 메인 스테이지 앞의 공간은 고객의 흡인과 집객을 위해 중요한 역할을 한다. 다른 용어로는 퍼블릭

스페이스 또는 퍼블릭 에어리어라고도 한다.

▶ 락프로모션(lock promotion)

자사 제품이 디스플레이된 선반 또는 진열대에서의 판매촉진을 락프로모션(lock promotion)이라고 한다. 이러한 경우에는 선반 및 진열대가 하나의 매장이라는 사고방식으로 판매상승을 유도해야 한다.

▶슬롯(slot)진열

셀프서비스 판매의 경우, 제품들은 진열대에 거의 동일한 방법으로 질서정연하게 디스플레이되어 있다. 이때 특정한 진열대에 차별화된 디스플레이 방법을 사용하는 것을 슬롯(slot) 진열이라고 한다.

참고문헌

- 장규순, "디자인 크리에이터", 한국디자인크리에이터협회 출판부, 2017
- 장규순, "패션전문점의 비주얼머천다이징 전략에 관한 연구", 한국 실내 디자인 학회지 제21호, 1999. 12
- 장규순, "백화점 화장품 매장의 비주얼머천다이징전략이 여성 고객의 구매 선호에 미치는 영향", 한국 디자인 학회지 Vol. 18 no.1, 2005. 2
- 나가시마 유키오, 제일기획 브랜드마케팅연구소, 디스플레이 비밀, 흐름출판, 2009.
- Tony Morgan, Visual merchandising; Window and In-Store Displays for Retail, Laurence King Publishing Ltd in association with the Universiyt of the Arts; London College of Fashion ,2008.

4
I'm
자존감

내 자존감은 안녕하세요?
원판불변의 법칙? 원판변화의 법칙!
자존심, 자만심, 열등감의 차이
나는 나를 사랑하는가?

빨간 동백꽃

내 겨울은 온통
한여름처럼 빨갛다.
너로 인해…

너의 빨간 웃음으로
나도 한번 빨갛게 웃어 볼게.
너를 바라보는 수많은 미소와 함께

내 자존감은 안녕하세요?

나이가 들어가니 너무나 쉽게 살이 찐다. 갱년기가 오면 그럴 수밖에 없다는 현실에 다이어트 자체도 자꾸 포기하려 한다.

새해 결심으로 가장 많이 언급되는 것 중에는 운동, 체중 감량 등이 빠지지 않는다는 뉴스를 보았다. 늘 나도 다이어트가 신년계획으로 빠지지 않는다. 제일 큰 이유는 체중증가로 기존 옷들이 작아지니 대략 난감이다. 계속 구매하기도 경제적 부담이 들고 예전에 즐겨 입었던 옷들이 그림의 떡이기 때문이다. 새해의 다이어트 결심은 자신의 신체 이미지 개선을 위한 것들이 많은데, 영국 유고브(You Gov) 여론조사에 따르면 다이어트는 새해 결심 키워드로 4년 연속 3위권 안에 들어가 있다. 물론 건강을 위해 운동을 더 많이 하고, 체중을 감량해 다이어트를 하는 것이 명분이 있지만, 이는 미용을 위한 경우가 더 많기도 하다. 나부터 늘어나는 뱃살이 신체의 자신감을 떨어뜨리기 때문이고 예쁜 옷들은 다 작아지기 때문이다.

한 가지 서러운 것은 새해 결심은 지켜지지 않을 것이 분명하기 때문이다. 작심삼일의 원칙은 기막힌 명언으로 자리를 잡았다. 그래서 나는 .3일에 한 번씩 계획을 세워야 이 결심을 영위할 수 있다. 나만의 전략은, 3일이 지나면 분명히 안할 것이니 난, 3일 후 5일 후, 주별로 거의 한 달까지 계획을 세울 수밖에 없다.

외모지상주의??

난, 외모지상주의(外貌至上主義)라는 말이 제일 싫다. 외모 그 자체에 절대적인 가치를 부여하는 사상 또는 정서로 외모와 상관없는 상황에서까지 굳이 외모평가를 쉽게 하거나, 외모하나만으로 사람을 차별하고 선긋기를 하고 혐오하는 사회풍조를 일컫는다. 인간은 오감 중에서 약 80%를 시각에 의존하는 만큼 시각은 인간에게 가장 중요시되는 감각 일 수밖에 없다. 청각, 미각, 후각, 촉각 다른 모든 감각에 대한 의존도는 20%밖에 되지 않기에 눈으로 보여지는 것만으로 평가되어지는 세상이라는 것이 슬프다.

플라톤은 얘기했다. '겉모습이란 속임수이다'

니체도 얘기했다. '겉모습이란 진실인 척하는 것이다'

겉모습만으로 평가하지 말라는 것에 동감한다. 남을 쉽게 속이는 사람들 얼굴에 '나는 그런 사람이요…' 라고 쓰여있지 않기 때문이다. 눈에 보이는 것은 빙산에 일각일 뿐 아무리 오래 사귀어도 알 수 없는 것이 사람이다. '열 길 물속은 알아도 한 길 사람 속은 알 수 없다' 라는 속담이 있는 것처럼 나도 끝없이 믿었던 친구에게 배신당한 적이 있다. 믿는 도끼에 발등은 찍힐 수 밖에 없다. 왜냐하면 도끼가 있으니까.

勿取以貌

물취이모(勿取以貌) '겉모습을 보고 사람을 취하지 말라' 는 뜻의 이 유명한 말은 사마천의 사기(史記) 중니제자열전(仲尼弟子列傳)에 나온다 '중니는 공자의 자(字)' 공자는 제자 자우(子羽)의 외모가 못생긴 것을 보고 그가 재능이 모자라는 사람이라고 생각했다. 그러나 자우는 가르침을 받은 뒤 덕행을 닦는 일에 힘쓰고 항상 올바른 도리로 행동하니 그를 따르는 제자가 300명이나 되었다. 공자는 이 이야기를 듣고 '나는 말 잘하는 것으로 사람을 골랐다가(以言取人 이언취인) 재여(宰予)에게 실수하였고, 생김새만을 보고 사람을 가리다가(以貌取人 이모취인) 자우에게 실수하였다' 라고 자신을 탓하였다는 일화가 재밌다.

관상(觀相)을 중요시하는 사람들도 있다. 관상은 상을 보아 운명 재수를 판단하여 미래에 닥쳐올 흉사를 예방하고 복을 부르려는 점 법이라고 한국민족문화대백과사전에 써 있다. 관상은 얼굴의 상(相)을 보고 길흉화복과 운명을 읽는 점술의 일종이다. 상에서는 얼굴의 골격 · 색택(色澤) 및 주요 부위가 중요하게 여겨지지만, 이것만을 대상으로 하지는 않고 주름살 · 사마귀 · 점 · 모발 및 상처의 흔적, 손발의 형상, 신체 거동의 특징과 음성 등도 함께 따진다고 한다.

관상학을 소재로 한 2013년 대한민국 영화, 관상이 있다. 명대사 한 줄, "어서 말해보시게. 내가 왕이 될 상인가." 수양대군(이정재 분)이 당대 천재 관상가인 내경(송강호 분)과 만났을 때 건낸 유명한 대사이었는데 그 당시 기억에는 너무 소름이 끼쳤던 두려움이 보였었다. 영화 '관상' 속에서 김내경이 독백하는 명대사는, "파도만을 보았어! 파도는 바람이 만드는 거야! 바람을 보았어야 했어! 결국 파도는 조각나서 부서져 버리거든!" 그리고 김내경이 영화 말미에 하게 되는 대사는 이 영화 최고의 명대사로 모두가 꼽는다. "난 사람의 관상만 보았지 시대를 보지 못했소."

관상뿐만이 아니라 사주를 본다거나 혹은 한 사람의 현재 상황의 특성을 관찰하여 그로 인하여 점철될 수 있는 미래의 흐름을 예상하는 것은, 오로지 그 시점 그 자체만을 가지고 만들어질 수 없다. 시대의 변화는 고정관념 속에서 정해지는 것이 아니라 변화 속에 점철되기 때문에 한 사람의 미래가 예측불허의 무한한 가능성을 염두에 둬야 하기에 우리 스스로의 선안에 인생을 그어 둘 필요가 없다는 것이다. 그런데 순자(荀子)는 비상편(非相篇)에서 관상이란 불필요한 것이라 말했다.

서양에서도 18세기 프랑스 해부학자 프란츠 조셉 갈이 두개골의 크기와 형태를 보고 성격과 심리적 특성 등을 읽을 수 있다는 골상학을 만들었다. 골상학은 정신을 계측하려는 객관화를 추구했지만, 내부적 적합성도 확보하지 못했던 탓에 과학 이론으로 받아들여질 순 없었다(위키미디어 커먼즈). 코난 도일의 셜록 홈스 시리즈에도 등장할 정도로 서양인들에게는 20세기 초까지도 유행하기도 했다. 골상학이나 관상과는 다르지만 현대의학에서도 의사들이 환자를 진료할 때 얼굴상태를 살피고 1차적으로 건강상태를 파악하고 있기도 하다.

외모에 의해 사람을 평가한다는 말인 이모취인(以貌取人)이 있고 표면만 본다는 뜻의 皮相之見(피강지견)이 있다. 곧, 외모만 보고 내심을 깊이 살피지 못하는 것을 칭한다. 특히, 흥미로운 고사성어 한 가지가 있다. 堯長舜短(요장순단)으로 요임금은 크고 순임금은 작다는 뜻으로, 성인(聖人)의 품격이나 가치는 외모와는 상관이 없다는 것을 이르는 말이다.

중국인들의 가슴 속에 품고있는 이상적인 군주는 요임금과 순임금이다. 중국 역사상 堯(요)임금과 舜(순)임금이 천하를 다스리던 때를 '堯(요)舜(순)時(시)代(대)' 라 일컫고 사람들은 지금껏 그 때를 하나의 이상 시대로 여겨오고 있다. 곧, 덕으로 다스려지던 태평성대한 시대로 전해 내려오고 있다. 순은 음악을 좋아하여 '南風歌(남풍가)' 라는 노래를 지어 불렀다고 한다.

또한 악공들을 시켜 거문고를 개량하게 하고, 九韶(구소)라고 하는 악곡을 짓게 하였는데 후세에 공자는 순의 구소를 가장 완벽한 음악으로 칭송하였다.

인류역사에서 태평성세의 대명사로 불리는 '요순시대', 당연히 요임금과 순임금은 역사상 가장 성공한 리더이다.

우리 아버지는 내 이름의 '규순의 舜이 요, 순임금의 舜이다', '이순신의 舜이다' 늘 강조하신 것이 떠올랐다. 그 舜….

'사람을 외모로 판단하지 말라(DON'T SHOW FAVORITISM)!' 미국 하버드 대학교 정문에 있는 유명한 문구이다. 외모에 대한 엄청난 실수로 내려오는 일화가 있다.

허름한 차림의 노부부가 세계적인 명문대학인 하버드대학의 정문을 막 들어서려고 했다. 그러자 정문에 서 있던 경비가 그들을 불러 세웠다. "여긴 왜 들어가려고 합니까?" 경비의 물음에 노부부는 "총장님을 좀 만나러 왔습니다."라고 답했다. 그러자 경비가 코웃음을 치며 "아니, 총장님 같이 높은 분이 당신들 만날 시간 어디 있겠소?" 하며 노부부를 정문밖으로 밀어냈다. 경비의 태도가 불쾌했지만, 노부부는 다시 그에게 물었다. "이만한 대학을 설립하려면 돈이 얼마나 듭니까?" 그러자 경비는 "그걸 내가 어떻게 알아요? 어서 나가기나 해요."라며 화를 버럭 냈다. 그래서 노부부는 발길을 돌렸다. 사실 이들은 스탠포드 부부로 금광과 철도사업을 하는 엄청난 재벌이었으며 캘리포니아 주지사, 상원의원을 지낸 대단한 인물이었다. 그런데 하나밖에 없는 아들이 15살에 장티푸스로 죽자 전 재산을 교육사업에 헌납하기로 결정하고 하버드대학을 방문한 것이었다.

경비에게 쫓겨난 이들 부부는 5년 후 직접 대학을 설립했는데, 그 대학이 유명한 스탠퍼드 대학이다. 스탠퍼드 대학의 설립자인 릴런드 스탠퍼드(Amasa Leland Stanford, 1824.~1893)는 센트럴 퍼시픽 철도를 설립하고 캘리포니아 주지사를 지낸 실업가 · 정치가이다. 이 사실을 뒤늦게 알게 된 하버드대학은 그날의 잘못을 반성하고 아쉬워하며 하버드대학 정문에 이런 문구를 써 붙였다고 한다. '사람을 외모로 취하지 말라' 이 일화가 진짜인지 아닌지에 대한 확답은 없으나 우리에게 큰 교훈을 준다.

원판불변의 법칙? 원판변화의 법칙!

원판불변의 법칙이란 말이 괜히 나오는 게 아닌 만큼, 타고난 외모는 그야말로 타고난 경쟁력이 되는 시대에 살고 있다. 따라서 타고난다고 할 수 있는 외모조차 현대사회에서는 경쟁의 영역으로 빨려들어갔다고 볼 수 있다. 프랑스 인문학자 르네 지라르에 의하면, 우리는 원래부터 경쟁을 하게 되어 있는 것이 아니라 우리의 욕망이 동일한 대상을 향해 수렴하고 있기 때문에 경쟁이 생겨난다. 경쟁을 하는 사람들은 욕망이 획일화되고, 욕망이 획일화되면 경쟁이 더더욱 가속화된다. 욕망의 획일화를 부추기는 경쟁이 초래하는 위기를 무차별 위기(crise d' indifferenciation)라고 한다.

심리학 용어로 '워런 하딩의 오류' 라는 것이 있는데, 잘생기고 잘생긴 외모 때문에 그 사람의 본질을 제대로 파악하지 못하는 오류이다. 미국 대통령 워런 G. 하딩은 조각미남에 멋있는 목소리를 가진 인물로 꽃미남의 모든 요소를 갖추고 있었다. 그래서 정치생활을 하면서 높은 지지를 받았고, 많은 팬을 거느리고 있었다. 잘생겼다는 이유로 일부계층에서 몰표를 받았고, 외모로 대다수 대중으로부터 많은 호응을 받았다. 하지만 그가 죽고 난 뒤, 지식인들에 의해 불륜과 같은 그의 도덕성 문제, 정치적 무능함이 표출되면서, 하딩은 설문조사만 하면 최악 및 비인기 대통령 1위를 항상 놓치지 않는 인물이 되고 말았다.

외모에 만족하지 못하는 사람들이 성형수술을 하는 경우가 증가했고, 심한 경우 성형중독 등의 문제가 발생하기도 한다.

> 들판위로 내리는 비가 산 위로 나타나는 구름과 다르듯이, 어떤 사람이 노출시키는 면은 그가 감추고 있는 면과 다르다.
>
> \- 칼릴 지브란 -

이 세상에서 과연 자기 외모에 대하여 만족하는 사람이 있을 까? 연예인 중에는 있을 수 있는 얘기이나 평범한 우리에게는 먼 얘기겠지.

안타깝게도 우리가 살아가는 이 시대에는 외모지상주의가 한동안 트렌드로 자리매김하였다. 성형에 관련된 드라마들의 시청률이 올라가고 어느 한순간 외모로 판단되는 말도 안 되는 시대에 살아가고 있다. 그래도 좀 다행인 것은 강남의 성형기준에 적합한 쌍꺼풀과 브이 턱 외모가 대유행하다가 요즘에는 한국적인 외거플의 눈이 매력적으로 각광을 받게 되어 영화나 드라마의 주인공으로 발탁되어 지니 개성과 다양성을 인정하는 시대가 되었다는 생각에 정말 기뻤다. 왜냐하면, 나는 브이 턱이 절대로 아니기 때문이다.

자존감에는 과연 외모가 꼭 포함될까? 외모는 얼굴 생김새와 몸매인가? 가끔 유명한 연예인들이나 일반인들이 다이어트에 성공해서 외모에 자신감이 생겨 기쁘다는 인터뷰들이 극성이다. 사실 나는 요즘 불어나는 체중으로 짜증이 날 때가 많다. 지난달 건강검진결과가 비만과 내장지방으로 통보되었기 때문이다. 솔직히 정상체중이 되려면 뼈에 피부만 살짝붙어야 할 것 같은데 너무 무리한 요구를 건강검진센터에서는 나에게 원하고 있다.

"나도 왕년에는 55사이즈를 입었다고…"

과거의 나를 떠올리며 이 갱년기를 보내는 나 자신에게 해 줄 수 있는 유일한 위로의 말이다. 자존감을 형성하는 여러 요인 중에 외모는 작은 하나일 뿐인 것을 왜 나만 절실히 고민하고 있는 걸까? 원판은 확실히 변화가 된다.

그래도 우리에게 위안이 되는 명언들이 있다. 외모보다 더 중요한 것을 잊으면 안 된다.

그라시안의 3가지 명언이다.

- 상대방의 마음을 사로잡으려면 세련된 몸가짐이 필요하다.
- 아름다운 외모보다 착한 마음이 더욱 고귀하다. 형식보다 내용이 보다 중요한 것이다.
- 어리석은 사람은 밖으로 드러나 보이는 자신의 외모를 자랑하지만, 지혜로운 사람은 본성에 더욱 신경을 쓴다.

자존심, 자만심, 열등감의 차이

나는 자존심이 센편인 것 같다. 그런데 자존감도 있다. 어느 순간 자존심과 자만심과 자존감에 대해서 궁금하여 검색을 한 적이 있다. 백과사전에 자존심은 自(스스로 자), 尊(높을 존), 心(마음 심), 남에게 굽히지 않고 스스로의 가치나 품위를 지키려는 마음으로 정의했고, 자만심은 自(스스로 자), 慢(거만할 만), 心(마음 심), 스스로(自) 자랑하거나 뽐내는 마음으로 정의되었다.

자존심은 스스로를 높이는 마음으로 긍정적인 뜻인 것에 비해 자만심은 자신이나 자신과 관련있는 것을 스스로 자랑하며 뽐내기에 주로 부정적인 의미인 것은 우리가 잘 알고 있을 것이다.

내 자존감의 무게는?

가장 중요한 것은 자존감(自尊感)이다. 자기 자신을 스스로 존중하고 사랑하는 마음으로서 자아존중감(self-esteem)이라는 용어는 미국의 프래그머티즘 철학자이며 심리학자였던 윌리엄 제임스(William James)가 1890년대에 처음 정의했다. 그는 '인간은 무한한 능력을 갖추고 태어나지만, 그 중에 평생 10분의 1 정도만 활용하고 만다' 라고 주장하면서 그 원인을 자존심과 관련된 열등감에서 찾았다고 한다. 그런 것을 보면 열등감은 나에게 하나도 도움이 되지 않는다. 그런데 왜 우리는 자존감보다는 남과 비교하는 열등의식 속에서 살아가는 것이 더 쉬울까?

우리는 흔히, '자존심 좀 그만 세워, 자존심이 너무 세다' 라고 표현하는 것에 비해 자존감은 높다, 낮다로 표현한다. 구체적인 용어의 학자적 해석을 넘어서서 일반적으로 우리에게 통용되는 자존심은 남에게 비추인 나의 상태로 해석되고 자존감은 내 스스로의 존중, 인정에서 시작된다. 그래서 자존감이 높은 사람은 남의 지적에도 쉽게 동요하지 않고 당당하다. 바로, 우리는 자존감이 높다, 낮다라는 위치도 중요하겠으나 쉽게 흔들리지 않는 존중 무게와 자기를 사랑하는 부피까지 꽉 차게 존재한다면 최고일 것이다. 내 외모가, 내 학벌이, 나의 가정형편이나 재물이 남보다 못할지라도 이 세상에 존재하는 나는 '하나뿐인 나 자신' 이라는 것을 기억하고, 최고가 아닐지라도 현재의 위치에서 최선을 다하며 남과 비교하지 않는 당당한 나를 점검해 보는 것이 어떨까? 자존감이 높으면 행복할 수밖에 없다. 나의 가장 좋은 친구는 나이기 때문이다. 그래서 나는 독백을 많이 즐긴다. 내가 나를 안아주고 나를 인정해야 남도 나를 인정하는 단계가 오기 때문이다.

나를 디자인하는 창의력, 자존감

난 어린시절부터 '규순(奎舜)' 이라는 내 이름을 좋아하지 않았다. 나 스스로 느끼기에 너무 촌스러워서 늘 부모님께 불평하며 개명해 달라고 조르곤 했었다. 나 스스로가 너무 싫다고 한숨을 내 쉬었더니 엄마는 유명한 작명소에 가서 현정이라는 이름을 지어다 주시며 집에서는 현정이라고 불러주신다고 하셨다. 근데 현정이는 규순이 보다는 맘에 들었건만 내 이름 같지 않았다. 항상 부모님께서는 '규순의 舜 자는 이순신 순자야, 요 순 임금의 순자야' 강조하시며 자부심을 가지라고 위로해 주셨다. 이순신의 '순' 자는 통치자 순, 임금 순(舜)이었다는 것을 알게 되었지만, 나는 대학을 다닐때까지도 '순' 자의 이름으로 불평하곤 했다. 그때, 아버지는 뜻밖의 말씀을 해 주셨다. '규순아, 너는 이름처럼 성공할 거야.'

나는 이름 때문에 존경하는 인물로는 늘 이순신 장군을 생각했고, 이 '통치자 순' 때문에 그래도 만족감을 느끼려 노력해 왔으며 이러한 과정 속에 난 서서히 자존감을 갖게 되었다. 내 이름으로 인한 아버지의 한마디 말씀으로 난, 늘 특별한 '나' 를 꿈꾸며 살았다.

나는 나를 사랑하는가?

나 자신을 인정하고 사랑하고 칭찬해 주는 사람은 몇 명이나 될까? 항상 1학년 신학기 수업시간에 학생들에게 질문을 한다.

"자기 자신을 인정하고 사랑하는 사람, 손 들어 볼까?"

그래도 다행히 평균적으로 30명 중에 6~7명은 손을 든다. 외부 특강을 나가서도 창의력을 테마로 강의를 진행할 때면 항상 이 질문을 한다. 그러면 연령대가 20대이든, 30, 40대이든, 그 이상 시니어 세대이든, 평균적으로 5분의 1 정도는 손을 드는 편이다.

내 자존감의 무게와 부피를 끌어 올리려면 나 자신을 점검해야 한다. 그리고 나 스스로 인정해야 한다. 그런데 나 자신을 인정하기 전에 먼저 할 일은 내 성질부터 다듬어야 하는 점검이 필요하다는 것이다. 왜냐하면 나 혼자 살아가는 세상이 아니기 때문이다. 내 자존심은 내가 세우는 것이지만 남이 인정해 줄 때 멋지게 세워진다. 내 자존심과 내 성질은 나보다 남이 더 잘 알고 있다는 놀라운 사실을 인정해야 한다. 그러기 위해서는 내 성질부터 다듬자! 이 사실을 알면서 나는 왜 오랜 기간 노력해도 힘들까?

내 성질을 못 이겨서 거친 말을 한다면 꼭 후회한다. 왜냐하면 내 입에서 나오는 나쁜말은 다시 내 귀로 들어와 내 마음에 묻어나기 때문이다. 그러면 내 마음 밭은 계속 오염되고 그것을 다시 복구하기는 오염된 만큼의 시간이 걸릴 것이다. 그래서 지금도 꾸준히 우리는 나 자신에게 부끄럽게 살지 않도록 노력해야 한다.

이제껏 살아보니, 삼 남매의 엄마로 살아간다는 것, 그 자체로 나는 내 성질을 많이 훈련했다.

엄마는 조건이 없는 사랑으로 자녀를 키우게 된다. 아가페적인 그 사랑으로 나를 고되게 연단 시킨다. 그래서 나는 한 번도 아닌 세 번 해산의 진통을 경험한 것도 내 성질, 내 것을 더 버리는 훈련을 해보라고 하나님께서 특별히 주신 선물이 아닐까?

내 성질 다듬기는 아직도 끊임없이 노력 중이지만 나에게 꼭 필요한 것은 내 자존감을 위해 자신을 가끔이라도 칭찬해 보기! 였다.

음치는 노력으로 변할 수 있다

난 어린 시절, 허스키 보이스였고 노래를 끔찍하게 못 했다. 더욱이 남앞에 서서 노래를 부른다는 것은 상상도 못 할 일로 받아들였다. 이런 내성적인 나에게 뜻밖의 친구가 등장했다. 내가 다니던 유치원 친구 중에 박혜령이라는 매우 특별한 친구가 있었는데 그 친구는 '검은 고양이 네로' 라는 노래로 유명한 아역 가수였다. 김종국 가수가 부른 검은 고양이 네로 노래는 바로 이 친구의 노래를 리메이크한 것이다. 우리 엄마는 혜령이가 우리 집에 놀러 오면 가끔 노래시키곤 하며 칭찬을 아끼지 않았다. 그런 목소리와 자신감이 없었던 나는 나도 모르게 비교하며 나는 정말 노래를 못한다는 콤플렉스에 젖어 들며 살게 되었다. 그 친구는 20대쯤 가수로 다시 데뷔하여 TV에서 본 기억이 있는데 요즘은 어찌 살아가고 있을까? 나를 기억도 못 하는 것은 당연하겠지.

그런데 대박사건은 초등학교 1학년인 8살 때 터져버렸다. 다니던 교회 유년부에서 성가대 인원을 모집하기에 친구 손잡고 열심히 뛰어 교회에 갔더니 오디션을 거쳐야 하는 상황이 내 눈앞에 펼쳐졌다. 당연히 나는 모든 또래 친구들이 오디션에 참가하는 모습을 내 눈으로 확인하였고, 약 50여 명이 앉아 있는 자리에서 앞에 나가서 한 명씩 부르는 상황이 연출되고 있었다. 정말 자신도 없고 노래를 부르기도 싫었으나 모든 친구가 참가하기에 할 수 없이 나도 그냥 노래를 엉겁결에 부른 것 같은데 하필, 음치였던 나는 바로 땡.! 너무나 쉽게 탈락하고 말았다. 중요한 사실은 지금까지 기억되는 내 머릿속에는 수많은 친구 중에 나만 탈락한 것으로 기억될 만큼 엄청난 트라우마로 시달리게 되었다. 그래서 나는 이 세상에서 오디션이 제일 싫다. 이러한 비교의식 속에서 나는 노래 못 하는 나로 자존감이 점점 낮아지게 되었다.

못생김 주의까지

음치만이 아니었다. 나는 못생김주의까지 터득하며 살게 되었다. 거울을 들여다보면 내 얼굴이 끔찍하게 못생긴 것은 아닌데 나는, 어린시절부터 내 얼굴에 자신감이 없었다. 왜냐하면 나는 우리 가족 중에서 제일 눈이 작고 못생겨서 늘 나보고 다리밑에서 데려왔다고 함께 사는 간호사 언니들에게 놀림을 받았다. 엄마가 의사라서 우리집은 병원 윗층이었는데 이런 간호사 언니들의 농담 한마디로 난 외모 콤플렉스가 늘 자리잡고 있었다. 어쩌다 한번 예쁘다는 소리를 들으면 '어? 왜 그러지?' 하며 립서비스로 생각하며 살았다. 그런데 어느 한 순간부터 내 외모가 어느 정도 볼 만하다는 소리가 내 귀에 들리기 시작했다. 어? 이게 뭐지? 내가 변해가나? 라고 생각할 만큼 나는 늘 못생긴 아이로 살아왔기 때문이다. 왜냐하면 어릴 때부터 너무나 예뻤던 나보다 눈이 큰 내 여동생 때문에 늘 비교당하며 억울하게 살아 온 것이다.

다행히도 중학교 1학년이 되어서 임원을 하며 성격이 점차적으로 활발해졌는데 그때에는 예쁘다는 말보다는 귀엽다는 표현을 제일 많이 들으며 살아왔다. 결국 귀엽다는 말은 예쁘지 않기에 많이 사용된다고 여길 만큼 난 외모에 자신이 없었다. 그래도 그 귀여움 하나로 사춘기를 보냈고 어느덧 외모 콤플렉스에서 조금씩 빠져나올 수 있었다. 특별한 기억으로는 대학 1학년부터 교회에서 제자훈련을 받은 후 내 삶은 축복이었고 내 자존감은 고층 엘리베이터를 탄 느낌으로 한순간 높아지기 시작했다. 어느 순간부터 외모칭찬을 들어서 순간 당황했지만, 행복한 내 생활 속에서 표현된 내 얼굴이 환하게 웃게 되니 당연히 더 예쁘게 보일 수밖에 없었을 것이라는 생각이 들었다. 이런 외모 콤플렉스 속에서 살아 온 내가 가끔 아침마다 화장한 내 얼굴 보고 일부로 한마디씩 한다. 이 정도면 그래도 예쁜거야. 이 말로 나는 어이없어서 한 번씩 웃는다. 한 번씩 웃을 때마다 내 표정이 밝아지기 때문이다.

나만의 특별한 경험이 창의력을 만들어 준다.

그리고 또 한 가지, 나를 인정하고 사랑하기 위한 필수단계는 바로, 감사이다.

학기 초에 학생들에게 감사일기를 써 보라고 꼭 권면한다.

감사일기가 아니더라도 감사하는 내용들을 1.2.3.4 번호를 붙이면서 써 내려가라고 얘기한다. 몇십 가지라도 생각나는 그 모든 것을 기술하라 한다.

몇 년 전에 삼 남매에게 A4용지를 나눠주며 감사하는 내용을 있는 대로 많이 쓰면 쓸수록 용돈을 더 주겠다고 외쳤더니 둘째 딸은 엄마가 감사내용을 쓰라고 한 것도 감사한다고 한 칸을 더 채웠다.

감사는 나를 부정적이 아닌 긍정의 사람으로 만들어 주는 우주의 이치이다. 감사하면 할수록 내 마음은 감사함에 젖어 든다. 내 뇌파에서 나오는 감사의 호르몬인 옥시토신이 그 증명이다. 이왕 살아가는 것, 내 몸에 유익한 행복 호르몬으로 감사하며 살아가야 하지 않을까? 감사로 나는 나를 한 번 더 인정하고 내 삶의 가치를 찾아내고 자신감을 회복하고 나만이 할 수 있는 일들을 찾게 된다.

감사의 리스트를 점검하며 나 자신을 칭찬해 보자.
오늘부터 나 자신을 '하루에 한 번이라도 칭찬하기' 로 실천해 보자.
오늘도 일하느라 수고했네!
오늘도 방 청소하느라 수고했네!
오늘도 화장한 내 모습이 다른 때보다 예쁘네!

왜냐하면 나는 '이 세상에 단 하나뿐인 나' 이기 때문이다.

5
Grow
성장하기

내 뇌세포는 너무 심심해
편(FUN) 디자인
NABC 접근법

디자인 씽킹

안 보이는 것을 보이게 하라
안 보이던 것을 보게 하라

보면
가슴이 뛸 테니
그 심장을 디자인 씽킹하라
그 박동 소리를 디자인 씽킹하라

이 세상에 없는 형태를 디자인하라
이 세상에 없는 색을 씽킹하라

디자인 씽킹을 다시 디자인하라
디자인 씽킹을 다시 씽킹하라

숨겨진 기적을 디자인 씽킹하라

내 뇌세포는 너무 심심해

초, 중, 고등학교 시절에 내가 경험했던 창의력 수업은 유일하게 미술시간에 상상화를 그려보던 것이 전부였다. 내가 제일 좋아했던 과목은 미술시간이었다. 나는 그림 그리기와 글짓기 시간만큼은 그 자체로도 너무 행복했다. 우등상보다 사생대회 수상과 글짓기 수상이 꾸준히 있었던 것을 보면 그 정도로 '내가 정말 좋아했구나' 라는 생각이 든다. 지금도 잊혀지지 않는 수상은 고1 사생대회 때 그림과 글짓기 중 하나를 선택하는 것인데 나는 둘 다 하고 싶어서 두 가지를 다 제출했고 모두 다 수상하는 기분 좋은 일을 경험했다. 담임선생님과 친구들은 의아해하며 칭찬을 아끼지 않았다. 이 칭찬은 나에게 글쓰기와 그림 그리기에 흥미를 부여한 특별한 계기가 되었다.

하얀 백지위에 그 무엇인가를 그리는 것, 써나가는 것이 너무 흥미로운 일이었다. 내가 주인공이고 내 맘대로 쓸 수 있는 무한한 자유로움이 있기 때문이다. 내 기억에 고1 사생대회 글짓기 지정 제목이 '태양' 이었던 것으로 기억이 나는데 그 날 나는 종일 눈부신 태양만을 쳐다보며 그 무엇인가를 상상했던 기억이 아직도 생생하다.

내가 교육받을 1970년대는 창의력과는 거리가 먼 연산적 사고방식에 의해서 살아온 것 같다. 지금은 많이 달라졌겠으나 아직도 창의적인 수업 및 창의력 개발방법의 교육이 매우 부족한 것은 사실이다. 연산적 유형은 정해진 기존 지침에 따라 한 가지 방법으로 한 가지 결론에 도달하는 것을 의미한다. 이것이 최선이고 정답이었다. 이것을 벗어나면 큰일인 줄 알고 고정관념 안에서 열심히 우리는 살아왔다. 국어, 수학, 영어, 과학의 점수대로 전공을 정하고 대학을 선정하는 상황적 모순 속에 지금도 여전히 우리는 살아간다.

나는 부모님께서 좋은 유전자를 물려주셨다고 생각한다. 내 노력이 부족할 뿐이다. 머리가 그렇게 좋은 편은 아니고 평범하다. 더욱이 뇌 과학자도 아니다. 지금까지 모든 심리학자, 뇌 신경철학자, 뇌과학자들은 천재과학자 아인슈타인조차 자기 뇌의 15% 이상을 쓰지 못했다는 연구결과를 두고 이견이 많다. 하물며 평범한 우리는 자기 뇌의 10%도 쓰지 못하고 죽는다고 이야기한다. 이 말은 몇 %가 중요한 것이 아니라 내가 가진 내 뇌를 얼마나 활용하고 살아가는 것인지

내 가능성, 내 잠재력을 포기하고 살아가는 것이 아닌지 바로, 그것이 늘 궁금했다. 아인슈타인의 뇌는 평범하였다고 죽음 뒤에 해부한 어느 학자의 발표에 의해 판명되었다고 한다. 우리의 뇌와 별 차이가 없다는 증거이다.

뇌 그림을 보면 너무 주름이 많아 신기하다. 나이가 들어 일부로 챙겨 먹는 호두와 왜 그리 닮았는지 참 재미있다. 난 호두를 먹을 때마다 뇌를 상상하는 편이다. 이 쭈글쭈글한 주름안에는 무엇이 담겨있을까? 하나님이 창조하신 가장 좋은 성능의 컴퓨터는 뇌일 수밖에 없다. 이 뇌의 주름은 아마도 일 자로 펼쳤을 길이를 측정 못할 만큼의 무한하고 신비한 우주같은 세계가 있는 것을 명시해 주고 있는 것은 아닐까?

내 잠재력, 내 두뇌 활용도가 혹시 우주 가운데 존재하는 지구크기라면 많이 억울할 것 같다. 용량초과로 뇌 전체가 100% 풀가동하여 두통 등 문제가 야기되면 안 되겠지만, 우리가 어떤 특정한 두뇌 작용을 할 때 뇌 속 수백억 개에 달하는 신경세포, 즉 뉴런 중 약 5%가량만 반응한다는 연구결과가 있기 때문이다. 혹시, 우리는 뇌세포의 긍정적 활용보다 쓸데없는 근심, 걱정, 불안, 스트레스로 내 뇌를 모두 채우고 늘 지치며 살아가고 있는 것은 아닐까? IQ에 상관없이 우리는 하나님이 주신 내 뇌의 무한한 가능성을 잊고 산 것은 아닐까?

아이디어 발상법, 디자인 씽킹을 실습하고 디자인, 시, 발명을 하다 보니 자고있는 내 뇌가 신기하게 가동하는 느낌을 받을 때가 있다. 그리고 뛰어나던, 그렇지 않던 결과물이 툭툭 튀어나온다. 5년 전인가. 분당의 어느 병원 관계자가 내 뇌를 한번 찍어 보고 싶다고 해서 웃은 적이 있다. 고작 특허나 지식재산권 30여 개의 결과물로 내 뇌가 뛰어나지 않다는 것을 내가 너무나 잘 알고 있기 때문이다. 창의력은 사실 훈련이기 때문이다.

학생들에게 늘 창의력 개발방법을 강의할 때, 내가 제일 중요하다고 강조하는 것은 '나 자신을 인정하고 사랑하라' 였다. 왜냐하면 이러한 기본 자존감이 없다면 잠재적인 내 두뇌의 가능성을 나 스스로 막아 버리기 때문이다.

내 뇌를 시각적이고 외모적인 헤어스타일 연출에만 신경을 쓰고 살지 말자.

그 무한한 가능성을 잠재우지 않도록 끝없는 내 뇌의 탐험을 시작해 보자.

오늘부터 내 속의 숨겨진 창의력을 한번 꺼내보자!!!

창의력 다이어트, 생각 디자이너가 필요해

창의력의 세계를 푸른바다로 본다면 나는 어떤 비키니를 고를까? 여기에 비키니라는 설레는 단어를 떠올린 것은 바로 쉽게 선택할 수 없는 아이템이기 때문이다. 비키니라는 단어는 지금도 가슴을 콩닥콩닥 뛰게만드는 신비의 단어이다. 비키니를 고르려면 나 스스로 내장지방, S라인, 너무도 맛난 이 세상의 모든 음식과의 치열한 전쟁을 치러야 하기 때문이다. TV에 나오는 너무나 아름다운 연예인들조차 치열한 비주얼을 위하여 식단을 짜고 운동하는 모습들을 보며 평범한 나는 역시, 힘들 수박에… 라고 인정하게 된다.

창의력 바다에서 비키니 고르는 이유는 비키니를 입을 수 있을 만큼의 준비가 필요하다는 것이다. 우리는 남녀노소 불문하고 다이어트 열풍 속에서 살아간다. 나부터 끊임없는 다이어트 고민은 이미 내 삶의 일부가 되었다. 젊음이 있을 때에는 미의 추구의 개념으로 다이어트를 할 수밖에 없었다면 나이가 들면서부터는 건강을 위해서 다이어트를 계속할 수박에 없다. 그런데 우리는 너무도 자연스럽게 창의력 다이어트까지 하고 살아가고 있다.

창의력이라는 단어는 어느덧 자신도 모르게 관심조차 없었고 우리네 삶은 짜여진 고정관념에 사로잡혀서 먼 나라의 용어처럼 쳐다보며 살아간다. 내장지방 다이어트 대신 창의력 다이어트를 자연스럽게 하며 살아갈 때가 많다. 그러나 자신의 연령층이 어리든, 젊든, 중년이든, 노년이든 지금 이 시점부터 창의력으로 내 삶의 디자인을 시작해야 될 때가 왔다. 왜냐하면 5, 6차산업혁명 시대가 도래하면서 내 몸의 장기도 교체할 정도로 우리는 예측불허의 100세 시대를 살아가기 때문이다. 평생직장 하나만을 의지하기에는 인생이 너무 길다. 새로운 노년을 대비한 일자리 창출을 위해 미리미리 준비해야 할 창의력들이 많기 때문이다.

창의력은 다양한 조리법으로 정성스럽게 음식을 접시위에 올려놓는 쉐프처럼 다양한 나만의 창의력 뷔페를 꿈꿔 본다. 맛은 나 자신만의 특제 소스, 나만의 디자인 소스가 필요하다. 왜냐하면 우리는 각자 살아온 환경, 관심, 교육방식, 가정교육, 인생의 멘토 등 너무나 다르고 다양하기 때문에 각자의 인생의 창의력 결과물은 당연히 다를 수박에 없다. 유행가 제목처럼 '내 인생은 나의 것' 이기 때문이다.

펀(FUN) 디자인

우리의 삶을 흥미롭게 성장시키기 위해서는 펀(FUN)을 이야기하고 싶다. 말 그대로 재미있다(Sounds fun) 이다. 인터넷에 떠도는 웃긴 명언들이 인기다. '일찍 일어나는 새가 벌레를 잡는다가 아닌 일찍 일어나는 새가 더 피곤하다', '원수는 외나무다리에서 만난다가 아닌 원수는 직장에서 만난다.', '티끌모아 태산 아닌 티끌모아 티끌' 이런 재미있는 말은 누가 정했을까? 그냥 한번 웃어본다. 최근에 즐겁게 살고 싶어서 협회임원들과 친한 교수들에게 초대장을 보냈다. 왜? 뻔뻔이 아닌 펀, 펀하고 싶은 생각이 들었다. 만나고 싶은 분들을 초대하는 펀파티(FUN PARTY)를 계획하고 초대하였다. 주제를 펀으로 하여 한번 크게 웃고 싶었다. 그동안 너무 지치도록 열심히 살았기에 한번 웃음으로, 재미로 뭉치고 싶었다.

요즘 핫하게 떠오르는 재미속에 펀슈머 디자인이 있다.

펀슈머란 'FUN(재미)' 과 'CONSUMER(소비자)' 를 결합해 만든 신조어로 즐거움과 재미를 추구하기 위해 소비하는 이들을 일컫는다. 펀슈머들은 자신들의 사회관계망서비스(SNS) 활용능력을 이용해 흥미로운 제품을 발견하면 서로 공유하기도 한다. MZ세대들이 공유하니 입소문으로 퍼져나간다. 그래서 펀슈머디자인, 펀슈머 마케팅이 뜨고 있다. 특히 펀슈머는 MZ세대에게서 흔히 볼 수 있는 소비패턴으로 통계청에 따르면 지난해 우리나라 전체 인구수 대비 MZ세대는 약 44% 정도라고 발표했다. 거의 절반에 가까운 비중을 차지하고 있기에 많은 기업이 MZ세대를 공략하기 위해 다양한 마케팅을 전개한다. 이들은 NO 잼 소비 대신 가잼비를 추구하고, 또한, 가성비(가격 대비 성능)와 가심비(가격 대비 만족도) 보다 역시 가잼비(가격 대비 재미)를 좋아하기 때문이다.

물론, 도를 넘은 펀슈머 마케팅도 있다. 무분별한 펀슈머제품들 속에 소비자들의 안전이 위협

된다는 우려도 있다. 대표적인 사례로 ▲구두약 모양의 CU 말표 초코빈 ▲딱풀모양의 세븐일레븐 딱붙캔디 ▲유성매직이 연상되는 GS25 모나미 스파클링이 좋은 예이다. 어린아이들 뿐만이 아닌 인지능력이 부족한 치매노인, 지적장애인 등에게 식품과 유해물질에 대한 혼동을 줄 수 있다는 이유이다. 초코빈과 흡사한 말표구두약을 먹을 수도 있기 때문이다. 이에 따라 규제들이 나오고 있다.

우리는 우리의 삶에 활력을 찾고 싶어 한다. 그래서 힘들 때면 술과 담배 등 우리에게 해로운 것을 바라보고 의지하게 된다. 이왕이면 우리 몸에 유익을 줄 수 있는 펀(FUN)한 것을 찾아보면 어떨까?

NABC 접근법

이 시대에 당당하게 살아가기 위해서 나를 성장시키는 중요한 방법이 있다. 남들 앞에서 당당하게 프리젠테이션하는 능력이 이 시대가 요구하는 방법이다. 특히, 디자이너는 자신의 디자인 컨셉을 주어진 시간 안에 클라이언트 앞에서 프레젠테이션해야 하는 기회가 많다.

이런 능력을 배가 시키는 특별한 방법이 있다. 바로, NABC접근법이다. NABC접근법은 혁신적인 아이디어개발과 상업화전략을 수립하는 데 도움이 되는 방법론이다.

새로운 업무나 사업에 도전하기 위해서는 사업 · 제품 · 기술 아이디어 발굴 및 평가에 적용하는 NABC 접근법을 활용할 수 있다. 고객과 시장의 니즈(Needs), 니즈의 해결방안(Approach), 고객에게 제공하는 편익(Benefit), 경쟁사보다 우수한 경쟁력(Competition)에 대해서 이미 만들어진 질문에 대답하는 방식으로 아이디어를 창안하고 기술하는 방법이다. 많은 양의 기획문서를 간단하게 한 장으로 요약하는 방법을 가르쳐 주고, 프리젠테이션의 효율을 높여 아주 간략한 주요 요점만을 발표할 수 있도록 돕는 매우 유익한 방법이다. 그래서 엘리베이터 피치, 또는 로켓 피치의 일종이다.

엘리베이터 피치(Elevator Pitch)란? 엘리베이터를 타고 올라가는 시간만큼 짧은 시간(약 30초~3분) 내에 중요한 이야기를 최대한 간단하게 요약하여 어필하는 것을 말한다. 트렌드에 앞서가는 사람들은 엘리베이터 피치를 연습하고 실제로 사용하여 자신의 주장을 신속하게 전달한다. 기업가들은 자본가나 투자자의 투자를 받기 위하여 엘리베이터 피치를 활용한다. 그 이유는 몇몇 자본가는 아이디어의 가치를 엘리베이터 피치를 듣고 결정하기 때문이다.

창업분야에서는 기업의 운명을 좌우하는 30초, 잘 짜여진 '캐치프레이즈(Catchphrase)' 와 '성과 지표' 로 VC의 마음을 사로잡는 방법으로 사용되고, 그 외, 엘리베이터 피치는 사업뿐만이 아닌 면접, 데이트, 서비스 요약 등 여러 가지 용도로 활용된다.

가장 쉬운 작성법은 아래와 같다. 나를 짧은 시간 안에 남들에게 소개하는 방법으로도 매우 용이하다.

N Need - 중요성강조 - Needs를 생각하기	- 고객의 Needs 또는 불편은 무엇인가? - 최종고객은 누구인가? - 고객들에게 불편해소 또는 Needs 충족이 얼마나 중요한가? - 투자하기에 충분히 큰 시장인가(시장 규모)?
A Approach (Needs를 전달하는 독특한 접근법 발견)	- 고객 Needs에 대해 해결해 줄 수 있는 방법은 무엇인가? - 고객 Needs를 충족시키는 제품/서비스는 무엇인가?
B Benefit (이익, 가치 극대화)	- 위의 Approach가 고객에게 제공하는 Benefit은 무엇인가? - 고객이 얻는 Benefit으로 고객의 행동변화는 무엇인가?
C Competition (경쟁보다 우월한 가치를 제공)	- 현재까지 존재하는 경쟁자는 누구인가? - 경쟁자들의 특징과 장단점은 무엇인가? - 위의 Benefit은 경쟁자의 장단점과 비교하여 무엇이 더 나은 것인가? - 판매시 경쟁력은 무엇인가?

〈NABC 접근법〉

6

New
새로움 추구

창의력과 인공지능 시대
왜 디자인 창의력이 필요할까?
그러면, 나의 창의력 지수는?
상상력 바다에 퐁당, 창의력 개발방법 17가지
새로운 시도, 무궁화꽃이 피어야만 하겠습니다

반지

영글어진 사랑이
손가락 위에 구릅니다.
보면 볼수록
사랑은 더 큰 원으로 커지고,

동그란 외침은 사랑의 함성되어
하늘로 솟구치는데…,

나는 사랑에 묶여 있습니다.

나는 사랑하는 이가 있습니다.

서로를 하나의 원으로 이어주는
동그란 사랑,
동그란 언약

내 사랑은 빛나고 있습니다.

창의력과 인공지능 시대

창의력이 인공지능으로 인하여 심각하게 위협을 받고 있다고 우리는 불안해한다. 인공지능이 주는 계산적인 창의력 시대? 인공적인 창의력 시대를 막연히 바라만 보고 있다. 더욱이 생성형·대화형 인공지능 챗지피티(ChatGPT)의 등장으로 인간과 비교되는 AI에게 제일 먼저 떠오른 화두는 '창의력' 이다. 말도 안 되게 이젠 질문만 잘하면 모든 문제가 다 해결될 것처럼 말한다. 챗GPT 유료버전을 상대로 누군가가 질문을 던졌다. 창의력의 미래에 대해 챗GPT는 대답했다. "난 인공지능 언어 모델이다. 개인적인 생각이나 의견이 없다. 하지만, 창의성 분야의 현재 동향과 발전에 기반한 몇 가지 통찰력을 공유할 수는 있다" 라고….

챗GPT의 데이터는 인류 전체의 지성을 대변한다고 하지만, 사실은 인터넷에 연결되어 활발하게 빅데이터의 결과물로만의 생각을 대변한다.

우리는 원론적인 '창의성이란 무엇인가' 부터 정의해봐야 한다. 그래서, 인공지능이 인간과 같은 종류의 창의성을 가졌다고 말하기는 어려운 것이다. 인공지능이 생성하는 창의력은 진정한 의미의 창의력일까? 그렇다면 인간의 창의성이란 무엇인가? 그 차이는 무엇인가?

먼저, 인간의 창의력을 정의해 보려 한다.

창의력(創意力 creativity, originality)을 사전에서 찾아보면, '새로운 생각을 할 수 있는 능력, 해내는 힘, 새로운 것을 생각해 내는 능력' 이라고 정의하고 있다. 창의력과 비슷한 의미의 창조력(創造力 creativity, creative power)이라는 용어는 새로운 것을 창조하는 힘이나 능력, 창조(創造)하는 힘 또는, 창조(創造)하는 능력(能力)을 말한다.

그러면 상상력(想像力)은 무엇일까?

상상력(想像力 imagination, imaginative power)은 실제로 경험하지 않은 현상이나 사물에 대하여 마음속으로 그려 보는 힘을 말하며, 유의어로는 구상력이 있다. 한자 사전의 구상력(想像力)은 ① 상상(想像)하는 힘, ② 상상(想像)하는 심적(心的) 능력(能力)으로 명기되어 있다.

예를 들어 보면, 천 1마를 있는 그대로 판매할 경우에는 3~4천 원 정도를 받을 수 있을 것이다. 그러나 그 천을 스카프로 만들어 판매할 경우에는 1만 원 이상을 받을 수 있고, 스커트로 제작하여 판매한다면 그 이상의 금액을 받을 수도 있을 것이다. 만일, 창의력이 부각된 특별한 텍스타일 작품으로 제작되어 판매한다면 생각지도 못한 그 이상의 가치를 느낄 수 있을 것이다.

그러므로, 창의력은 지금까지 그 누구도 생각하지 못한 새롭고 특별한 방식으로 사물을 관찰하고, 여러 문제를 찾아내며, 또한, 그 문제를 해결하여 본인만의 독창적인 방식으로 자기만의 새롭고 차별화된 아이디어를 창출해 낼 수 있는 능력을 말한다.

지식과 지혜

창의력을 개발할 때 고려해야 할 두 가지의 단어가 있다. 바로, '지식과 지혜' 이다. 지식(知識)은 사물에 대한 확실한 인식으로 흡수력, 기억력과 연계되고, 지혜(知慧)는 사물을 알고 잘 처리하는 능력으로 추리력, 창의력이 여기에 속한다. 중요한 것은 다양한 지식이 있다고 하더라도 지혜가 부족하면 목적에 도달하기 위한 지름길 찾기에 어려움이 있을 수 있다. 이러한 지혜의 응용에 창의력이 적용되는 것이다.

더 중요한 것은 지식이 없는 지혜는 깊이가 약하다는 것이다. 지혜는 지식을 토대로 하여 생성될 수도 있기 때문에 지식과 지혜라는 두 마리 토끼를 잡을 수 있도록 노력해야 한다.

호소야 이사오는 '머리가 좋다' 라는 것은 '박식하다, 재치가 있다, 지두가 좋다' 라고 할 수 있는데 여기에서 '지두가 좋다' 라는 것은 사고능력이 높다라고 정의한다. 박식한 타입의 사람이 갖고 있는 능력은 기억력 혹은 그 기억력을 이용한 '지식력' 이다.

지두력이 높은 사람은 다양한 분야에서 수집한 정보와 기존의 지식, 그리고 과거의 경험을 바탕으로 하여 스스로 생각하는 힘으로 환경에 적응하며 새로운 지식을 만들어 갈 수 있다. 미래에 적합한 인재에 필요한 지적능력이 바로 이 지두력이다(호소야 이사오, "지두력").

또한, 아서 밀러는 '창의성이란 통합적 사고와 상상력에서 나온다' 라고 주장했다. 통합적 사고를 기르기 위해서는 지식과 지혜의 적절한 배합이 필요하다.

子曰 "學而不思則罔, 思而不學則殆" 자왈 "학이불사즉망, 사이불학즉태"

- 제2편 위정 爲政 -

공자가 말하기를 "배우기만 하고 생각하지 않으면 얻는 게 없다, 생각만 하고 배우지 않으면 위태롭게 된다."

배우는 것과 생각하는 것이 모두 중요함을 강조하는 가르침이다. 이 두 가지의 중요성은 동전의 양면과도 같다는 생각을 해 본다. 창의성에도 배움과 생각, 이 두 가지를 모두 활용해야 할 것이다.

창의력(創意力)과 지두력(地頭力)

인터넷의 정보가 범람하는 가운데 학생들이 제출한 리포트를 채점할 때면 난감하다. 개인의 생각하고 정리하여 도출해 낸 결과가 아닌 얼마나 복사의 속도 따라 점수는 다르게 반영될 수 있기 때문이다. 그리하여 어느 교수는 실제 본인의 글씨로 적은 리포트를 요구하기도 한다. 요즘 우리는 생각하는 힘이 부족하고 한글의 올바른 표기법으로 쓰는 작업도 부족한 실정에 이르렀다.

호소야 이사오는 '미래는 지두력(地頭力)으로 결정된다.' 라고 주장했다. 여기에서의 지두력은 '생각하는 힘', '창조적인 사고력' 이다. 바로, '생각하기 위해 기본이 되는 힘' 을 강조하며 그 힘의 본질은 '결론부터', '전체로', '단순하게' 생각하는 세 가지 사고력이 중심인 '삼층구조' 라는 결론에 도달했다.

이러한 지두력을 구성하는 세 가지 사고력은 '결론부터 생각하는' 가설사고력과 '전체로 생각하는' 프레임워크 사고력, 그리고 '단순하게 생각하는' 추상화 사고력이다.

첫째, '결론부터 생각하는' 가설사고력은 현재 준비한 정보만으로 가능성이 높은 결론(가설)을 가정하여 정보의 정확도를 높이며 검증을 반복하고 가설을 수정해 나가며 최종 결론에 이르는 사고유형이다.

둘째, '전체로 생각하는' 프레임워크 사고력은 크게 '대상으로 하는 과제의 전체상을 높은 곳에서 내려다보는 전체 부감(俯瞰)력(빅 픽처 싱킹big picture thinking)' 과 '파악한 전체상을 적절한 위치에서 절단해 단면을 분해하는 분해력' 으로 구성된다. 이 '분해력' 은 '분류' (덧셈의 분해, 좁은 의미에서의 프레임워크)와 '인수분해' (곱셈의 분해)로 나눌 수 있다. 프레임워크라 하면 경영분석에 나오는 3C(Company, Competitor, Customer)나 마케팅의 4P(Product, Price, Place, Promotion)를 떠올리는 사람이 많을 텐데, 그것들은 프레임워크 사고관점에서 보면 도구에 불과하며 여기서는 '프레임워크를 활용해 사물을 생각한다' 라는 넓은 의미로 해석한다.

셋째, '단순하게 생각하는' 추상화 사고력은 ① 대상의 가장 큰 특징을 추출해서 '단순화' '모델화' 한 후에, ② 추상화 수준에서 일반적인 경우를 나타내는 해답을 끌어낸 후, ③ 그것을 다시 구체화하여 개별적인 답을 끌어내는 3단계 사고유형이다(호소야 이사오, 전게서).

지두력의 구성요소인 이 세 가지 사고력에는 모두 논리적사고와 직관력이 필요하다. 그래서 우리는 우뇌적 사고와 좌뇌적 사고를 모두 공부해야 한다.

좌뇌적 사고와 우뇌적 사고

노벨상 수상자인 정신 생물학자 로저 스페리(Roger Sperry)의 연구에서 비롯된 '좌뇌' 와 '우뇌' 의 사고개념에 대해서 들어 본 적이 있을 것이다. 폭넓게 자리를 잡고 있는 좌뇌는 객관적이고, 분석적이며, 논리적인 반구로서 정보를 순차적으로 처리하고, 전체가 아닌 개별적인 부분에 초점을 맞춘다. 그래서, 좌뇌는 논리적이다. 반면에 우뇌는 주관적이고, 직관적이며, 활동적인 반구이다. 우뇌는 정보를 무작위로 바라보며, 부분이 아닌 전체를 받아들인다(케이엘리슨, "유쾌한 두뇌 샤워").

좌뇌적 사고는 논리적 사고이고 과학적이며 결론이 하나로 모아진다. 이에 비해 우뇌적 사고는 직관력이 강하고 예술적이며 각 사람에 따라서 다양한 결과를 도출해 낼 수 있다.

21세기 주요 성장동력은 디자인(design), 디지털(digital), DNA인 3D로, 이들이 국가경쟁력을 좌우한다(LG경제연구원, 〈새로운 소비코드 5가지〉). 특히, 이 가운데 디자인이 주목받는 것은 기술에 비해 투자 대비 효과가 빠르고 위험부담은 적기 때문이다. 디자인은 인간의 양쪽 두뇌를 사용하는 창조적인 사고의 가장 대표적인 능력이다.

'디자인은 효용과 의미의 결합' 이라고 헤스킷(John heskett)은 말했다. 효용은 좌뇌적 사고에 가깝고 의미는 우뇌적 사고에 가깝기 때문이라는 것이다.

시대가 요구하는 디자이너는 한 가지만의 전문지식만이 아닌, 예술가의 감수성을 지녀야 하고 창의적인 아이디어 발상으로 인한 문제해결, 인체공학이나 과학적인 이론에 대한 분석력, 심지어는 마케팅능력까지도 갖추어야 한다. 이러한 다재다능한 인재를 이 시대는 요구하고 있다는 사실이다.

인간의 정신력 4가지

인간의 정신력은 크게 4가지로 분류될 수 있다.

첫째, 흡수력은 인간의 지각능력인 오감으로 주위사물과 현상을 관찰하고 받아들이는 힘을 말한다.

둘째, 기억력은 인간의 두뇌를 자극하여 암기하고 생각하는 능력을 말한다.

셋째, 추리력은 분석하고 판단하는 힘을 말하며,

넷째, 창의력은 아이디어를 내는 힘, 무에서 유를 창출해 낼 수 있는 능력을 말한다.

왜 디자인 창의력이 필요할까?

우리가 살아가는 사회에서는 이제는 평생직장에서 평생직업의 시대로 전환되어 자기 본연의 전문가로서의 계발이 필수적이며, 벤처와 창업의 연령제한 또한, 상실되는 시대이다. 이렇듯 창의력은 개인의 학교성적이나 나이와 무관한 멀티스페셜리스트의 시대로 이끌어 가고 있다.

'영국의 피터 드러커' 로 불리는 찰스 핸디(chales handy)의 명언이 있다. "나는 학위가 자격증인 줄 알았는데 앞으로 더 열심히 하라는 허가증인 줄 몰랐다"라고 회고한다.

오늘날은 수많은 자격증의 홍수 속에서 살아가기 때문에 자격증의 시대라고 부르기도 한다. 이것은 자격증이 능력을 표출해 주는 기본적이고 필수적인 명찰이기도 하지만 자격증은 그 이상의 그 무엇을 필요로 한다는 말이기도 하다. 자격증을 여러 가지 취득한 능력이 있는 사람들 속에서 스페셜리스트로 바로 서기 위해서는 추가적인 특별한 지식과 능력이 요구된다는 사실이다. 여기에서의 추가적인 특별한 지식과 능력을 움직이는 키워드는 바로, '창의력' 이다.

디자인은 창의력 없이는 아무 것도 아니다.

그러면, 나의 창의력 지수는?

'밥먹고 바로 누우면 소가 된다' 라는 옛말이 있다. 음식을 먹고 바로 눕지 말라는 충고이다. 이 말은 게으름을 예방하기 위한 말이 될 수 있고, 밥을 먹고 바로 누우면 먹은 것들이 다시 식도로 되돌아올 수 있는데, 이때 음식물에 섞인 위산까지 넘어오게 되어 역류성 식도염이 생길 수도 있다. 그런데 왜 게으른 동물이 아니라 하필이면 부지런한 '소' 를 여기에 비유한 이유는 무엇일까? '소' 라는 동물은 되새김질하기에 그런 것 같다. 뜬금없이 갑자기 이 얘기를 꺼내는 이유는 재미있는 우리 집 일화가 있다. 둘째 딸이 네 살 때의 일이다. 저녁에 밥을 먹자마자 갑자기 거실 바닥에 누워 버렸다. 이 모습을 본 할아버지는, "밥 먹고 바로 누우면 소가 되는데…." 라고 말씀하셨다. 이 얘기를 들은 우리 둘째 딸의 거침없는 행동!!! "아? 그렇구나" 하며 다시 바닥에 드러눕는 것이 아닌가?

"아니, 왜 다시 눕니?"

이 얘기를 들은 우리 둘째 딸의 거침없는 외침!

"소가 되나 보려고."

"…?"

우리는 아무 말도 하지 않았다. 소가 안 되었기 때문이다. 둘째 딸은 소가 된다면 얼마나 신기할까? 라는 눈빛으로 계속 천정을 쳐다보며 계속 누워 있었다.!!! 특별한 창의력이 엉뚱한 행동으로 보여지는 딸. 자신의 비전을 어찌 키워나갈지 두고 볼 일이다.

나름대로 열심히 최선을 다하며 살아가는 우리인데 도대체 우리는 정말 창의력을 느끼며 살아가고 있는 걸까? 다람쥐 쳇바퀴 돌 듯 우리는 늘 동일한 일상속에서 그냥 평범하게 살아간다. 이것이 당연한 것이니까… 그런데 좀 더 색다른 나 자신을 꿈꿔보면 어떨까?

꿈을 준비하기 위한 나 자신의 창의력을 점검해 보는 단계로 다음의 체크리스트를 하나하나 정리해 보았다. 지금까지 디자인을 전공하고 발명을 하고 창업을 하고 학생들에게 가르쳐 본 경험에 의해서 내 나름대로 노하우대로 한 단계, 한 단계 책크 리스트를 만들어 보았다.

펜을 들고 각 항목마다 YES 인지, NO인지 책크하며 나의 삶을 돌이켜 보자. YES 가 많으면 많을수록 크리에이터로서의 발걸음이 가벼워질 것이고 NO가 많다면 그 항목의 내용을 잘 숙지하여 YES로 만든다면 창의력 지수가 분명히 올라갈 것이다.

번호	항 목	YES	NO
1	나 자신을 사랑하고 인정한다.		
2	항상 감사하는 마음이 있다.		
3	기쁠 때는 박장대소하고 슬플 때는 절제하지 않는, 본인 스스로의 감정에 충실하다.		
4	호기심이 많고 관심분야가 다양하며, 문제의식을 갖거나 나만의 답을 찾아본다.		
5	작문과 낙서는 기본, 메모를 잘하는 편이다.		
6	다양한 정보 수집은 필수, 미술관 관람 및 디자인 전람회, 공연장 등 새로운 문화 · 예술적 볼거리를 즐긴다.		
7	관찰력이 뛰어나다.		
8	도전력과 사고의 전환, 역발상의 쾌감을 즐긴다.		
9	고정관념을 버릴 줄 알며 다른 분야와의 낯선 결합에도 거부감이 적다.		
10	집중력, 즉 몰입능력이 있다.		
11	활자중독이라 할 정도로 뭐든 많이 읽으며, 정보 활용 능력이 있다.		
12	인내 및 끊임없는 연습을 즐긴다.		
13	다음 단계를 예측하고 준비하고자 노력한다.		
14	상대를 인정하고 수용해서 그 강점 및 역량을 닮고자 노력한다.		
15	기회 포착을 위해 준비하는 편이다.		
16	평소 일상에서 느낀 불편이나 문제점을 잘 파악한다.		
17	핵심을 잘 파악하고, 요약 및 정리를 잘한다.		
18	매사에 긍정적이고, 남들에게 격려와 긍정적인 말을 잘하는 편이다.		
19	임기응변과 순간적인 대처 능력이 좋다.		
20	실패는 성공의 어머니라는 말을 믿으며, 실패라는 값비싼 수업료를 치를 준비가 되어 있다.		
21	내 아이디어에 대해 적극적으로 주장하는 편이다.		
22	위기에서 기회가 나온다는 말을 믿으며, 실제로 위기를 기회로 잘 뒤집는다.		
23	남들 앞에서 프레젠테이션 하는 것을 즐기며, 설득력이 좋은 편이다.		
24	역지사지의 태도로 상대의 입장이 되려고 노력한다.		
25	새로운 아이디어를 모색하며, 창의력 개발에 관심이 많다		

상상력 바다에 퐁당, 창의력 개발방법 17가지

단어만 들어도 재미있을 상상력 바다에 퐁당 빠지는 방법을 이야기하려 한다.

20세부터 시작한 내 디자인 인생, 문학적인 창의력인 시, 발명, 그리고 창업전문가로서 살아오면서 나만이 터득한 창의력 노하우를 아주 쉽게 써 내려가고자 한다. 내 자녀들에게 자연스럽게 삶을 통해 전달한 내용으로 큰 딸은 특허, 세계여성 발명대회 금상 수상, 둘째 딸은 실용신안, 디자인등록 여러 건 가지고 있고 청소년 아시아발명대회 등 수상, 막내아들도 아이디어 수상의 경력이 있다.

내가 가르치는 동서울대학교 시각디자인과 학생들은 입학하자마자 1학년 1학기 '디자인 씽킹' 내 수업에서는 창의력 개발부터 훈련한다. 현재까지 국내대학의 디자인학부에서 '디자인 씽킹' 과목을 교과과정에 삽입하여 가르치는 교수는 아직 없는 것으로 알고 있다. 이 훈련을 바탕으로 1학년 2학기 내 수업인 '디자인 창업실무' 과목에서는 창업 아이템을 개발하고 사업계획서를 작성하며 지식재산권 수업을 진행한다. 내가 창업지원단장 및 창업교육센터장 등 네 개의 보직을 맡았을 때는 한 학기 '디자인 창업실무' 수업에 32건 특허, 실용신안, 디자인을 출원하는 기회를 가진 적이 있다. 학생들에게 나만의 노하우인 창의력 개발방법을 실습하였다. 하드트레이닝으로 수업을 진행하는 편이라 학생들은 즐겁지 않겠으나 졸업 후 한참 지나고 나면 한 번씩 문자나 커피선물이 온다. 직장을 옮기려 이력서를 정리할 때면. 그래도 교수님 덕분에 특허출원도 하고, 수상도 여러번 받게 되었다고 정말 고맙다고 메시지가 도착한다. 나는 이 기쁨만으로도 충분하다.

창의력은 막연한 생각만으로 될 수 없다. 아서 밀러가 주장했듯이 "창의성도 훈련이다" 라는 의미 속에서 본다면 창의력 개발은 단기적인 교육에 의한 결과가 아닌 끊임없이 노력하고 개발해야 하는 훈련적인 능력이 요구된다고 생각된다. 역시 끊임없는 훈련 속에서 새로운 나 자신을 조성해 나가는 노력이 필요하다. 왜냐하면 이 시대는 창의적인 인재를 요구하고 있기 때문이다.

그동안, 디자인 및 발명분야에서 습득한 '창의력 개발방법 17가지' 노하우를 아주 쉽게 제시하고자 한다.

1. 나 자신을 사랑하고 인정하고 칭찬하자.

자신을 과소평가하는 낮은 자존감을 버리고 자신을 격려하는 습관을 가져야 한다. 이것은 창의력의 필수단계이다. 나 자신을 사랑하지 않으면 '내가 뭘 할 수 있겠어, 나는 늘 이 모양이지,' 하며 한숨만 쉬게 된다. '아니야, 나도 할 수 있어, 해 보는 거야,' 로 마음을 가다듬자.

내 스스로 칭찬을 해주고 단점보다는 장점을 부각시켜야 진정한 자신감을 가질 수가 있다. 이러한 자신감을 토대로 한다면 새로운 동기부여의 기회들을 쉽게 만날 수 있다. 외모에 대한 이미지 메이킹도 중요하나 내면의 이미지 메이킹 또한, 중요하다. 내가 가르치는 우리과 학생들은 창의력 수업 첫 시간부터 자신을 인정하고 사랑하는 법을 나는 늘 강조한다.

2. 감사하자.

괴테는 "세상에서 가장 쓸모없는 인간은 감사할 줄 모르는 인간" 이라고 했다. 라이피 곱스는 "감사할 줄 모르는 자를 벌하는 법은 없다. 왜냐하면 감사할 줄 모르는 삶 자체가 벌이기 때문이다." 라고 말했다. 참으로 비참하다. 세르반은 "인간이 범하는 가장 큰죄는 감사할 줄 모르는 것" 이라고 했다. 감사는 인간이 품어야 할 소중한 것임이 분명하다.

행복 호르몬에 관하여 우리는 잘 알고 있다. 뇌세포생산의 가장 중요 물질이 행복 호르몬으로, 우리가 감사를 느낄 때 우리 뇌는 왼쪽 전전두엽 피질이 활성화되는데 이 부위는 사랑, 열정, 공감 등의 부위와 일치하여 긍정적인 마인드로 전환시켜 준다. 긍정적으로 수용하고 감사일기를 쓰는 사람들이 행복지수가 높아졌다는 통계조사도 많이 알려져 있다. 감사할 때는 뇌의 혈액량 및 엔도르핀의 증가로 면역력이 증대되어 분노나 화를 이길 수가 있다는 연구 결과들이 있는 것을 보면 감사는 우리 삶의 필수 요소라고 할 수 있다.

감사는 우리 삶에 행복을 담아주는 도구이다. 감사하는 순간, 내 뇌에는 창의력의 공간이 생긴다.

3. 감수성 함양과 감정표현의 극대화

나는 과연 감성이 풍부한가? 아니면 메마른 편인가? 나 스스로가 너무나 잘 알고 있을 것이다. 몇 년 전인가, 7번 방의 선물이라는 영화를 보고 얼마나 펑펑 소리를 내 울었던지, 영화가 끝나고 앞에 앉은 사람들이 일어나 나가면서 앞줄 전체의 사람들이 나를 쳐다보며 나가는 것이 아닌가?

내가 "왜 나를 다 쳐다보고 나가는 거지?" 하고 남편에게 물어보니, "너무 심각하게 흐느끼며 울었잖아…." 라고 어이없다는 듯이 나를 쳐다보았다. 너무 울어서 두통까지 왔었다. 그런데 어느 순간 지나니 스트레스가 확 풀리는 것을 경험했다. 눈물에는 스트레스로 분비되는 호르몬을 씻어 주는 효과가 있다고 들은 기억이 있다. 또한, 눈물은 눈과 코의 이물질, 독소가 배출된다고 한다. 울고 나면 혈압과 맥박 수치가 낮아져 평안해진다는 내용도 들어 보았다.

눈물의 기적

울면 스트레스 호르몬이 몸 밖으로 배출된다는 사실이다. 스트레스를 받으면 '카테콜아민' 이라는 호르몬 분비가 분출하는데, 이때 눈물을 흘리게 되면 카테콜아민이 몸밖으로 배출된다는 연구결과가 있다. 울고 나면 나처럼 속이 시원하고 스트레스가 해소되며 심리적인 안정감이 찾아오는 것이 이 때문이었다. 실제 일본 토호대 의대 아리타 히데오 교수는 연구를 통해 뇌파, 안구운동, 심전도 변화를 분석해 인간의 스트레스가 극도에 달하다가도 눈물을 흘린 직후 다시 평상시 상태로 돌아가는 것을 증명한 바 있다. 반대로 눈물을 억지로 참으면 스트레스 호르몬이 높은 상태로 유지돼 몸에 독이 쌓일 수 있다. 가슴이 답답해지며 호흡곤란이 생길 수 있고, 심하면 우울증, 불안장애, 공황장애로 악화된다.

'울기: 눈물의 신비(Crying: The Mystery of Tears)' 를 쓴 윌리엄 H 프레이 미국 미네소타대 약학대 교수는 눈물이 스트레스로 늘어난 화학물질들을 체외로 배출하는 작용을 한다고 주장했다. 프레이 교수는 눈물을 3가지로 분류했다. 눈이 마르지 않도록 계속 분비되는 눈물, 양파 마늘 등 외부자극에 의해 나는 반사적 눈물, 외부자극과는 관계없이 뇌의 작용만으로 나는 감정적 눈물이 그것이다. 프레이 교수는 세 가지 눈물은 구성 물질도 다르다고 봤다. 특히 감정적 눈물 속에는 다른 눈물과 달리 스트레스를 받으면 분비되는 '프로락틴(prolactin)' 이라는 호르몬이 다량 들어 있다. 이 호르몬은 눈물이 날 때 눈물과 함께 체외로 배출된다. 프로락틴이 배출되면서 스트레스로 인해 변해 있던 심리적 및 생리적 상태를 정상으로 되돌려 균형을 잡아주므로 심리적 안정이 뒤따라온다는 것이다.

또 기막힌 연구결과가 있다. 감동의 눈물이 웃음보다 치유력이 높다는 것이다. 정신과 전문의 이시형 박사의 저서 〈쉬어도 피곤한 사람들〉에 따르면 감동의 눈물은 웃음보다 6배나 치유력이 높다. 감동에 의한 눈물을 흘리면 뇌 속에 긍정정서가 솟구치면서 뇌 피로가 해소된다는 것이다.

또한, 눈물은 면역세포를 활성화시켜 암예방 돕는다는 연구결과도 있다. 눈물을 흘리면 행복 호르몬으로 알려진 엔도르핀, 세로토닌, 엔케팔린 등 20여 개 신경전달물질이 분비된다. 이와 함께 면역세포인 NK세포, T세포를 활성화해 몸의 면역력을 높이는 데 도움을 준다. 특히 엔케팔린은 신경 펩타이드 호르몬으로 마약성 진통제인 모르핀보다 통증완화 효과가 300배나 더 강하다는 결과도 있다.

실컷 울자. 실컷 웃자

눈물은 암세포를 억제하는 항체를 만드는 데도 효과적이다. 국내 암 치료전문의 이병욱 박사의 저서 〈울어야 삽니다〉에 따르면 맘껏 울고나면 암세포 성장을 억제하는 '면역글로불린G' 라는 항체가 2배 이상 증가한다고 한다. 이 항체는 소화기계도 원활하게 움직여서 음식물 소화가 잘 되게 돕는다. 스트레스를 받으면 소화가 안 되는 이유가 바로 여기에 있었다. 그래서 울고 싶으면 실컷 울자. 웃고 싶으면 실컷 웃자. 그래야 나는 그 단순함 속에 온갖 근심을 잊고 행복해질 수 있다. 그래서 창의력을 개발하기 위해서는 풍부한 감수성 함양과 솔직한 정서적인 감정표현이 나는, 필요하다고 생각한다. 기쁨과 슬픔은 인간의 감정표현의 중요한 수단으로 희로애락 속에 우리는 생활하고 있다.

기쁠 때는 감추지 말고 박장대소하고, 슬플 때는 절제하지 말고 펑펑 울며 본인 스스로의 감정에 충실해 보자. 그러면 좀 더 인간적이고 자연스러운 본인만의 감수성을 발견할 수 있다. 이러한 정서적인 감정표현은 문제의식 속에서 생각보다 쉬운 해결방법을 모색할 수 있다는 것이다. 생활 속에서 정답은 자연스럽게 발견될 수 있고, 한 단계씩 산출되어지는 생각지도 않았던 묘약으로 제시될 수도 있는 것이다.

내 첫인상은 피도 눈물도 없이 차갑게 보인다고 그 누구에게 들은 적이 있다. 그러나 나는, 눈물이 많다는 반전이 있다. 그래서 남들보다 스트레스를 좀 덜 받고 사는 것이 아닐까?

자신의 감정을 억압함에서 오는 스트레스에서 해방되어 보자. 나만의 스트레스 해소법을 당장 만들어야 한다.

4. 호기심과 문제의식 찾기, 나만의 답을 달아 보자.

에디슨의 호기심 일화는 모두 너무 잘 알고 있다. 일상생활에서 호기심의 습관을 지닌다면 우리의 인생이 달라질 수 있다. 말도 안 돼, 라고 이야기할 수 있겠으나 내 경험상 사실이다. 무엇인가 새로운 문제의식을 느끼는 습관, 그리고 그 문제를 스스로 해결하는 능력을 키우는 것이 매우 중요하기 때문이다.

왜? 또는, 만일? 이라는 가정을 내려 보고 새로운 상황에 대한 합당한 사고 능력을 가져보며 다양한 질문과 스스로의 대답을 확인해 보는 것이다. 나의 답이 틀려도 괜찮다. 나만의 문제해결 방법을 찾아 보는 것이다. 왜냐하면 이러한 질문과 호기심과 문제의식은 창의력의 가장 좋은 밑거름, 훌륭한 재료가 되기 때문이다.

그 시대의 멀티크리에이터, 나이팅게일

우리가 잘 알고 있는 나이팅게일은 백의의 천사다. 그런데 그것만이 전부가 아니다. 기가 막힌 나이팅게일의 삶이 우리에게 교훈으로 다가온다.

나이팅게일은 이탈리아 피렌체에서 출생하여 1951년에는 독일 카이세르베르트로 가서 간호사 교육을 받은 우리가 알고 있는 간호사가 맞다. 1854년 크림전쟁이 시작되면서 간호 책임자가 되어 전선으로 가게 되었다. 열악한 야전병원의 시설로 병사들은 계속 사망하는 것에 문제의식을 가지고 자료수집을 하기 시작하였다. 영국군 20만 명 중에서 사망한 21.097명의 데이터를 분석하여 보니 2.755명이 작전 중에 사망하고 그 외는 상처후유증 사망과 각종 병으로 사망한다는 결과를 얻어 내었다. 이를 바탕으로 나이팅게일은 전쟁터의 상황과 자원 부족에 대한 지원을 요청하고자 크림주둔군 사령관인 라글란경에게 서한을 보내지만, 거부를 당한다. 그러나 이에 굴하지 않고 영국 신문 더 타임스의 편집장인 존 딜레인에게 호소를 하게 된다. 이 호소덕분에 여론이 움직여 지기 시작했고 영국 정부까지 소식이 전해 들게 된다. 드디어 지원받아 조립식 위생병동이 제작되어 지고 결국, 사망률을 크게 감소시키는 쾌거를 이룬다.

그 이후, 나이팅게일 기금이 공식적으로 마련되었고 전쟁 이후 최초의 간호학교를 설립하는 기적을 이룬다. 바로 호기심과 문제의식을 갖는 것이 결국에는 문제해결 능력으로까지 행동으로 보여지는 인재상으로서의 나이팅게일을 우리는 기억해야 한다.

호기심과 문제의식 갖기, 문제해결하고자 하는 습관은 지금의 내가 아닌, 또 다른 나로 준비시켜 줄 것이다.

5. 작문과 낙서는 기본

나는 손에 팬만들고 있으면 어디든 낙서한다. 포장지 뒷면이건 신문지 위이건 우편물 앞면이건 온통 낙서하던 습관이 아직도 있다. 통화를 하면서도 A4 종이 앞 뒷장을 가득 메울 때도 있다. 대화내용을 다양한 글씨체로 쓰면서 낙서를 하다 보니 좋은 점이 있었다. 나만의 글씨체가 많아지고 나의 필체가 사람들에게 멋지다고 칭찬받은 적이 많은 편이다. 내 서명연습도 이 습관에서 나왔다. 그 누구도 사인해 달라는 사람은 없으나 회의 때 서명이나 관리실 해충 약 점검 후 유익하게 사용한다. 쉽게 끄적이는 낙서는 내 손을 자유롭게 한다. 이것뿐 만이 아니다.

주어진 상황에 따라 글로 표현해 보는 습관은 창의력 훈련에 있어서 매우 기초적인 활용방법이다. 메모하는 습관은 단어 및 단문 쓰기 훈련으로 시작되어 명확한 목적에 의한 작문으로 진행된다. 낙서는 사소한 끄적임이지만 다이어그램으로, 또는 그림으로 진전되기도 한다. 바로, 낙서는 '자신만의 유일한 정보모으기' 의 방법으로 탄생될 수 있기에 창의력 개발에 생각지도 못한 소스로 등장할 수 있다. 중, 고등학생 시절에는 모든 여학생이 그랬듯이 나도 밤마다 일기 쓰는 시간을 무척 소중하게 생각했다. 짝사랑했던 선생님, 오빠, 친구들과의 관계들이 내 일기장에 소복이 담겨 있었다. 그 글 옆에는 예쁘게 그리지도 못한 낙서들로 가득 채운다. 그렇게 대학 다닐 때까지 꼬박꼬박 기록했던 내 일기장은 내가 보낸 하루를 점검하게 해주는 결과물이었고 나의 모습을 또한 재정비시켜 주는 귀한 보석 상자 같은 것이었다. 어느 순간, 일기장에 하루 일과를 써 내려 가다 보니 좀 지루하게 느낄 때는 한 번씩 일기 대신 오늘의 이야기를 한 두 단어, 또는 한두 문장으로 요약해 보기 시작했다. 한 단어, 한 문장은 한 줄의 시가 되고 그 시가 점점 긴 표현들로 정리되어 졌다. 그 당시 옛 시인의 노래라는 가요가 유행할 때 나는 말 그대로 혼자만이 인정하는 시인이 되어 수많은 밤을 글로 채워갔다. 대학다닐 때는 디자인을 전공하다 보니 나의 시들의 배경을 편하게 그리게 되었고 소박한 시화전의 느낌으로 시를 써 내려가는 습관이 들기 시작했다.

사소한 낙서의 습관이 시집으로 탄생

1998년 어느 날, 편의점에 갔는데 계산하기 전에 옆을 보니 손바닥만 한 작은 시집들이 카운터 위에 꽂혀 있었다. 아, 나도 시집을 낼 수 있을 까? 결혼할 때 한 뭉치로 들고 온 벽장 안의 숨겨진 내 일기장들이 생각이 났다. 판매되는 시집들 뒤에 쓰여있는 출판사들 두 곳을 외워 전화를 해 보았다. 그중 한 출판사에서 한번 읽어 보자고 하여 무겁게 출판사까지 들고 갔었다. 그 당시 이름이 없는 시인들은 자기 돈을 들여 출판하는 시대였고 난 역시 그런 존재였는데도 불구하고, 뜻밖의 결과가 나에게 돌아왔다. 그 당시 원고료까지 많이 받았고, 화려한 일러스트레이션까지 그려져 있는 내 시들은 컬러 인쇄본 시집으로 출간하게 되었다. 이런 기막힌 상황으로 장규순 시, 장규순 일러스트레이션이라고 쓰여있는 내 시집은 대형서점에도 판매가 되었다. 바로 일기 대신 끄적이던 내 보석같은 시들이 시집으로 정리되어 세상에 첫 번째 인사를 한 것이다. 지금 보면 창피하기는 하다.

왜냐하면 컴퓨터그래픽이 일반화 되기 전에 서투른 이미지들이 그려져 있기 때문이다. 사는 것이 바빠서 두 번째 시집을 출간할 시간은 없지만, 이제는 좀 여유만 생긴다면 중년으로서의 나만의 언어로 새롭게 정리하고 싶은 마음뿐 이다. 이렇게 사소한 작문과 낙서의 습관이 나의 창의력을 개발하도록 생각지도 못하게 나를 도와주었다.

6. 표현력을 극대화하자.

흔히 표현력은 예술가나 디자이너만의 전유물로 생각되어 진다. 표현력(表現力)은 국어사전에 보면, '사상, 감정 따위를 말이나 행동으로 드러내어 나타내는 능력' 으로 정의되고 있다. 창의력을 위한 표현력은 때로는 글로, 말로, 행동으로, 때로는 그림으로, 음악으로, 다이어그램으로, 뮤지컬로, 연기로, 그 외 다양한 방법들로 존재하고 우리는 그 방법들을 다양하게 활용하여 본인만의 표현방법으로 재구성해 볼 수 있다. 모방보다는 이 세상에 단 하나뿐인 나만의 창의성으로 바꾸는 능력이 중요할 것이다. 창의력을 위한 표현력에는 제한이 없다는 것과 할 수 있다는 자신감, 그리고 이론과 근거를 토대로 한 설득력 있는 표현방법이 중요할 것이다. 표현력을 개발하려면 시각적인 정보와 자료에 친숙해야 하므로 다양한 정보수집은 필수적이고 미술관 관람 및 디자인 전람회, 해외전시관 활용 등 개인만의 활용계획을 세우는 것도 중요하다. 이제는 검색만으로 전 세계의 전시관을 가 보는 시대가 되었다. 내가 얼마나 정보를 다양하게 검색하느냐에 따라 내 미래는 달라질 수 있다.

그리고 이 책은 일반인들도 아주 쉬운 언어로 디자인을 알기 싶도록 기본상식만을 담아 본 책이다.

7. 관찰력은 몰랐던 것을 보게 한다.

관찰력은 사물을 깊이 살피는 힘, 또는 깊이 관찰하는 능력을 말한다. 드로잉 실력을 쌓고자 할때 그 첫 번째 비결은 '관찰력' 이라고 항상 주장한다. 제대로 사물을 관찰하면 그 관찰한 만큼 제대로 그릴 수 있다. 항상 환경의 변화와 현상을 분석하고 관찰을 습관화하면 그 관찰을 통하여 그 이상의 생각이 도출될 수 있다. 특히, 자연은 많은 아이디어를 제공해 주는 하나님의 최고 선물이다. 사계절의 변화만으로도 형태, 색채, 재질 등 우리의 오감을 통해 다양하게 흡수되고 표현될 수 있다. 모두에게 주어진 동일한 자연의 이미지와 조건들이지만 어떤 이는 1개를, 어떤 이는 300개의 결과물을 도출해 낼 수 있다는 것이다. 또한, 창의성은 다양성에서 오기 때문에 여행 자체는 미지의 세계에 대한 동경과 확인의 개념으로 좀 더 풍성하게 내 가슴에 다가올 수 있다.

관찰의 천재, 레오나르도 다빈치

우리가 너무나 잘 알고 있는 레오나르도 다빈치는 관찰의 천재였다. 그는 어린시절부터 날아다니는 새를 관찰했고, 그 날갯짓을 세밀하게 분석하였으며, 새가 물에서부터 튀어 올라가며 소용돌이치는 물까지도 주시하는 관찰력이 뛰어난 아이였다. 이 어린아이는 결국 예술가, 인체 해부학자, 과학자 등 그 시대의 진정한 멀티크리에이터로 성장하였다.

2007년 11월에 네이처 지가 선정한 인류역사를 바꾼 10명의 천재 중에 가장 창의적인 인물 1위를 레오나르도 다빈치가 차지했다. 네이처는 과학전문지이기 때문에 당연히 과학자를 1위에 뽑을 것이라는 모두의 예상을 뒤엎는 결과였으며 2위는 고대 그리스 비극을 이어받은 극작가인 셰익스피어였고, 과학자인 아이작 뉴턴은 간신히 6위를 차지했다. 르네상스 형 만능인, 즉 라틴어로 모든 일을 할 수 있는 사람, 다빈치가 역사상 가장 생각이 자유롭고 여러 일을 할 수 있는 인재로 평가된 것이다. 그는 평생 기술과 과학 그리고 예술을 하나로 융합하려는 창의적인 노력 즉, 과학기술과 예술을 통합하려는, 자신만의 생각을 끊임없이 추구하였다(다빈치의 위대한 유산 / YTN 사이언스).

그의 여러 작품 중 오늘날 가장 유명한 것은 모나리자이다. 모나리자 없이는 루브르 박물관을 논할 수 없다는 평가가 존재할 정도로 모나리자라는 작품이 차지하는 비중은 크며, 전 세계적으로도 가장 널리 알려진 매우 유명한 그림이다. 그 외에도 '최후의 만찬' 은 그의 대표작으로 세기의 명작으로 손꼽을 수 있다.

오늘날까지도 진정한 멀티스페셜리스트, 멀티크리에이터는 단연코 레오나르도 다빈치이다.

8. 도전력과 사고의 전환, 역발상의 쾌감

창의력을 개발하려면 도전력과 역발상은 필수적이다. 바로, 사고의 전환인 것이고 모험을 즐겨보는 것이다. 그 무언가를 생각해 내려면 그동안 전혀 알 수도 없었던 미지의 세계로 나가야 할 것이다. 그러기 위해서는 고정관념을 떨쳐 버리고 생각지도 못했던 배짱도 필요하고 담대함도 있어야 한다. 실수도 인정해야 하고 시행착오를 감당할 줄 알아야 한다. 홈런을 많이 치려면 후보선수부터 시작해야 하고 삼진당하는 것조차 즐겨야 한다. 금메달을 목에 걸려면 다양한 하찮은 기록부터 목에 걸어야 할 것이다. 바로, 지치지 않는 도전력에서부터 출발해야 한다. 창의적 혁신자는 실수에서도 기회를 찾는다고 우리는 너무도 잘 알고 있다.

에디슨의 일화가 있다. 에디슨은 축전기를 발명하기 위하여 2만 번의 실험을 감당해야 했고 2만 번의 노하우를 가질 수 있었다. 그러고는 이렇게 외쳤다고 한다. '나는 2만 번의 실패가 낙담이 아니라 2만 번이 안 되는 방법을 배운 것뿐이다.' 어느 날에는 에디슨 연구소에 대형화재가 발생하여 모든 기계와 시설이 사라져 버렸다. 그때, 에디슨은 '내 모든 실수가 자취를 감추었다' 라고 말했다고 한다. 축음기 발명은 화재 3주 후에 이루어졌다. 어떠한 사고를 갖느냐에 따라 선택의 길은 달라질 수 있다. 에디슨처럼 긍정적인 마인드에서부터 새로운 도전을 꿈꿔야 할 것이다.

9. 집중력 즉, 몰입능력이 필수

나는 수업시간중 이론수업을 진행할 때면 나를 쳐다보지 않고 휴대전화기를 사용하거나 다른 곳을 바라보거나 하는 학생들에게 잔소리한다. 교수로서 30년 이상을 강의한 내 결론은, 수업시간에 집중력이 높은 학생들이 더 성공에 가까이 간다는 사실이다. 물론 나만의 생각일 수도 있다. 집중력은 확실히 나를 바꾼다. 몰입을 통해 교수가 앞에서 외치는 이론을 습득하게 된다.

난 이 과정이 매우 중요하다고 생각하기에 모든 학생이 한 사람도 빠짐없이 나를 쳐다보라고 강요한다. 집중을 안하더라도 나만을 쳐다만 봐라라고 이야기한다. 이것이 첫걸음이다. 어느 학생들은 강의평가에 내가 괴롭혔다고 쓴 것을 보면서도 나는 그대로 내 스타일대로 해나가고 있다. 왜냐하면 이론수업을 잘 들어야 연계된 실습수업을 잘 수행할 수 있고 높은 점수를 받을 수 있기 때문이다. 작은 나의 습관 하나하나가 모여 커다란 나를 만들 수 있다. 작은 과제하나도 성실히 감당하지 못한다면 어찌 성공하겠는가? 나는 선생이니 내가 경험한 작은 요령을 가르쳐 주고 싶을 뿐이다.

간디의 명언이 생각난다.

당신의 믿음은 곧 당신의 생각이 되고
당신의 생각은 곧 당신이 내뱉는 말이 되고
당신이 내뱉는 말은 곧 당신의 행동이 되고
당신의 행동은 곧 당신의 습관이 되고
당신의 습관은 곧 당신의 운명이 된다

한번 꽂히면 아무것도 안 보일 때가 있다. 그것만이 지금 시점에서 최선의 전부이기 때문이다. 불가능을 조작하는 불필요한 요소들을 줄여야 목표하는 일에 몰입하게 되고 정진하게 된다. 성공하는 자들의 공통된 노력의 결과는 집중하고 몰입하여 결국, 그 일을 즐기는 상황까지 나아가는 것이다. 매일 새롭게 몰입하는 경험을 자신에게 선물하고 그 선물을 100% 활용하라.

10. 정보활용 능력은 기본

'책 속의 길이 있다' 라는 격언처럼 그 길을 찾아내려면 어떠한 책을 선택해야 하는 가의 중요성이 있다. 바로, 그 책에서 명시해 주는 길을 모색하는 것이다. 독서에 의한 창의력은 생각해 내는 능력을 다양하게 경험하게 한다는 것을 모두가 잘 알 것이다. 책의 핵심내용을 파악하는 것과 그것을 어떻게 응용하는가에 열쇠가 있을 것이다. 바로, 활자중독은 다양한 정보를 해독할 수 있는 지름길이다. 또한, 책뿐만이 아닌 인터넷의 활용, 트렌드 관련 전문분야의 세미나, 학회나 협회활동, 전문가들의 커뮤니티 속에서 다양하게 정보들을 습득하고 활용할 수 있을 것이다.

난 학생들에게 잔소리하는 것이 또 있다. 책을 많이 읽으라는 것이다. 도서관에 자리가 텅텅 비어있다. 그 자리를 채워라. 내 전공이 아닌 책도 많이 읽어라. 이 시대는 전공과 전공의 융합의 시대이다. 일안 렌즈가 아닌 다중렌즈로 세상을 보고 준비하거라. 참 그러고 보면, 나는 잔소리쟁이 교수이다. 여러 학생이 책 추천해 달라고 톡이 온다. 그러면 많이 행복하다.

책에는 반드시 길이 놓여 있었다.

11. 끊임없는 연습으로 승부하자.

게으른 나에게서 벗어나는 연습, 우선순위를 적어 보는 연습, 내 꿈을 향한 지속적인 준비연습, 남다른 차별화된 시각으로 바라보는 연습, 고정관념을 탈피하는 연습, 자기 경험을 역이용하는 연습, 이러한 연습과 노력은 새로운 결과물로 내 앞에 나타날 것이다. 아니 나 자신을 변화시킬 것이다. '나의 가장 큰 적은 내 자신이다' 라는 말이 있을 정도로 우리는 자신을 이기는 훈련이 제일 힘들 것이다. 이 맛을 알게 된다면 당신은 어느덧 성공의 궤도안에 올라가게 되지 않을까? 연습과 연습이 모여 실전이 될 수밖에 없다.

"천재는 99%의 노력과 1%의 영감으로 만들어진다" 라는 토머스 에디슨의 명언을 기억해 보자.

12. 역시, 인내

난 늘 작심삼일과 친하다. 그런데 이 작심삼일을 삼일마다 하면 되는 것이 아닌가? 이리 허무하게 무너지는 '작심삼일로 인해 내 미래가 바뀔 수도 있다' 라고 역이용해 보는 것이다. 작심삼일을 끊임없이 반복하고 반복하다 보면 본인도 모르게 목표에 도달해 있을 것이다. 이러한 작심삼일에는 인내와 집중력, 몰입능력이 필수적인 요소로 등장할 것이다. 그만큼의 인내는 나를 바꾼다. 열정이 없이는 인내가 어려울 것이다. 인내하며 자신을 이기다 보면 어느새 열정은 내 것이 된다.

에디슨의 인내에 대한 명언은 또 있다.

"모든 사람은 다이아몬드 원석과 같다. 갈고 닦으면 누구나 찬란히 빛나게 마련이다"

뉴턴의 명언도 있다.

"끝까지 하라. 내가 살면서 가장 소중한 발견은 바로 인내였다."

13. 통합력, 결합력의 효과를 느껴보자.

'창의력 개발방법12' 까지는 개인적으로 요구되는 방법이라면 13번째는 바로, 팀워크, 융합에서 이루어지는 관계적 방법이라는 것이다. 남의 생각과 의견을 존중하고 의미를 부여해 보며 소통의 능력을 통하여 새로운 접근법에 다가가는 것이다. 이러한 의외의 결합력이 창의력을 만든다. 집단지능방법으로 단어들을 문제에 적용, 연상시키고 유추를 통한 그룹 아이디어 발상법을 모색하는 다양한 방법론들이 제시되고 있다. 우리가 쉽게 활용하는 브레인스토밍 방법이 있다. 나는 수업시간에 브레인스토밍을 많이 활용한다. 이 방법은 생각의 길을 열어주고, 남앞에서 발표하기를 꺼리는 학생들이 쉽게 단어로 표현할 수 있는 계기가 된다. 그리고 친구의 의견에 귀를 기울이게 된다. 친구의 의견을 듣고 또 다른 내 생각을 떠올리게 하고 그 생각을 나 스스로 정리하게 된다. 왜냐하면 브레인스토밍법은 남의 의견을 비판하면 안 되는 룰이 있기 때문이다. 이 브레인스토밍법에 관한 내용은 1장 디자인 씽킹 프로세스 안에 자세히 설명되어 있다.

14. 생각의 가속도를 즐겨라.

운동하거나 운전을 하다 보면 가속도의 힘을 느낄 수 있다. 특히 내리막길에서의 가속도는 위험을 감수해야 한다. 이제는 생각의 가속도를 생각할 때이다.

빌 게이츠는 '21세기 생각의 속도가 결정한다' 라는 책에서 다음과 같이 주장했다. '1980년대가 질(質)의 시대요, 1990년대가 리엔지니어링(reengineering)의 시대였다면, 2000년대는 속도의 시대가 될 것이다. 디지털시대에는 비즈니스가 생각의 속도로 운영되어야 한다. 디지털 도구는 지구상에서 우리 인간만이 가진 능력-사고 능력, 사고를 체계화할 수 있는 능력, 체계화된 사고를 행동에 옮기기 위해 협력할 수 있는 능력-을 확대해 준다. 기업들이 문제를 해결하기 위해 종업원들에게 힘을 부여하고, 그들을 위해 강력한 도구를 제공한다면 놀라운 창의력과 독창성의 꽃이 활짝 피어날 것이라고 나는 확신하고 있다(빌 게이츠, 이규행 역, "생각의 속도" (주)청림출판).

십여 년 전에 이 책을 집필한 빌 게이츠는 역시 무시무시한 속도로 미래를 예측하였다. 그래서 나와 역시 다르다는 것을 사무치게 느낀다. 그 속도를 이제야 알게 되기 때문이다. 속도를 내기 위해서는 뛰는 방법도 중요하지만, 마라톤의 방법도 겸비되어야 할 것이다.

뉴턴의 명언이 있다. "나의 능력은 평범하다. 오로지 실행력이 나를 성공으로 이끌었다." 또 하나, "내가 다른 사람보다 더 멀리 볼 수 있었던 것은 거인의 어깨 위에 서 있었기 때문이다." 그 거인의 어깨 위에 오르려면 다른 이들보다 나는 더 속도를 내어 올라가 있어야 하지 않을까?

생각의 속도는 정보의 속도이고 생각은 바로, 혁명이다.

15. 프로 액티브 이미지네이션의 필요를 인식해보자.

프로 액티브 이미지네이션은 '사전대처적인 상상'을 의미하는 것으로 칼 페이스 워지가 주장한 내용이다. 바로, 노력으로 결과를 만들어내기 위해 전진하는 것, 다음 단계를 예측하고 준비하는 것을 말한다. 여기에는 상상력과 창조성 개발이 필수적이다. 미래를 예측하고 이에 따라 앞서 나가지 않으면 도태될 수밖에 없는 정보화 사회에 우리는 살아가고 있기 때문이다. 전문가 네트워크의 조성과 활용도 매우 중요한 도움의 역할을 할 것이다.

子曰 "人舞遠慮, 必有近憂" 자왈 "인무원려, 필유근우"(제 15편 위령공 衛靈公)

공자가 말하기를 "사람이 먼 장래를 걱정하지 않으면 가까운 미래에 반드시 걱정거리가 생긴다." 사람은 생각하거나 일을 처리할 때, 눈앞의 상황은 물론, 먼 미래까지 고려해야 한다. 그렇게 해야 모든 상황을 사전에 적당하게 계획하여 생각지도 못한 위험이 발생하는 것을 막을 수 있다. 무슨 일하든 장기적인 안목과 미래를 바라보는 통찰력이 없다면 성공할 수 없다(동리자 역, 김인지 옮김. 내 인생의 지침, 논어, 파라북스).

16. 어크날리지먼트(Acknowledgement) 전략을 활용하자.

어크날리지먼트(Acknowledgement)는 코칭 기술의 일종으로 상대의 존재를 인정하는 행위와 언어를 모두 포함하는 개념을 말하며, 승인을 통해 의욕을 증진하는 효과를 가지고 있다. 어크날리지먼트는 상대를 인정하고 수용하는 가운데 그 강점을 파악하여 역량을 강화시키는 방법으로 전공과 전공의 통합, 업종과 지식의 결합 등 새로운 방법을 모색하는 것이다. 발명과 창조지식산업에서 요구하는 미래인재의 핵심역량은 본인의 전공과 나 스스로가 흥미롭게 생각하는 '또 다른 분야' 를 결합하여 스페셜한 본인만의 테마를 설정해야 한다. 여기에서의 '또 다른 분야' 는 미래지향적인 메가트렌드적 흐름에 발맞춘 분야라면 더 좋을 것이다. 또한, 각 분야 전문가들의 네트워크 조성이 매우 중요한 요인으로 작용할 수 있다. 바로 시너지효과를 볼 수 있다.

"팀워크의 좋은 점은 언제나 나를 지지해 주는 누군가가 있다는 것입니다." 미국 작가이자 MLA 전무 이사 Margaret Carty의 명언이다.

"뛰어난 팀은 서로 감추지 않습니다. 치부를 드러내길 꺼리지 않습니다. 비난을 두려워하지 않고 자신의 실수, 약점, 걱정을 인정합니다." 미국 작가 Patrick Lencioni는 주장했다.

17. 기회포착을 위해 준비하자.

한 가지 분야만을 고집하고 살기에는 인생은 너무 길다. 길고 긴 인생에는 터닝 포인트(Turning Point)가 반드시 존재한다고 믿는다. 세상에서 성공하려면 언제 어느 때에 다가올지 모르는 '기회' 를 잡는 순이라고 필자는 믿고 있다. 중요한 것은, 예측할 수 없는 때에 오는 기회를 잡기 위해 항상 준비해야 한다는 것이다. 지혜로운 사람은 그 기회를 절대로 놓치지 않고 잡으며 또한, 터닝 포인트의 기회조차 직접 만들어낼 수도 있을 것이다. 다양한 상황으로 자신을 실험해 보고 자신의 가능성을 수시로 확인하라. 창의적인 혁신자는 실수에서도 남이 발견할 수 없는 기회를 찾을 수 있다.

견지망월(見指忘月)이란 말이 있다. "달을 보라" 고 가리켰지만 달은 보지 않고 "손가락만 바라본다." 라는 뜻으로 이러한 현상은 바라보는 자의 잘못일 수도 있고, 가리키는 자의 잘못일 수도 있겠지만, 무엇보다 중요한 것은, '무엇을 바라보느냐' 이다. '바라볼 수 있는 시야와 시각이 있느냐' 이다. 이러한 안목이 창의력을 통하여 개발되어 1+1=2가 아닌, 1+1=10도, 1+1=100도, 그 이상도 될 수 있는 미래지향적인 능력을 소유하도록 노력해야 한다. 이 능력으로 미래지향적인 인생의 혁신적인 창의력 보드를 만들어 보자. 이 보드는 과거, 현재, 미래의 내 디자인 전개도가 될 수 있고, 세부 상세도뿐만이 아닌 멀리 조명해 볼 수 있는 건축 조감도도 될 수 있을 것이다.

새로운 시도, 무궁화꽃이 피어야만 하겠습니다(신문 기고)

무궁화! 어린시절부터 우리들의 입 속에 맴도는 노래. "무궁 무궁 무궁화 무궁화는 우리 꽃, 피고 지고 또 피어 무궁화라네." MZ세대는 과연 이 노래를 알까? 갑자기 궁금해졌다. 그래서 수업시간에 학생들에게 무궁화하면 생각나는 노래가 있을까? 하고 질문을 해 보았다. 애국가요!. 혹시 "무궁 무궁 무궁화 무궁화는 우리 꽃," 알고있나에 대한 대답은 "몰라요" 였다. 이 무궁화 노래는 기성세대가 어린 시절 음악시간에 불렀던 단지 하나의 노래였을 뿐이었다. 초등학교 음악 시간의 노래들도 트렌드에 따라 변하는 것은 당연하겠지.

특히, 어린 시절부터 늘 귓가에 맴도는 가장 예쁜 찬송가 곡이 있다. 찬 89장 '샤론의 꽃 예수' , 위키 백과사전에 보면, 이 말은 성경 아가서 2장 1절인 "나는 사론의 수선화요 골짜기의 백합화로구나" 하는 구절에서 가져온 것으로 신학적으로 예수를 의미한다고 정의되고 있다. 미국식 영어에서 Rose of Sharon은 한국어로 무궁화이다라고 기록되어 있다. 이 '샤론의 장미' 의 정체가 무엇이냐 하는 것은 여러 학자들에 의해 뜨거운 논쟁이기도 하다. 히브리 원어에서 '샤론의 수선화' 를 영어로 번역할 때에 'Rose of Sharon' 이라 썼고, 이것은 곧, 우리나라의 국화 무궁화의 영어 이름이라는 학설이 지배적이다.

서부간선도로를 지나가면서 내 눈을 사로잡은 짙은 분홍빛 무궁화가 내 가슴속에서 계속 피어나기에 무궁화 아트웍을 시작하다 보니 무궁화의 모든 것이 궁금해졌다.

피고 지고 또 피어서 영원히 지지 않는 꽃, 우리 민족의 인내와 근면성을 상징하는 꽃이었는데 우리는 그냥 잊고 지냈다. 무궁화에 관심을 가지고 검색하기 시작하면서 머리가 아파왔다. 무궁화 사건, 무궁화 운동이 있었다는 사실이었다.

한국민족문화대백과사전에서 보면, 무궁화사건(無窮花事件)은 일제강점기에 전국적으로 무궁화를 심어 민족정신을 앙양하고자 한 사건으로 무궁화 운동은 무궁화를 통하여 민족의 자긍심과 국권을 회복하자는 취지로 남궁 억 선생이 주도한 민족운동이었다. 민족교육자이며 독실한 기독교 신자였던 남궁 억(南宮檍) 선생은 전국적으로 무궁화 심기운동을 전개하기로 하고, 자신이 설립한 강원도 홍천의 모곡학교(牟谷學校) 학생실습지에 무궁화 묘목을 재배하여 전국 각지에 보내어 무궁화심기운동을 벌였다. 1933년 일제는 남궁 억의 이와 같은 사업이 불온사상을 고취

한다고 하여 관련자들을 모두 체포하고 무궁화 묘목 8만 주를 불태워 버렸다. 우리 꽃 무궁화를 이 땅에서 모두 없애려 하였다는 충격적인 이 사건을 우리는 왜 알지도 못했을까?

고서의 기록을 찾아보면, 우리 민족은 고조선 이전부터 무궁화를 하늘나라의 꽃으로, 고조선 시대의 무궁화는 '태양의 꽃' 으로 인식되며 '신의 꽃' 등 성스러운 꽃으로 여겨졌다고 한다. 기원전 4세기 중국의 춘추전국시대에 쓰인 '산해경' 에는 우리나라를 무궁화가 피는 군자의 나라로 칭하고 있다. 특히 신라는 '무궁화 나라' (근화향槿花鄕)라고 불렸고, 특히, 무궁화는 조선 세종 때 강희안이 저술한 '양화소록' (養花小錄)에도 "단군이 우리나라를 개국할 때 무궁화가 나왔기 때문에 중국에서는 우리나라를 '무궁화의 나라' 라 불렀으며, 조선시대 문·무과에 급제한 사람에게 주어진 어사화에도 무궁화 장식이 사용된 것이 기록되어 있다. 조선말 개화기를 거치면서 "무궁화 삼천리 화려강산" 이란 노랫말이 애국가에 포함된 이후 더욱 친근한 나라꽃으로 불려지며 우리 국민의 사랑을 받은 꽃, 이처럼 5000년의 역사를 함께 해 온 우리의 무궁화!!!

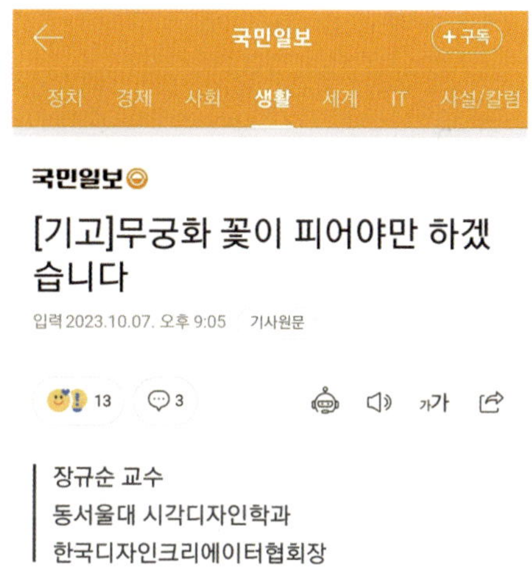
국민일보 +구독
정치 경제 사회 생활 세계 IT 사설/칼럼
국민일보
[기고]무궁화 꽃이 피어야만 하겠습니다
입력 2023.10.07. 오후 9:05 기사원문
13 3 가가
장규순 교수
동서울대 시각디자인학과
한국디자인크리에이터협회장

더욱이 8월 8일이 무궁화의 날인지도 나는 몰랐다. 정부의 공식적인 기념일이 아니기에 더더욱 관심조차 없었다. 2007년 여러 민간단체를 중심으로 나라꽃 무궁화를 기념하기 위해 8월 8일을 무궁화의 날로 제정하자는 운동이 벌어졌다. 숫자 8을 눕혀서 보면 기호 무한대(∞)가 되기에 이는 끝이 없다는 무궁(無窮)의 뜻으로 무궁화의 의미와 가장 적합하다는 이유에서 8월 8일로 선정되었다고 들었다. 7월 초순에서 10월 중순까지 매일 꽃이 피는 무궁화, 한 그루에 2천~3천여 송이가 피고, 옮겨 심거나 꺾꽂이한다고 하여도 잘 자라는 우리 민족의 인내와 근면성이 보여지는 우리의 무궁화!

무궁화는 그저 어릴 때 불렀던 노래의 한 소절, 애국가에 등장할 때만 감동하는 꽃이 아닌, 우리 민족의 자긍심과 정체성을 대표하는 겨레의 상징인 만큼 이제 우리의 가슴에는 장미도 벚꽃도 아닌 무궁화가 다시 피어야 하지 않을까? 선조들의 눈물로 채워진 제2의 무궁화 운동이 다시 일어나야 하지 않을까? 내년 8월 8일 무궁화 날에는 벚꽃 축제 이상으로 우리가 만개한 무궁화를 다시 바라보며 목청껏 노래해야 하지 않을까? 그래서 2023년이 다 가기 전에 여전히 미래를 향해 뛰고 있는 우리네 심장 속에 무궁화꽃이 다시 피어야만 하겠다(2023년 10월 7일 국민일보 기고).

7

Trend

디자인 기류

트렌드
컬러 마케팅의 시대
멀티크리에이터로 살아야 하는 이유

트렌드

하늘의 기류가 세상과 만난다.
그 바람에 내 몸을 맡겨야 살 수 있다

빗물이 세상속 바람의 노래를 듣다가
그 호흡으로 지휘를 할 때,
큰 물줄기에 뱃목을 잡고 소리지를 수 밖에

해도 달도 과학의 이치도 뛰어넘는
이 시점 엑소더스

트렌드 위에서 소리 소리 지르다
목이 쉬어 버리는
또 다른 엑소더스
그 강렬한 눈빛을 찾아보자

손오공이 구름 타듯
내가 사이버 손오공이 될 수밖에…

트렌드

나는 1학년 1학기부터 학생들에게 늘 강조하는 것이 있다. 대중교통을 이용하거나 시간이 짬짬이 있을 때는 항상 트렌드를 검색하라고 이야기한다. 디자인트렌드, 컬러트렌드, 창업트렌드, 뷰티트렌드, 인테리어트렌드, 등등. 이제는 트렌드와 함께 살아가는 시대가 열렸다.

그런데 늘 질문하고픈 내용이 있다. 유행과 트렌드의 차이이다. 일반적으로 유행은 일시적으로 스쳐 지나가는 단발적인 것을 의미하고, 트렌드는 기존과는 구분되는 특별한 생각이나 의식 등의 변화로 유행보다는 지속적인 성격을 보인다고 생각이 든다. 이러한 차이는 있으나 두 가지 용어를 동일한 뜻으로 사용하는 경우도 있다.

유행(流行) 또는 트렌드(trend)는 한 사회의 어느 시점에서 특정 생각, 표현 방식, 제품 등이 그 사회에 침투 또는 확산해 나가는 과정에 있는 상태를 나타낸다. 때때로는 경향을 의미하는 경우도 있다(위키백과).

미국의 유명한 트렌드 전문가인 페이스 팝콘(Faith Popcorn)은 그녀의 저서인 '클릭! 미래 속으로' 에서 트렌드와 유행을 다음과 같이 구분하였다. "일시적 유행(Fad)이란, 시작은 화려하지만, 곧 쓰러져버리는 것으로, 순식간에 돈을 벌고 도망하기 위한 민첩한 속임수와 같은 것이다. 유행(Fad)이란, 인기 있는 힙합 패션같이 특정 제품에 한정되는 말이지만, 트렌드(Trend)는 소비자들이 물건을 사도록 이끄는 원동력에 관한 것이다. 따라서 트렌드란 보다 크고 광범위하다."

트렌드라는 정의는 과거 '트렌드trend' = '방향을 틀다' 라는 의미를 지니며 통계학에서의 트렌드는 곡선의 방향을 나타내는 용어로, 곡선방향이 분명치 않을 때 사용하기도 했다. 사회학에서의 트렌드는 '예측', 받아들일 무엇으로 사용되는 용어였다.

트렌드의 세가지 정의를 살펴보면,

1. 언론분야, 대중잡지의 트렌드 - 최신 유행, 제품소식
2. 패션 및 출판분야의 트렌드 - 트렌드를 창조하는 회사가 수행하는 제품개발
3. 변화과정으로서의 트렌드 - 트렌드 결정자에서 시작하여 주류문화에 편입되는 변화과정으로 그 초기신호에 집중

즉, 트렌드란, '신제품' 을 만드는 '제품개발' 로 인해 생기는 '변화과정' 을 말하며. 이 과정에 어느 부분에 집중하느냐에 따라 다르고 유행, 디자인, 스타일, 감성 이미지, 행위, 취향과도 연관이 된다.

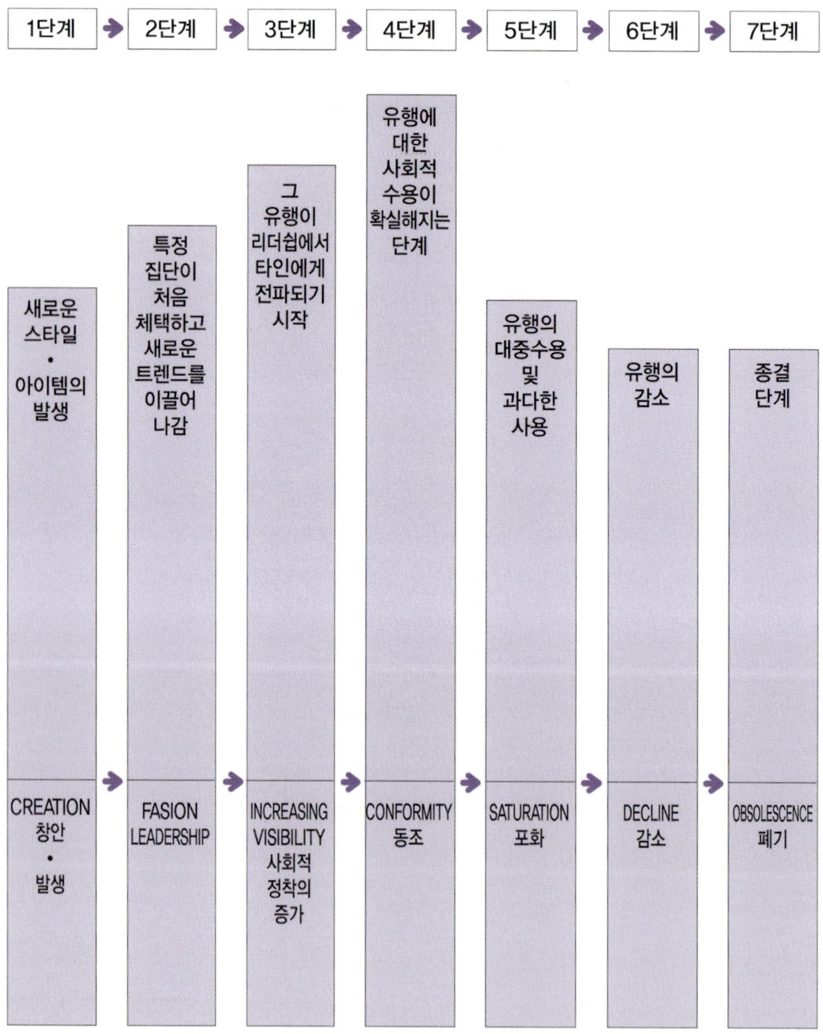

〈트렌드 프로세스〉

트렌드 주기

전형적이고 정상적인 트렌드 주기는 '종형곡선' 과 같은 형태로 이루어진다. 특정 스타일의 수용주기는 시간의 수평축과 소비자 수용, 즉 스타일을 수용하는 사람 수의 수직축에 따라 그래프 형태가 만들어질 수 있는 것이다.

유행주기는 혁신, 상승, 가속, 일반적인 수용, 쇠퇴, 폐기의 6단계로 나뉜다. 6단계 중 혁신과 상승단계는 유행주기의 도입단계 부분으로 이 단계에서, 스타일이 처음으로 시장에 소개되고, 초기 채택자들은 그것을 처음으로 수용하게 되며, 또한 주기의 수용단계에는 가속과 일반적 수용이 포함되어 진다. 이러한 연구자들의 주기표를 참고하여 트렌드에 적합하게 새롭게 전개하여 정리하여 보면 다음과 같다.

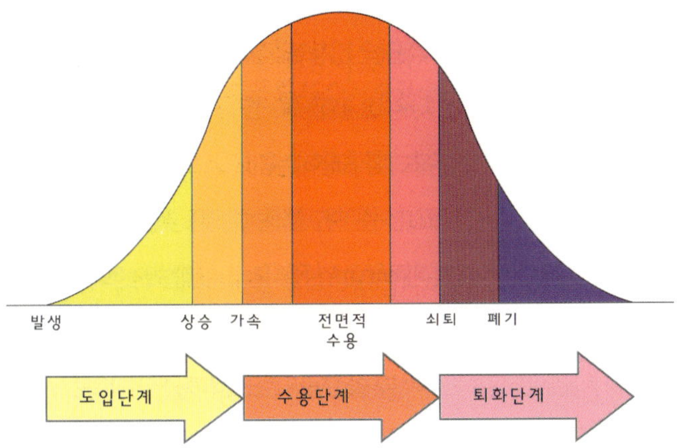

〈트렌드 수용 주기〉

채택주기에 따른 트렌드의 용어정리

(1) 패드(fad)

패드(fad)는 일시적 유행, 혹은 매우 특수화된 짧은 유행으로 기술되는데, Meyersohn과 Katz(1957)는 패드가 종종 극히 '하찮은 것' 으로 간주한다고 지적하였다. 패드가 어떤 하위 특정 집단에 의해 채택되기 위해서는 다음과 같은 두 "라벨" 이 패드에 부여돼야 한다고 주장하였다. 그것은 현상이나 스타일에 명칭이 붙여져야 한다(예, 호모 프롬프트, 디토소비 등).

또 하나로는, 그 스타일은 패드란 라벨이 붙여져야 한다. 어떤 스타일이 최신 유행이라고 명칭 붙여지는 정도에 따라 그 스타일이 부각되는 것처럼 결국 그런 스타일의 생명이 패드로 명칭 붙여진다면 짧게 느껴지기 때문이라는 원리이다.

위 예시의 호모 프롬프트(Rise of 'Homo Promptus')의미를 살펴보면, 프롬프트는 AI에게 원하는 답을 얻어내기 위해 인간이 던지는 질문을 뜻한다. "AI는 프롬프트만큼 똑똑하다." 인간이 어떤 질문을 하느냐에 따라 AI가 내놓는 결과물이 달라지기 때문이다. 이 키워드가 '호모', 즉 인간으로 시작한다는 점에 주목해야 한다. AI 기술이 아무리 뛰어나도, 결국 '화룡점정' 의 역량은 사색과 해석력을 겸비한 인간만의 것이다(김난도, 트렌드 코리아 2024).

또 하나의 예시는 디토소비(Ditto Consumption)이다. "나도"라는 의미의 'Ditto' 가 소비 현장에서 인기를 끌고 있다. 나의 가치관과 취향을 오롯이 반영하는 사람, 콘텐츠, 유통 채널의 선택을 따라 하는 디토소비는 구매 의사결정에 따르는 복잡한 과정과 시간을 건너뛰어 최적의 선택을 할 수 있는 방법이다. 실패의 두려움을 줄이기 위한 손쉬운 방편, 디토소비가 뜬다고 했다.

그 외의 트렌드 코리아 2024에서는 육각형 인간(A spiring to Be a Hexagonal Human)을 제시했다. 즉, 완벽을 꿈꾸는 사람들이 늘어나고 있다는 것이다. 외모, 학력, 자산, 직업, 집안, 성격 등등 모든 것에서 하나도 빠짐이 없는 사람을 뜻하는 '육각형 인간' 은 오늘날 우리 사회가 지향하는 강박적인 완벽함의 반향으로 작용한다. 어차피 닿을 수 없는 목표라면, 포기를 즐기는 놀이이자 타인을 줄 세우기 위한 잣대로 활용하는 것이다. 육각형 인간 트렌드는 계층이동의 사다리가 흔들리는 사회를 살아야 하는 젊은이들의 활력이자 절망이면서 하나의 놀이라고 이 시대의 씁쓸함을 강조했다.

(2) 클래식(classics)

패드가 최신 유행이나 극단적인 스타일을 나타내는 반면, 클래식은 지속적이고, 유행경향을 초월한 고전적인 특정감각으로 기본적이다. 클래식은 아주 적은 변화만이 나타나며 기능적, 안락함, 그리고 다기능적인 특징과 관련이 된다. 다양한 소비자들은 "정상적인" 유행, 패드 혹은 클래식에 대해 다양한 방식으로 반응한다.

(3) 패션트렌드

패션트렌드의 관점에서 본다면 '패션의 유행은 사회적인 그룹 중 상당한 비율의 구성원들에 의해 일시적으로 채택된 의복 스타일로서, 그러한 스타일이 그 시대와 상황에서 사회적으로 합당하다고 지각되기 때문에 채택되는 것이다' 로 정리되어 진다.

패션트렌드(fashion trend)는 패션 사전에서 살펴보면, "패션의 경향이란 뜻으로 그 당시의 패션 동향, 즉 패션이 움직이고 있는 기본적인 라인을 가리킨다." 라고 명시되어 있다. 패션트렌드는 새로운 유행이 이루어지고 있다는 지침서이고 트랜드는 특별한 새로운 실루엣, 재료(패턴, 색채, 질감), 디자인 디테일에 관한 것일 수 있고 다양한 유행품목에 영향을 줄 수 있다.

(4) 마이크로 트렌드(Micro Trend)

마이크로트렌드는 수많은 작은 변화 트렌드를 가리키는 것으로, 현재의 빠르고 다양하며 개별화된 소비자 수요와 움직임을 풀어내는 트렌드 개념이다.

(5) 메가트렌드(Megatrend)

미래학자 존 나이스빗(미,John Naisbitt)박사는 현대사회에서 일어나는 거대한 시대적 조류라고 메가트렌드를 정의하였다. 메가트렌드(Megatrend)는 다양한 분야에서 단기적으로는 10~20년, 장기적으로는 50~100년을 내다보는 대대적인(mega) 변화 흐름(trend)을 지칭하는 장기적이고도 포괄적인 개념으로 세계적 규모의 영향을 미치는 트렌드이기도 하다.

(6) 메타 트렌드(Metatrend)

메타 트렌드는 트렌드 중에서 변화의 속도가 가장 느리고 그 과정이 가장 장기적이며 복잡한 큰 흐름을 말한다. 자연생태계처럼 아주 긴 기간을 두고 변하는 것처럼 30년이상 문화적 개념의 세대를 넘어 지속되는 현상이다. 미래를 이해하기 위해 우리는 두 가지 현상인 추세와 반 추세를 인지해야 한다. 그리고 이것을 초월하는 새로운 메타(Meta) 수준으로 끌어올려야 한다. 역사의 선형성을 대변하는 메가 트렌드와 반대로 메타 트렌드는 다가오는 복잡성의 주체에 해당한다.

과거에 발판을 두고 매우 장기적인 메가트렌드와 달리, 메타트렌드는 미래로부터 우리에게 다가오는 것으로 더 나은 것을 제공한다는 신호로 보여진다. 역사가 그 이름에 합당한 미래로 뻗어나갈 수 있는지를 암시해 주는 메타트렌드를 우리 스스로 인식하려면, 그것을 체계적인 필연성으로 감지하고 과감하게 변신할 줄 알아야 그 속으로 동요되어질 수 있다.

이렇듯 메타트렌드를 파악함이 중요한 것처럼 우리 사회에서 일어나는 거대한 시대적 조류인 메가트렌드를 우리가 어떤 방법으로 활용해 나가느냐도 매우 중요할 것이다.

특히, 메가트렌드의 영역에서 가장 핫한 인공지능분야인 머신 러닝(Machine Learning)의 기술은 대단하다. 1950년대 앨런 튜링(Alan Turing)의 '생각하는 기계' 라는 개념과 함께 사람들의 지적 호기심을 자극하며 세상에 등장한 인공지능(AI)기술력은 수십 년의 세월동안 많은 연구를 거치면서 발전해 왔다. 기계가 스스로 학습하도록 프로그래밍 되어지고 음성인식, 생체인식, 불필요한 요소들에 대한 제거, 자기관리 프로그램, 네트워크, 소셜미디어. 빅데이터 등 우리의 속도로는 따라갈 수 없는 고도화된 지능과 연산능력으로 상상을 초월하는 상황에 이르렀다. 2023년도에 주목받았던 챗GPT(ChatGPT)의 등장과 함께 인공지능기술이 새롭게 부흥한 한 해임을 잊을 수가 없다.

인공지능의 압도적인 성능을 마주한 우리는 앞으로 인공지능을 어떻게 도입하고 활용할지를 고민하게 되었다. 이를 뒷받침하듯 2023년 인공지능 관련 기술 스타트업에 대한 투자는 크게 늘 수밖에 없었다.

스마트사회를 주도하는 ICT와 융합할 수 있는 다종다양한 기술들 즉, 사물인터넷과 스마트폰, 웨어러블 디바이스, 자율 주행 차량, 로봇, 개인의 스마트 워크 등 어느 한 분야만 독자적 기술 발전이 되는 것이 아니라 모든 요소가 연결될 수 있는 초 연계적, 초 융합적 기술로의 환경 변화는 미래를 어떤 방법으로 따라갈 수 있을지 가늠이 안 된다.

트렌드의 4가지 분류

서울대 생활과학연구소 소비트렌드분석센터에서는 지속적인 시간적 길이, 동조하는 소비자의 범위에 따라 트렌드를 4가지 분류로 세분화하여 발표하였다.

1. 마이크로 트렌드(micro-trend)

   단기간 소수의 소비자가 동조하는 작은 변화

2. 패드(fad)

micro-trend보다 동조의 범위가 넓고 지속시간이 조금 더 긴 일시적 유행, 1년 이내 비교적 짧게 지속

3. 트렌드(trend)

단순한 유행을 넘어 1~5년까지 지속, 상당수 소비자의 동조

4. 메가 트렌드(megatrend)

사회 대다수의 동조, 10년 이상 지속되는 경향

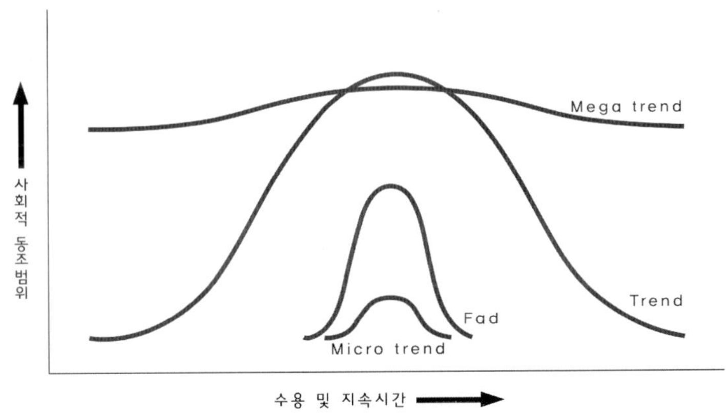

앞으로 우리는, 단기적으로 1년~20년, 길게는 50~100년을 내다보는 메가트렌드의 미래에 대한 효용성을 생각하며 과학기술을 기반으로 경제성장을 넘어 사회문제를 해결하는 것도 중요하나 그 기술력에 지배당하지 않는 우리 삶의 질을 높이는 기술력의 충전이 필요하다.

사회 경제적 부의 양극화 현상, 기후위기변화로 인한 식량난, 예측하지 못하는 바이러스 질병, 개인정보 등 혼돈사회의 안전과 사이버 보안, 대체 환경에너지, 인구구조의 변화, 실업 대책 등 지속적으로 해결가능한가에 대해 우리는 끊임없는 질문과 해답을 찾아야 할 것이다.

미래의 새로운 패러다임을 이끌어 나아갈 수 있도록 창의적 인재교육과 양성에 주력할 수밖에 없다.

트렌드 파악을 위한 기술방법 및 이론

〈트렌드를 파악하는 기술 12가지〉

1. 우리의 관심사가 한 곳으로 집중될 때 트렌드가 형성된다.
2. 다양한 트렌드 결정자들이 활동하는 도시일수록 트렌드결정에 강한 영향력을 발휘한다.
3. 새로운 혁신적 스타일이 두 가지 이상 동시에 등장한다면 트렌드일 가능성이 높다.
4. 유명 인사가 트렌드 결정자일 경우 그가 사용하는 제품은 트렌드가 될 가능성이 높다.
5. 트렌드는 트렌드 선구자와 함께 시작되고 보수적 소비자에게서 끝난다.
6. 영화나 드라마, 예능 프로그램은 트렌드에 막강한 영향력을 행사한다.
7. 종종 주류에 대한 반작용으로 새로운 트렌드가 등장하기도 한다.
8. 스타일의 변화는 추종자와 반감 자로 종종 극과 극으로 움직이기도 한다.
9. 트렌드 결정자들의 스타일과 취향을 안다면 시장을 한발 앞서 선점할 수 있다.
10. 많은 사람이 모방하는 것일수록 트렌드가 될 가능성이 높다.
11. 인터넷 검색순위에서 트렌드가 형성될 수 있다.
12. 영향력을 발휘하려면 시대가 요구하는 신제품개발이 필수적이다.

트렌드에 대한 전략적 다섯 가지 대응방안

1. 과거의 경향, 현재의 징후, 미래를 예측하는 흐름파악이 중요하다.
   미래는 과거의 흔적에서 예측될 수 있기 때문에 1~5년의 주기적 흐름을 인지해야 한다.
2. 분명하고 명확한 브랜드 포지션을 제안해야 한다.
   판매컨셉과 고객의 니즈만족의 두 가지 중요 분야에서 고객감동주의를 확보해야 한다.
3. 고객의 가치를 중요시하는 이노베이션 정신을 추구해야 한다.
   고객의 니즈와 성향을 정확히 이해하기 위해 새로운 도구, 기술, 정보 등을 사용함으로써 성공적인 혁신을 도모해야 한다.
4. 미래지향적인 지적능력을 통해 핵심활동을 최적화해야 한다.
   최첨단 연구분석을 이용해 기본 접근방법을 확대함으로써 핵심기능의 성과를 향상시켜야 한다.

5. 신기술개발을 위한 조직을 재정비해야 한다.

모든 부문에 변화를 수용하고 새로운 기술력의 보완으로 미래를 바라보는 안목이 필수이다.

트렌드 파악을 위한 집단의 유형적 특성 분석

트렌드 확산과정은 6종류의 서로 다른 트렌드 집단이 관련된 사회적 과정이다.

1) 트렌드 결정자(시작) - 젊은 층, 디자이너, 예술가, 부유층, 유명인사, 남성 동성애자, 미래학자, 스타일을 의식하는 하부문화
2) 트렌드 추종자
3) 초기 주류소비자
4) 주류소비자
5) 후기 주류소비자
6) 보수적 소비자(이 단계에서 트렌드는 감소 및 폐기된다.)

트렌드 인식을 위한 핵심적인 요소

1) 인간행동을 변화시키는 신호를 찾아내는 것이 중요하다.
   트렌드 결정자들의 스타일, 취향, 가치관 등 연구가 중요하다.
   트렌드 결정자가 새롭고 혁신적인 스타일을 받아들이는 중요한 이유는 타인에게 자신을 분명하게 인식시키기 위함임을 파악해야 한다.
2) 새로운 트렌드는 본격적 등장전에 서서히 신호를 보낸다.
   이 신호를 미리 예측한 자가 선점할 수 있다.
3) 다양한 제품별 트렌드 확산과정을 미리 파악하고 있어야 한다.
   트렌드 확산 과정의 중요 요소는 관찰과 모방이다. 새로운 스타일이나 디자인이 쉽게 관찰될 경우 확산속도가 빨라지는 원칙을 기억해야 한다.

- 가장 빨리 확산되는 제품범주: 음악
- 화장품: 3~5년
- 의류: 7~10년
- 액세서리: 7~10년
- 홈디자인: 12~18년
- 스포츠장비: 15~20년
- 식품에 대한 취향: 약 25년

4) 트렌드는 시장이므로 트렌드의 패턴파악이 중요요인이다.

- 과거에 트렌드를 창조했던 사람들 파악해야 한다,
- 트렌드가 자주 발생하는 장소를 파악해야 한다.
- 트렌드가 일어나는 이유를 파악하고 분석해야 한다.
- 트렌드의 시작, 성장, 발전의 프로세스 파악해야 한다.
- 과거 사례분석으로 오랜 기간 진화한 트렌드의 변화 가능성은 낮다는 사실을 깨달아야 한다.
- 하나의 트렌드가 발생하면, 그 진화의 시간은 항상 존재한다는 원리를 파악해야 한다.

컬러 마케팅의 시대

(1) 컬러 마케팅이란

컬러 마케팅이란 컬러로 소비자의 구매욕구를 자극하는 마케팅기법으로 기업의 차별화 전략, 감성마케팅 측면에서 필수적인 요소이다. 특히, 제품이나 기업의 특성화된 선택기준으로 트레이드 컬러의 선별은 필수이고 시각적 효과로 독특한 브랜드이미지를 전달하고 또한, 감성을 전달하여 매출창출을 이루기 위한 기본수단인 것이다. 컬러 마케팅전략이 실제 매출증대에 많은 영향력이 좌우됨에 따라 기업에서는 상품기획부터 생산, 사후관리까지 종합적인 컬러 마케팅에 주력하고 있다.

(2) 컬러 마케팅의 배경

① 고객의 라이프스타일 변화

소비자 구매 마케팅에서 생활자 소비 마케팅으로의 전환이 되었다. 라이프스타일의 향상, 가치관의 변화, 삶의 질 추구에 따라 소비자로서의 구매 마케팅에서 생활자로의 소비 마케팅으로의 전환으로 볼 수 있다. 소비자의 다양한 욕구에 따른 세분화 전략이 중요하다. 소비자의 라이프스타일의 변화에 따른 새로운 시장세분화(market segmentation)기준으로써 본질적 효용에서 부가적 효용인 감성, 개성적 표현으로 변화에 민감한 전략제시가 필수가 되었다.

② 소비변혁시대의 새로운 세대 등장

신세대의 독특한 소비형태로 새로운 소비혁명의 시대가 열렸다. 다양한 소비경험, 인터넷을 통한 풍부한 상품정보교류 등 소비의 주체로 변화되어 컬러세대, 개성지향 세대, 패션세대가 등장한 것이다.

② 트레이드 컬러, 퍼스널 컬러의 중요성 대두

개인의 퍼스널 컬러로 이미지 메이킹의 시대를 넘어, 기업의 트레이드 컬러의 시각적 활용성이 확대되고 컬러 세대 소비자들의 컬러 선호도의 변화를 볼 수 있다.

(3) 컬러 마케팅의 성공 3원칙

컬러 마케팅을 성공적으로 이루기 위한 3원칙은 다음과 같다.

① 가치부여의 원칙

컬러는 그 고유의 심리적인 특징이 있다. 컬러심리에 따른 컬러코디네이션을 통하여 특정색의 의미부여 및 스토리텔링을 통한 가치를 부여하여 컬러선정의 차별화된 컨셉을 부여해야 성공적인 컬러 마케팅을 완수할 수 있다. 곧, 컬러 고유의 이미지에 특별한 가치나 아이덴티티를 부여하는 원칙이다.

② 일관성의 원칙

컬러의 감성은 인간의 주관적 현상에 기초하여 심리적인 현상을 제공해 준다. 그 존재성을 주장하기 위하여 컬러가 부여할 수 있는 커뮤니케이션 중요매체를 통하여 일관성을 가지고 반복적으로 오랜 시간을 홍보 및 주입을 통해 소비자들에게 컬러연상작용을 통해 각인시켜 주어야 한다.

③ 트렌드 변화수용의 원칙

급속한 정보화시대에 발 빠르게 대처하기 위해서는 트렌드의 변화에 민감해야 하며 그러기 위해서는 다양한 트렌드변화를 수용하여 이에 적합한 컬러의 컨셉을 신속히 대입시켜야 한다. 곧 트렌드포착의 원칙으로 시대의 흐름을 파악하고 상황에 따라 조화시키는 유연성을 말한다.

(4) 컬러 마케팅의 효과

① 기업 및 브랜드의 이미지 차별화전략 효과

② 소비자의 기억을 연상시키고 홍보를 강화시키는 효과

③ 고객만족의 컬러적 감동을 부여하는 효과

④ 판매촉진의 효과

⑤ 타 기업과의 경쟁력 강화의 효과

⑥ 기업활동촉진의 효과

⑦ 제품이미지의 향상 효과

멀티크리에이터로 살아야 하는 이유

멀티크리에이터로 살아야 하는 이유(위클리 칼럼 원고)

- 장규순 -

지금 우리는 '4차 산업혁명의 거침없는 물결을 넘어 제5차, 6차 산업혁명을 대비해야 하는 시대에 살아가고 있다' 라고 머리 아프게 듣고 있다. 제5차 산업혁명은 미생물, 동물, 식물, 곤충, 종자, 유전자, 환경, 물, 건강 기능성 식품 등 생명과 관련이 있는 산업을 우리 사회의 주력산업으로 만드는 것이라고 말하기도 하며, 이미 시작된 로봇 시대가 우리 삶에 핵심이 되어 인간보다 AI와 로봇에게 모두 넘어가는 상상 초월의 시대가 될 것으로 예측하기도 한다.

코로나바이러스 쇼크로 전 세계의 대유행(팬데믹)이 시작된 것을 보면 확실히 5차 산업혁명시대는 미생물, 동물, 유전자의 변이라는 예측된 모든 기사가 우리에게 점점 강조하듯 큰소리로 들려 온다. 변종 바이러스의 정체가 왜 인류에게 위협으로 다가왔는지 몇 년 전부터 미래학자들의 연구발표를 들었으면서도 우리는 막연히 바라만 보았고 결국, 이 시대에 살아남기 위해서는 아주 특별한 무장전술이 필요한 것만은 사실인 것 같다.

미국의 시사주간지 '더네이션(The Nation)' 은 신종 코로나바이러스 감염증의 세계적 팬데믹이 지나면 국제사회는 세계화의 물결이 지역화로 선회하는 등 일대 변혁이 일어 날 것이라고 전망했다. 어이없게도 최첨단 과학의 시대에 변종 바이러스가 인류의 질병으로 위협의 존재가 되고 이러한 질병으로 인한 재앙은 결국 하늘이 내린 재앙으로 여길 정도로 그 해답을 찾는 것은 쉽지 않다.

그러나 우리는 이 혼란이 지나가면 기다렸다는 듯이 제5차, 6차 산업혁명시대를 맞이해야 할 것이다. 다시 조심스레 우리 시대의 비전에 대해 고민할 수밖에 없을 것이다. 미래학자들은 우리에게는 감성적이고 창의적인 미(美)의 가치를 가상공간 또는 생활공간에서 활용하며 즐기며 상상하는 라이프스타일이 필요할 것이라고 주장하고 있고, 이러한 혁명 시대를 우리가 맞이하려면 기존의 사고와 가치를 넘어서는 예측불허의 상상력과 창의력을 갖춘 융합인재의 필요성이 대두될 수밖에 없다.

이 시대의 트렌드 키워드는 '글로벌 무한경쟁시대로의 변화' 이고, 역시 미래형 인재는 '창조' 로 무장해야 하는 시대가 도래하였다. 이러한 시대가 요구하는 인재유형이 바로 멀티크리에이터(multi creator)이다.

멀티크리에이터(multi creator)는 한 분야를 깊이 있게 다루는 전문가인 스페셜리스트(specialist)만을 얘기하는 것은 아니다. 우리는 예전에 대학에서 전공을 배우고 졸업장을 받게 되면 말 그대로 스페셜리스트로서의 삶을 살아갈 수 있었다. 그 전공의 전문가로서 인정받았었다. 그러나 융합과 창의인재를 중시하는 이 시대에는 한 분야만의 전공을 뛰어넘어 새로운 가능성의 문을 열어야 하는 능력을 우리에게 요구한다. 그래서 함께 성장하는 미래의 실현을 위해 멀티크리에이터(multi creator)로 살아가기 위한 몇 가지 방안을 제안하고자 한다.

첫째, 건강을 위한 다이어트는 열심히 하고 창의력 다이어트는 절대로 하지말자. 우리는 자신도 모르게 창의력 다이어트를 하며 무심히 살아갈 때가 많다. 어린시절부터 창의력교육은 미술시간에 상상화를 그린 것이 전부였기 때문이다. 초, 중, 고를 국어, 영어, 수학 등 주요 과목의 등수대로 줄 세운 그 방식대로 살아왔고 대학의 전공도 본인의 적성보다는 성적에 맞춰 결정하고 살았던 어이없는 우리 세대이다. 창의력이라는 단어는 어느덧 자신도 모르게 관심조차 없이 습관화된 고정관념에 사로잡혀서 먼 나라의 단어처럼 무심히 살아간다. 그러나 우리는 어리든, 젊든, 중년이든, 노년이든 지금 이 시점부터 창의력으로 내 삶을 디자인해야 할 시점에 서 있다. 왜냐하면 우리는 내 몸의 장기도 교체할 정도로 예측불허의 100세 시대를 살아가고 있어서 평생직장 하나만을 의지하기 보다는 새로운 노년을 대비한 일자리 창출을 위해 미리미리 지금부터 창의력으로 준비해야 하기 때문이다.

둘째, 프로 액티브 이미지네이션의 필요를 인식해보자. 프로액티브 이미지네이션은 사전대처적인 상상을 의미하는 것으로 칼 페이스 워지가 주장한 내용이다. 바로, 노력으로 결과를 만들어 내기 위해 전진하는 것, 다음 단계를 예측하고 준비하는 것을 말한다. 여기에는 상상력과 창조성 개발이 필수적이다. 내가 그동안 배웠던 그 모든 지식이 지혜롭게 융합하고 응용하여 미래를 예측하고 앞서 나가지 않으면 도태될 수밖에 없기 때문이다.

셋째, 어크날리지먼트(Acknowledgement) 전략을 활용하자. 어크날리지먼트는 코칭 기술의 일종으로 상대의 존재를 인정하는 행위와 언어를 모두 포함하는 개념을 말하며, 승인을 통해 의욕을 증진시키는 효과를 가지고 있다. 어크날리지먼트는 상대를 인정하고 수용하는 가운데 그 강점 파악하여 역량을 강화시키는 방법으로 전공과 전공의 통합, 업종과 지식의 결합 등 새로운 방법을 모색하는 것이다. 발명과 창조지식산업에서 요구하는 미래인재의 핵심역량은 본인의 전공과 '또 다른 분야' 를 결합하여 스페셜한 본인만의 테마를 설정해야 한다. 여기에서의 '또 다른 분야' 는 미래지향적인 메가트렌드적 흐름에 발맞춘 분야라면 더 좋을 것이다. 또한, 각 분야 전문가들의 네트워크 조성이 매우 중요한 요인으로 작용할 수 있다.

멀티크리에이터로 준비되기 위하여 그래도 우리가 놓치지 말아야 하는 제일 중요한 한 가지가 있다. 바로, '나 자신을 인정하고 사랑하라' 이다. 왜냐하면 자존감과 자신감이 없다면 잠재적인 내 두뇌의 가능성을 나 스스로 막아 버리기 때문이다. 미래를 대비하는 내 비전의 무게와 부피와 디자인은 자존감으로 무장된 나 스스로가 정하는 것이다. 그 무한한 가능성을 잠재우지 않도록 끝없는 내 두뇌의 탐험을 시작해 보자. 오늘부터 내 만의 숨겨진 창의력을 한번 꺼내 보자!!!

- 사단법인 서울시 산학연협력 포럼, 위클리 칼럼 원고(2019년) -

8

Happy 행복 크리에이터

긍정성과 부정성의 감성온도
행복 크리에이터, 멀티 크리에이터
나는 행복 크리에이터인가
행복디자인의 원리
행복의 무게와 부피는 내가 정하는 것

겸손

조금 더 낮아지겠습니다.

내 위에 드리워진 또 다른 나를
다시 엮어 가면서

남의 등 뒤에 고개 내민 커진 나를
다시 어루만지어

교만의 싹이 돋아날 터를
당신의 단비로 닦아내겠습니다.

처음의 나로 되돌아가
벌거벗은 마음으로 새롭게 정립하기를 갈망합니다.

내가 가진 모든 것
당신께서 주신
그 사랑

내 것은 없기에
이 모습 하나뿐입니다.

아니, 내 안에 비추인
당신뿐입니다.

긍정성과 부정성의 감성온도

오늘 우리는 긍정적인 생각과 부정적인 생각 중 어느 친구와 손을 잡을 것인가? 긍정의 손과 부정의 손의 온도는 아마 다를 것이다. 찬 음식을 너무 많이 먹으면 소화력도 약해지고 몸의 온도가 내려간다. 내 생각의 온도 역시 민감하게 반응하지 않을까? 내 머릿속이 부정적이고 화나는 일에 가득 차 있으면 내 심장박동에 평안이 깨지고 신경질적으로 변하거나 우울해질 것이다. 늘 우리는 이러한 선택의 귀로에 서 있게 된다. 이왕이면 나 자신의 평안을 해치는 생각에서 벗어나야 한다. 내 생각은 내 성격으로 본인을 표현해 줄 것이다. 비슷한 문장과 흐름으로 두 가지의 시를 비교해 보았다. 긍정적인 시, 부정적인 시 중에서 나는 오늘 어떤 생각, 어떤 의지로 하루를 시작하고 있는지… 나에게 주어진 일들은 쉽게 변하지 않는다. 그러나 내가 서 있는 이 상황에서 내 마음의 시작이 긍정적인지 부정적인지에 대한 그 선택은 내가 정할 수 있다.

하나가 있어서 행복한 사람이 있고 다섯이 있어도 행복하지 않은 사람이 있다. 몇 개를 가지고 있는지에 대한 세상적인 상대적 빈곤감은 중요하지 않다. 늘 부족해도 만족할 수 있는 내 안에 숨겨진 감사 조각들. 그 기준은 나 스스로 만드는 것이기 때문이다. 세상적인 기준으로 나를 가둬두지 말자. 나에게 없는 것보다 있는 것을 하나하나 찾아보자. 때론 힘들어도 감사의 요소들이 나에게 있다. 힘들어도 눈을 동그랗게 뜨고 하나씩 찾아보자.

긍정적인 시

희 락

장규순(1987)

하늘 향해 던져진 공처럼
터질 듯한 동그란 기쁨들이 톡톡 튀어 다시 내게로 옵니다

하나가 있는 자의 기쁨
그 하나가 없는 자의 기쁨

다섯이 있는 자의 기쁨
그 다섯이 없어도 만족할 수 있는 내 안에 숨겨진 감사 조각들

이 기쁨은 당신에게서 생겨났습니다.
당신을 처음 만난 그때
풋내나던 내 기쁨들을 맛보았고
그 기쁨들이 푹 익어 버린 지금…
있어도 즐겁고
없어도 또한 행복합니다

이 마음 나 혼자 간직하기엔 너무 아쉬워
소리 내어 이 기쁨을 던져 봅니다

당신에게 내어 드린, 내 행복 크기만 한 나라를…

부정적인 시

애통

장규순(2019)

하늘 향해 던져진 공처럼
터질 듯한 동그란 애통함이 톡톡 튀어 나를 향해 쏟아집니다.
하나가 있는 자의 기쁨
왜 난, 그 하나가 없는지

다섯이 있는 자의 기쁨
그 다섯 중 하나조차 찾을 수 없는 나만의 숨겨진 텅 빈 자아

이 애통은 늘 내 마음에 채워져 있습니다

당신을 처음 만난 그때
풋내나던 그 기쁨조차 시련이 되고
이 시련이 푹 익어 버린 지금
난 이미
나를 지워버리고 있습니다

이 마음 나 혼자 간직하기엔 너무 아파서
소리 내어 나를 던져 봅니다

내 존재조차 사라지기를 원하는 내 불행 크기만 한 현실을…
나라는 창살 속에 고립된 나.

위의 시처럼 나 스스로 긍정적인 글과 부정적인 글을 써 보고 객관적으로 비교해 보자. 나 자신에게 진정으로 기쁨을 주고 응원해 주는 글이 어느 편인지 내 눈으로, 내 마음으로 확인해 보자. 아픔만 간직하고 살기에는 이 세상이 너무 짧다. '내 행복 크기만 한 나만의 나라' 가 작아도 좋다. 작음보다는 존재의 유무가 중요하기 때문이다.

행복 크리에이터, 멀티 크리에이터

혹시 행복하십니까? 라고 질문을 받는다면 우리는 뭐라고 대답할까?

그럼요, 행복합니다라고 대답할 이가 몇 명 있을지? 그 순간에 행복한지를 생각하면서 불행하고 힘든 일이 무엇인 지 바로 머릿속에서는 검색하고 있을 것이다. 난 막연히 행복하다고 얘기할 것이다. 왜냐하면 나에게 있는 불행을 헤아려 보기 전에, 그래도 행복한 일을 먼저 떠올리고 싶기 때문이다. 그래서 행복은 감사와 함께 손을 잡고 우리를 열심히 응원해 주는 것 같다. 그래서 행복은 평범하지 않은 보랏빛이 아닐까?

에이브러햄 링컨의 명언 중 '대부분 사람은 결심한 만큼만 행복해진다' 라는 말이 있다. 내가 생각한 만큼, 내가 만든 크기만큼 난 행복해 질 수 있다는 것이다. 오늘부터 그 크기를 바꿔야겠다.

4차 산업혁명시대의 트렌드 키워드는 '글로벌 무한 경쟁시대로의 변화' 이고, 미래형 인재는 '창조' 로 무장해야 하는 시대가 도래하였다. 이렇듯 우리는 어쩔 수 없이 지식정보화의 시대를 거쳐 창조력이 경쟁력의 핵심인 시대에 살고 있다. 이러한 시대가 요구하는 인재 유형이 바로 멀티크리에이터(multi creator)이다. 멀티크리에이터(multi creator)는 한 분야를 깊이 있게 다루는 전문가인 스페셜리스트(specialist)만을 얘기하는 것은 아니다. 멀티스페셜리스트(공선표 저)의 책에서 보면, 스페셜리스트(specialist)는 한 분야의 오래된 경력자라면, 제너럴리스트(generalist)는 조직 내의 다양한 부문에 '경험하며 얻은 지식' 을 가진 경험자이다. 그러나 멀티스페셜리스트(multi specialist)는 다양한 분야와의 '통합에서 나오는 새로운 지식' 을 만들어 내는 자, 즉, 다양한 분야(multi)의 지식을 통합해서 새로운 지식영역을 개척하는 전문가(specialist)를 말한다. 대표적인 멀티스페셜리스트는 예술가, 과학자, 건축, 해부학자, 사상가 등으로 불리고 있는 레오나르도다빈치 같은 직업의 경계를 넘어 새로운 영역을 끊임없이 개척한 인물이라고 말할 수 있다.

우리는 대학에서 전공을 배우고 졸업장을 받게 되면 말 그대로 스페셜리스트로서의 삶을 살았다. 그 전공의 전문가로서 인정을 받게 되었다는 것이다. 그러나 융합의 시대에 있어서 우리는 한 분야만의 전공을 뛰어넘어 새로운 가능성의 문을 열어 보도록 준비해야 한다.

멀티스페셜리스트를 뛰어넘는 멀티 크리에이터의 시대가 열린다. 나는 여기에 한 단계 더 올라서는 '창의력을 생활화하는 행복 크리에이터가 되자' 라고 외치고 싶다. 행복 크리에이터는 제너럴리스트(generalist), 멀티스페셜리스트(multi specialist), 멀티 크리에이터(multi creator)를 뛰어넘는, 오직 창의력으로 새로운 도전을 제시하고 시대가 요구하는 미래지향적인 안목으로 승부할 수 있는, 그 누구도 예측할 수 없는 그 무엇을 열어나가는 창조적 행복인재일 것이다. 바로 여기에 '행복' 은 선택이 아닌 필수적인 기반이 되어야 할 것이다. 행복이 없다면 모든 권력, 명예, 돈, 꿈이 무슨 소용이 있겠는가? 곧, 행복과 새로운 시대를 열어가는 창의력의 융합 속에 행복 크리에이터는 조성되어 질 것이다. 자신의 가치 실현과 꿈과 비전을 행복 속에 이루어 나가는 '행복 크리에이터' 가 되는 길은 어떠한 생각과 삶을 지향하느냐에 따라 자신이 선택할 문제가 아닐까?

나는 행복 크리에이터인가

그럼 나는 행복 크리에이터로 살고있는가? 아니, 그렇게 살아왔는가?

이제는 중년을 훨씬 넘어서는 내 나이가 되었다. 모두가 동감하겠지만 무한 경쟁의 삶 속에서 나는 참 많이도 힘겹게 살았던 것 같다. 누가 나에게 강요한 것도 아닌데… 20대, 30대, 40대 그 시대로, 그 젊은시절로 돌아가라고 한다면 "아… 싫어" 라고 단언할 만큼 너무 힘들게 살아왔다. 교수, 협회장, 동창회장, 학회임원, 자문위원, 심사위원, 특강강사, 재능기부자, 삼 남매의 엄마 등등 그 외 수많은 이름표를 다 생략할지라도 나는, 교수라는 직업과 삼 남매의 엄마, 이 두 가지 만으로도 충분히 버겁게 살아왔다. 그 꽃다운 청춘나이로 다시 돌아가라는데 정말 신기하게도 단호하게 거절하고 싶어질 정도로 난 치열하게 나름대로 살아보려고 노력해 왔다. 현재 서 있는 '나' 를 만든 특별한 보랏빛 사건들을 한번 반추해 보고자 한다.

나를 따라다니는 형사 보디가드

어릴적 내 꿈은 선생님이었다. 어린 내 눈에 비추어진 선생님의 모습은 최고의 모습이었다. 나는 늘 선생님이셨던 아빠를 보며 살았다. 일평생 교수로, 대학총장으로, 최고위원으로, 민주화의 초석으로, 정신문화원 원장으로… 내 아버지(고 장을병 박사)는 너무나 바쁘신 분이셨다. 아무도 경험해 보지 않을 법한 나만의 특별한 경험이 있다. 내가 고등학교 시절인 80년대 초반에는 아침에 일어나 학교에 가려고 집을 나서면 집앞에 신문을 들고 있는 아저씨가 나를 감시하고 있었다. 너무 웃긴 것은 그 누가 봐도 '나는 형사입니다' 라고 신문과 얼굴에 사인펜으로 그린 듯 나를 쳐다보고 있었다. TV 프로그램 수사반장같은 프로그램에 나오는 전형적인 형사의 모습… 나는 '오늘도 출근하셨군요?' 속으로 외치며 학교로 향하면 어김없이 나를 따라다녔다. 방과후엔 내가 어디로 가는지 계속 보디가드처럼 따라다녔다. 형사보디가드? 지금 생각하면 왕실에 공주같은 드라마의 한 장면이었다. 왜냐하면, 아버지는 영화 '서울의 봄' 이 배경이 된 1980년 그 당시 계엄에 저항해 지식인 134인 선언을 주도했다는 이유로 벽보에 붙는 현상범이 되어 숨어 지내야 하셨고, 형사들은 어린 나까지 따라다니며 아버지의 행방을 찾고자 온갖 노력을 다했다. 이렇게 민주화운동의 선봉자로 숨어 지내다가 그 당시 안전기획부로 끌려가신 아버지는 모진

고문을 당하셨다. 아버지의 표현에 의하면 젊은 안기부 직원이 때리고 또 때려서 아버지는 이렇게 외치셨다고 한다.

"젊은 양반. 왜 이리 떼리나…?"

아무 댓가도 없는 암울한 시절에 우리 아버지는 나라를 위하여 자신의 희생은 아무렇지도 않으셨다.

나는 그런 내 아버지를 존경하였다. 아니, 아버지를 존경하는 사람들이 너무 많아서 그분들 때문에 아무것도 몰랐던 어린 나는, 자연스럽게 아버지를 존경하게 된 것 같다. 나는 아버지의 행적을 대학에 가서야 다 듣게 되었고 내 눈으로 확인하며 살아갔다. 이렇게 나라의 민주화를 위하여 바쁘셨던 우리 아버지.! 엄마가 의사가 아니셨다면 우리 가족들은 너무나 힘들게 살았을 것이다. 의사라는 전문인으로 우리 가족들을 넉넉하게 뒷바라지하셨던 엄마로 인해 난 하고 싶은 디자인을 전공하게 되었고 이 디자인의 발상적 훈련이 지금의 교수, 발명가로서의 초석이 되었다고 생각한다.

내 인생에서 가장 한심했던 나

고3 시절 제일 중요한 학력고사, 바로 그날!!! 한심하게도 독한 감기약을 먹고 학력고사를 치른 나는 고3 시절 1년 중 치뤘던 모의고사 성적 중 가장 낮은 점수가 내 앞에 나타났다.

고3 담임선생님은 이런 내 점수를 보고

"규순아, 이게 뭐니? 이런 학생은 처음이다."

어이없다고 나를 쳐다보신 우리 담임선생님의 안타까워하시는 그 눈빛을 한동안 잊을 수가 없었다. 내 마음은 바닥으로 부서져 버렸고 잘하지도 못했던 주제였지만 너무 가슴이 아팠다. 사실 감옥생활을 마치시고 힘들게 사시는 아버지께 한 가닥의 기쁨이라도 드리고 싶었다. 학력고사 날, 내 손을 잡고 고사장에 데려다주시던 아버지의 뒷모습을 잊을 수가 없었기 때문이다. 나는 온통 나 자신에 대한 절망, 자괴감 속에 며칠을 울어야만 했다.

당연히 나는 원하는 대학에 진학하지 못했다. 교고시절에는 디자인으로 유명한 대학에서 개최하는 고교미술실기대회에서 수상도 하였고 졸업 시에는 전교에서 한, 두 명만 주는 미술 특기상을 받기도 하였었는데, 미술 선생님의 강력하신 권유로 늦음에도 불구하고 고2 여름방학 때부터 시작했던 내 미술실력이 결국 이것뿐이었구나. 하는 실망감에 대학입학 후 열심히 공부를 하지도 않았다. 재수하겠다고 하니 부모님은 반대하셨다. 나는 한심하게도 대학 2학년이 되어서야 철이 들어 비로소 공부를 열심히 해야겠다는 생각을 하였다. 그 이후, 대학의 총 8학기 중 내 기억에 6,7학기 정도는 수석을 했던 것 같다. 왜냐하면 학기 초 게시판에는 상위 등수에 따른 이름이 붙어 있었고, 지도 교수님의 과 대표 뽑는 철학이 등수를 반영하여 열심히 하는 학생위주로 선별해야 한다고 하셨기에 매년 과 대표를 뽑을 때마다 칠판에 1등부터 20등까지 순위가 자연스럽게 공개되었다. 기가 막힌 것은 1등부터 20등까지의 이름 중에 여학생은 나 빼고 딱 한 명만 있었다. 그 정도로 복학생들은 열정과 실력을 갖춘 선배들이었다. 그러나 내 이름은 늘 맨 꼭대기 1등에 올라가 있었다. 그런데 이것은 피터지는 역사적 전쟁의 눈물 나는 노력의 결과였다.

여자라는 이유로 차별?

대학 2학년 때에는 방위를 마친 81학번 복학생 형들과 같이 공부했다. 그 당시 대학가에서는 여학생들도 남자 선배들에게 형이라는 호칭을 사용하는 것이 유행이었다. 대학 3학년이 되어서는 80학번 복학생 형들이 대거 등장하였다. 등장까지는 좋았으나, 문제는 80학번 수많은 형들의 실력이었다. 교수님들의 표현에 의하면 역사상 제일 뛰어난 학번이라고 83학번인 나와 내 동기들 눈앞에서 특별히 칭찬하셨다. 내 예상대로 20여 명의 형들과의 끔찍한 학점전쟁이 시작되었다. 그런데 이론이 아닌 디자인 실습수업이 많다 보니 평가는 당연히 교수님들의 특별한 기준의 평가였다. 그런데 난 열심히 했고 칭찬까지 받았는데 잘하는 형들은 A+, 나는 A- 로 늘 성적이 나왔다. 한 학기를 숨죽여 참았다. 그런데 사건이 터지고 말았다. 대학 3학년 때로 기억된다. 수업시간의 결과물로 몇몇 작품은 교수님의 추천으로 그 당시 최고의 공모전이었던 대학미전에 출전하게 되었다. 나는 특선, 다른 형은 입선을 수상하게 되었다. 그런데 성적표에 확인한 결과, 입선을 수상한 형은 A+, 특선을 받은 나는 A- 로 기록되어 있었다. 나는 호흡을 가다듬고 그 성적을 부여하신 교수님께 가서 평가의 공정성을 조심스레 여쭈었다. 남자교수님의 아무렇지도 않다는 듯한 말씀 한마디!

"넌 여자잖아, 시집 잘가면 되잖아. 그러나 남자들은 이 성적으로 취직하고 평생 일해야 해!" 난 이 충격에서 헤어 나오기 힘들었다. 1985년도 그때에는 지금은 상상하기 힘들 정도의 남녀

차별의 시대였고 그 여파가 내 성적에까지 반영되었다.

독하게 훈련받은 내 인생

난 도저히 참을 수가 없었다. 그것도 여자라는 이유에서의 차별이라니. 시작해 보자, 누가 이기나… 나는 힘들게 고생하며 열심히 노력하면서 외부 공모전에 나가서 수상을 해도 늘 여학생에게 제일 높게 주는 A-이 점수가 최고였다. 애초부터 실력이 뛰어나게 입학했었고 더욱이 군대까지 다녀와서 철이 들어 취업전선에 몸담아야 하는 형들을 이기는 것은 악몽 그 자체였다. 나는 여자라는 이유 하나만으로 차별받는 현실에서 살아남기 위해 독함을 선택해야 했다. 디자인 실습으로는 A+을 받을 방법이 없으니 어찌해야 하나. 방법모색에 들어갔다.

아…!!!!!!!! 유레카! 단 한 가지의 방법이 있었다. 그것은 바로, 이론점수였다.

이론점수는 교수님들이 여자라는 이유로 성적을 바꿀 수 없으니까….

나는 디자인론, 디자인사, 인간공학, 영어, 국어, 철학, 심지어는 물리학까지 A+을 받아야 그나마 1등의 반열에 가까이 갈 수 있었다.

재미있는 사건은 디자인론이든, 디자인사 이론 시험이든 이론시험을 치를 때면 여러 명의 형들이 내 주위를 감싸고 앉았다.

"규순아. 가리기 없기다?"

"좋아, 알아서 보셈."

결국, 형들은 시험 끝나고 늘 툴툴거렸다. 내가 시험지를 가린 것이 아니고, 시험문제의 답을 다다다다다. 볼펜 소리 크게 내며 써내려 나가는 내 소리에 기막혀서 떠오르던 답들도 사라진다고 얘기했다. 다시는 내 옆자리에 앉지 않겠다고 중얼거렸다. 그래도 이론시험 중에는 늘 형들 사이에 앉아 시험을 치렀다.

그 와중에 1등을 거머쥔 나는 인간승리 그 자체였다. 이런 어이없는 내 심정을 그 당시 누가 알았을까? 아무도, 그 누구도, 눈치채지 못했을 것이다. 더 화가 났던 것은 83학번 여학생 친구들은 이리 표현하였다.

"왜 교수님들은 여학생 중에 장규순만 예뻐하냐? 어이없다."

그 소리를 듣고 화가 나서 속으로 외쳤다.

"너희도 나처럼 끔찍하게 공부해 봐라. 얼마나 속상한지를… 교수님들은 칭찬 만 해주시고는 성적을 A+아닌 A- 만 주셨어. 너희들은 그것까지는 몰랐을 거다"

나만의 쓴 경험이 내 창의력에 가속도를 일으켰다.

지금에서야 나는 털어놓는다. 내가 독해진 이유를… 이런 분위기 속에서 끊임없이 1등을 한다는 것은 눈물 나게 슬프고 가슴 아픈 기억이었다.

졸업 후 17년 후쯤인가… 교수님들이 장규순만 예뻐한다고 쉽게 한마디를 했던 친구를 전시회에서 만나게 되었다. 그 친구는 나에게 이렇게 얘기했다.

"그렇게 공부열심히 하더니 교수가 되었구나."

이 말에 나는 지금까지 두고두고 고마워한다. 고맙다. 친구야!!! 그런 내 모습을 기억해 줘서….

졸업 후 학교에 놀러갔을 때, 교수님의 말씀에 나는 엄청 기막혔다.

"지금까지 내가 가르친 여학생 중에 가장 독한 학생은 장규순이었다…"

난 후배들에게 소문까지 났던 끔찍이도 독한 여학생이었다.

교수의 꿈 + α

1985년 대학 3학년 때 뉴욕에서 학업과 실무를 겸비하셨던 교수님께서 지도교수로 오시면서 '디스플레이 디자인, 비주얼머천다이징' 수업을 거의 국내 최초로 배우게 되었다. 뉴욕 실무스타일의 프리젠테이션 위주의 수업은 나에게 매우 흥미로운 시간이었다. 교수님의 강의 위주보다는 자료조사와 개인 디자인 연구를 통한 프리젠테이션 방식의 수업은 전날 과제 준비로 2~3시간의 잠을 자고 수업에 참석해도 매우 흥미진진하였던 기억 밖에는 없다. 특별히 발표를 좋아했던 나는 내 순서가 되어 준비해 온 디자인 작품을 발표하면 늘 수업이 그랬듯이 학생들의 날카로운 반박적 질문이 이어지고 내 디자인의 확실한 컨셉을 즉흥적으로 대답할 수 있는 임기응변의 수업이 늘 진행되었었다. 나는 이러한 프리젠테이션하는 시간을 특별히 즐겼었던 기억이 있다. 그래서인지 교수님께서는 나의 발표 시간을 타학생들에 비하여 훨씬 길게 배정해 주셨는데 지금 생각해 보면 그것은 교수님께서 나에게 배려해 주신 특혜였던 것 같다.

이 시간들로 인하여 디자이너는 점을 하나 찍어도, 선을 하나 그어도, 확실한 디자인 컨셉에 따라 구성되어 진다는 내 디자인의 정체성을 확인시키는 훈련의 중요한 계기가 되었다.

대학 3학년 때인 22살 때에는 그 당시 전국 디자인 대학생 학술세미나에 우리 대학을 대표하는 세미나 발표자로 내가 선정되어 '국내 외 쇼윈도우 디스플레이 디자인의 현황분석' 이라는 주제로 발표하였다. 그 당시 세미나 장소 대학이었던 국민대학교에서 내 인생 최초로 300여 명이 넘는 전국의 대학생들의 앞에 서서 1시간 이상 세미나 발표를 하기도 하였다. 이때 아버지께서는 이미 교수로 복직하셨었는데 발표를 앞둔 나를 흐뭇해하시며 내 생애 처음으로 아버지가 직접 사주신 예쁜 옷을 입게 되었고 이것 때문에 즐거운 마음에 세미나 발표를 잘 마친 기억이 있다. 아버지의 기뻐하시던 모습을 지금도 잊을 수가 없다.

대학 4학년이 되어 나는 교생실습을 나갔다. 학과에서 상위 몇%의 학생들에게만 주어졌던 2급 중등교사 과정으로 36학점인가..교직과목을 이수하고 점수를 받으면 사립 중고교에 선생으로 갈수 있는 기회가 주어졌던 시기였다. 교생실습은 내 인생을 바꿔 놓았다. 대학 와서 실력 있는 디자이너를 꿈꾸던 나인데 선생님이 내 적성에 딱 맞는다는 것을 뒤늦게 알았다. 취업 시기에 공부를 잘하던 형들은 삼성, 대우 등 대기업의 디자인실로 모두 취업이 되었고 나는 모든 교수님의 말씀 그대로,

"규순이는 당연히 대학원 가는 거지?" 에 나는 그냥, "아··· 네!!!" 였다.

나는 대학원을 여대로 갔다. 공부하면서 남자들은 끔찍한 나의 경쟁자였고 다시는 쳐다보기도 싫었다. 그 당시에는 결혼까지도 생각이 전혀 없었다. 남자라는 존재만 없으면 속 시원하게 살 것 같았다. 지긋지긋한 남자라는 존재··· 그 당시, 나와 같은 대학원에 가기 위해 우리과 친구는 1년을 학원 다니며 준비를 했는데, 나는 정보만을 가지고 시험을 치러 갔을 때, 교실 한가득 앉아 있는 경쟁자들로 심히··· 걱정을 했지만 다행히 합격을 할 수 있었다.

모두 여자인데 또? 차별?

여대에 입학하고 오리엔테이션을 마치고 수업에 들어갔는데··· 어? 남자들과의 경쟁이 싫어 여대로 왔건만 차별은 또 나를 기다리고 있었다. 학부가 타대생이냐? 아니냐? 였다. 교수님은 내 눈에 보이도록 확연히 차별을 하셨다.

아… 또 시작이군… 나보다 나이 많은 복학생 남자들과의 경쟁에서 살아남은 나는, 대학원에 언니들도 많았지만 그리 어렵지는 않았다. 그 당시 손으로 퍼스펙티브 한 장 그리는 것이 며칠을 걸리는 작업이었는데 나는 밤을 새우며 교수님이 놀라실 정도로 더 많이, 더 완성도가 높게 과제를 항상 준비해 갔다. 한 학기만에 나는 내 존재감, 내 실력을 교수님께 확인시켜 드렸다.

대학원 수업 역시도 프리젠테이션 위주의 수업방식이라 교수님께서는 특별히 나를 인정해 주셨고 한 학기 지나서는 계속 전공대표를 시켜주셨으며 대학원장님이 되셨을 때는 전공동창회장으로 세워 주심으로 이화인으로 25년간 동창회장 일을 맡으며 살았다.

어느덧 석사학위를 마치니 25세… 이렇듯 프리젠테이션하는 것을 좋아했던 나는 25세에 대학강단에서의 첫 강의 기회가 주어졌다. 5년간 열심히 지방까지 다니며 시간강사로 생활했고 졸업전시회 준비까지도 마다하지 않고 열심히 가르쳤으며 개인 디자인 사무실까지 운영했던 나는, 30세에 전임교수로서의 첫발을 내딛게 되었다. 그때, 아버지는 뜻밖의 말씀을 나에게 하셨다. 넌 이름이 교수의 꿈을 키운거야… 학자이셨던 내 아버지는 왜 규순이라는 이름을 그렇게까지 표현하시며 좋아하셨을까?.

아버지는 내 인생의 멘토셨고, 나의 영웅이셨다.

나는 행복한 디자이너

교수가 된 이후에도 끊임없이 디자인 실무활동을 병행해 왔다. 교수로서 디자인을 가르치며 산학협력 디자인 개발 및 산업체 디자인 자문위원활동과 전경련 최고위과정 등 산업체 특강을 계속 했었고 이렇게 디자인 실무를 병행하는 것이 학생들에게 살아 있는 강의로 준비되어 졌다. 사회적기업의 디자인 재능기부 예술가 50인 대표로 활동할 때는 2004년에 살바도르 달리 탄생 100주년 기념 개막 초현실주의 패션쇼 및 전시회에 디자이너로 초대되어 작품을 발표하였고, 2009년에는 ASIA TOP GALLERY HOTEL ART FAIR 행사의 초대 디자이너로 초청되어 아티스트 패션쇼에 작품을 발표하게 되었다. 여러 작품을 의상, 헤어 디자인, 토털 코디네이션 연출 패션쇼로 준비하면서 LED 조명을 의상이나 헤어에 디자인 표현 요소로 접목시켜 차별화된 시각적 연출 효과를 제시하여 많은 갈채를 받았다.

디자이너의 길은 끊임없는 창의력의 행렬

나는 의상, 헤어, 메이크업, 토털 코디네이션 연출뿐만이 아니라 디스플레이 디자인, 인더스트리얼 디자인 등 창의력이 요구되는 그 모든 것들이 나의 디자인의 결과물로 제시되어 예술성 및 조형성을 표현한다는 것이 너무 흥미로웠다. 디자인은 기본원리와 요소, 발상법들의 출발선이 같고, 요구되는 기능성에 부합되는 결과물들만의 차이이기에 내 디자이너의 길은 점점 넓혀져 갔다.

십 여년전의 일이다. 디자이너로 활동하다가 나는 한국공간디자인 총연합회에 협회대표로 참석하여 임원생활을 한 적이 있다. 대한민국 디자인 분야에서 협회장으로, 학회장으로 활동하는 대표급 교수님들과 전문가들의 연합모임이었다. 모임에 참석했을 때, 연세대학교 이연숙 교수님께서 내 앞에 앉아 계셔서 너무나 반가움에 나는 슬그머니 교수님 옆으로 가서 조용히 인사를 드리며 말씀드렸다.

"교수님, 안녕하셨어요? 교수님은 저를 기억 못하실 거예요. 제가 석사논문을 쓰자마자 김길홍 교수님 소개로 협회모임 때 교수님께 드렸었는데… 며칠 후 전화하셔서 20권을 줄 수 있냐고 하셔서 제가 북가좌동 근처 사무실까지 들고 갔었어요, 연대 대학원 수업시간에 사용하신다고 하셨는데…"

그런데 뜻밖의 교수님 말씀을 듣게 되었다.

"아… 기억나네… 장규순 선생…"

그러시면서 내 논문제목까지 기억하셨다. 교수님은 대단한 기억력을 가지고 계셨다.

그 다음의 말씀에 나는 기분이 좋았다.

"장규순 교수가 얼마나 열심히 살았기에 여기서 나랑 회의를 하고 있나?"

나는 그 말씀을 칭찬으로 받아들이고 더 열심히 살고자 노력했다. 그 당시 석사학위 논문을 받자마자 나는 이연숙교수님의 추천의 기회로 그 당시 여러 디자인 학회, 협회가 하나로 연합되는 시점에서 새로운 학회출범의 첫 성과물인 학회 창간호에 내 논문이 게재될 수 있는 기회까지 얻는 기쁨을 누릴 수 있었다. 그 당시 그 학회 창간호 논문게재를 위해 밤새 힘들었던 기억이 있으나 이제 생각하니 참 행복한 추억이다.

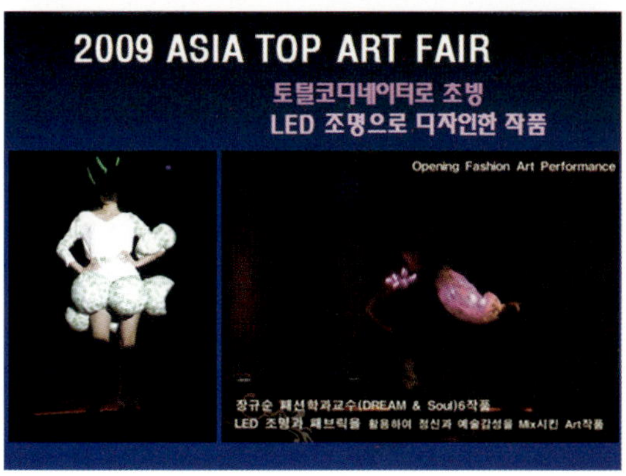

현재, 한국디자인크리에이터협회장으로 일하고 있고, 이 협회는 2013년부터 코로나 전까지 매년 대한민국창의력 공모대전을 개최했었고 대회 준비위원장으로 총괄했었다. 나는 디자인 전체분야와 창의력을 융합시킨 자격증인 디자인크리에이터자격증을 구상하고 조성하여 삼일회계법인과 디자인 자격증을 만들었다. 바로 이 모든 일들과 근본원리들이 특허, 디자인 등록, 실용신안 등 30여 가지의 지식재산권을 취득할 수 있는 원천이 되었던 것 같다.

앞으로 나는 나의 모든 것을 꾸준히 디자인해 나갈 것이며, 어느덧 60세가 되었으나 내 꿈도 꾸준히 디자인해 나갈 것이다.

행복디자인의 원리

내 몸무게를 체중계에 재어 보듯이 나에게 주어진 행복의 무게를 측정한다면 어느 정도일까? 우리는 배고프면 음식을 먹는 것처럼 내 자신의 마음이 허전하다면, 마음이 아프다면, 그 굴레에 사로잡혀 움츠리기보다는 내 뇌가 점점 회색으로 물들기 전에 하늘빛으로 핑크빛으로 전환하는 연습을 해야 한다. 바로 내 뇌를 밝게 만드는 작업. 그 작업의 비결은 나 스스로 터득해야 한다. 내 방법 찾기!. 이것이 제일 중요하겠다. 예를 든다면, 어릴 적부터 기억된 좋은 생각, 감사의 내용, 보고 싶은 얼굴, 행복했던 순간 등등 그러한 기쁨들로 채워져야 한다. 왜냐하면 우리가 살아가는 이 시대는 스트레스와 사건과 사고, 미움, 걱정으로 가득 차 있기 때문이다. 내가 원하는 색으로 칠해지지 않기 때문이다.

여기에 휩쓸리기보다는 나 스스로 정신을 차리고 부정적인 생각보다는 이왕이면 긍정성으로 이겨 나아가야 한다. 억지로라도….

기 승 전 보랏빛으로 항상 특별한 생각을 해야 한다.

창의력의 원리는 디자인의 원리와 동일하다

행복디자인 역시, 디자인의 기본원리에 의거하여 생각해 보고 싶었다. 행복디자인은 모든 것의 조화라는 베이스 위에 감정의 평안에서 오는 통일과 감정의 기복에서 오는 변화라는 두 가지 기본원리로 곰곰이 생각해 보았다. 늘 평안할 수는 없겠지만 그렇게 노력하고자 하는 통일의 기본개념 속에서 생각의 긍정성을 보여주는 균형이 우리에게는 필요한 것 같다. 우리 라이프스타일의 정리정돈격인 비례, 그리고 생활의 안정감을 추구하는 의미에서의 대칭, 리드미컬한 즐거움 속의 일상생활 자체의 규칙적인 반복이 보여 질 수 있지 않을까?

또한, 변화라는 기본개념 속에서 생활의 활력을 주기 위한 긴장감인 강조가 필요하다. 생각의 긍정성과 부정성의 대비-대조, 어쩌다 한 번인 일탈의 비대칭마저도 필요하지 않을까? 리듬 속에는 꿈이 점점 커지는 점진과 나쁜 습관의 교체가 조성되어 우리의 삶을 평화롭게 디자인해야 되지 않을까?

행복을 추구하고 싶을 때, 자연스럽게 이 원리를 떠올리며 생각을 정리해 보면 어떨까?

1. 모든 것의 조화(harmony)

우리는 모든 사람과 시기, 질투, 미움, 괴롭힘 없이 조화롭게 지내면 얼마나 좋을까? 소프라노, 알토, 테너, 베이스가 각자의 위치에서 조화롭게 소리를 내어준다면 듣는 것만으로도 행복할 것이다.

조화는 우리 삶의 디자인에 있어서 근본 원리이다. 조화는 두 가지 이상의 단위나 요소들이 서로 자연스럽게 연관성, 또는 호응성을 주어 완벽한 일체감을 이룰 때를 말하며, 이러한 조화가 완성되었을 때 그 디자인은 최적의 완결성을 가지게 된다. 하나님께서 우리에게 주신 인간의 정신력은 흡수력, 기억력, 추리력, 창의력으로 크게 분류될 수 있다고 연구자들은 얘기한다. 인간 정신력의 조화가 우리 삶의 기초가 되기 때문이다. 그러나 나는 여기에 초능력을 더하고 싶다. 왜냐하면 우리가 미처 알지 못하는 기적 같은 회복과 기쁨들이 솟아나는 가능성으로 우리는 함께 공존하며 살아가기 때문이다. 조금만 생각을 바꾸면 된다.

첫째, 흡수력은 인간의 지각능력인 오감으로 주위사물과 현상을 관찰하고 받아들이는 힘을 말한다. 우리는 죽을 때까지 늘 모든 것을 흡수하며 살아간다. 어린아이가 이 세상에 태어나서 모든 사물을 쳐다보며 머릿속에 담아내는 것처럼 그리고, 엄마라는 단어로 시작된 입이 벌어지며 발음이 되는 언어의 출발처럼 우리는 죽을 때까지 모든 것들을 흡수하며 살아간다.

둘째, 기억력이다. 기억력은 인간의 두뇌를 자극하여 암기하고 생각하는 능력임을 너무나 잘 알고 있다. 단기 기억력에 따라 중, 고등학생 시절 벼락공부를 열심히 했던 기억이 생생하다. 유년시절, 사춘기 시절, 잊지 못할 기억들은 내 삶을 트라우마로 힘들게 하거나 활력을 주거나 알아서 선택한다. 나쁜 기억들은 나의 자존감을 무너뜨리고 상처만 만지게 되니, 이제는 그 상처에서 벗어날 나만의 방법을 모색해야 한다.

셋째, 추리력은 분석하고 판단하는 힘을 말한다. 이 추리력은 이 시대에 가장 중요한 정신력이 될 수 있다. 내가 알고 있는 이론, 그 지식 그대로 살아가는 것이 아닌 그 지식을 어찌 활용하는 가? 어찌 추리하여 결과물을 내놓는가에 의해 우리의 생각과 삶이 달라진다.

넷째, 창의력은 아이디어를 내는 힘, 무에서 유를 창출해 낼 수 있는 능력을 말한다는 것은 누구나 잘 알고 있다.

감사의 초능력을 믿고 살자

그런데 다섯째, 초능력! 초능력은 인간이 느끼는 한계는 분명히 있지만 어느 순간 신체만이 아닌 뇌에서 자극하는 신호에 따라 생각하지 못한 초월적인 능력이 생겨날 수 있다고 나는 믿는다. 왜냐하면 기적은 우리 주위에도 나타나기 때문이다. 내 삶은 늘 기적이다. 아침에 눈을 뜨면 내가 호흡이 있어서 감사하고, 편안히 쉴 수 있는 집이 있어서 감사하고, 내가 아플 때 함께 울어주고 함께 기뻐해 주는 가족과 친구들이 있어서 감사하고… 이 평범한 일상이 우리에게는 초능력이 될 수 있다. 누군가가 말했다 평범하게 사는 것이 가장 힘든 일이라고.! 그래서 우리는 평범함을 감사하는 초능력으로 바꾸며 살아가자. 감사는 내 뇌를 초능력으로 꽃 피우기 때문이다.

특히, 기적 중의 하나인 사랑의 힘은 그 어떤 악한 것도 이겨낼 수 있다. 우리의 정신력인 흡수력과 기억력에 각자의 유익이 되는 것들만 남겨 놓고, 서로의 삶을 서로를 인정하고 이해하는 행복의 원리를 통합한 조화 속에서 평안하게 살았으면 정말 좋겠다.

2. 감정의 평안에서 오는 통일(unity)

나는 통일(unity)을 감정의 평안으로 풀어내고 싶다. 우리의 소원은 통일.! 통일의 의미는 참 다양하다. 사전에 보면, '여럿을 몰아서 하나의 조직 · 체계 아래로 모이게 하는 남북통일이 있고, 서로 연관되어 떨어질 수 없게 하는 말과 행동의 통일이 있다. 디자인 원리의 통일은 바로 다양한 부분을 제시하면서 하나로서도 파악되는 종합과 전체라는 개념의 관계를 의미한다.

나는 이 통일의 의미를 우리네 삶의 평안으로 표현하고 싶다. 왜? 통일은 일정한 형식과 질서를 제공하기 위한 기본원리로써 규칙성의 기반 속에 이루어지기도 하며 다양한 디자인 요소들에 일체감을 주기도 한다. 전체에 대한 통합된 감각, 완전한 총체감, 일관성, 단일성 등의 느낌이다. 우리가 살아가면서 서로에게 이해감을 제공해 주고 그래서 소속감과 공통성을 인정하며 서로 호감으로 작용하는 유기적 관계로 이 개념을 정의하고 싶을 뿐이다. 평안(平安) 은 국어사전에 걱정이나 탈이 없는 것을 말하며, 모든 것이 원만한 상태로 '평강', '평화' 로도 풀이된다. 히브리어로는 '샬롬!' 이기 때문이다. 즉, 평안 속에서 통일이라는 원리는 정리되어 진다. 서로 마음이 하나가 되는 감정의 평안에서 오는 통일(unity)은 우리 생활의 필수적인 요소일 것이다.

3. 감정의 기복, 변화(change)

변화(change)는 삶에서 감정의 기복에 따른 기질에서 출발하지 않을까? 성격적으로 변화와 도전을 좋아하는 사람도 있고, 다르게 지금의 상황에 변화를 주는 것을 부담스러워하거나 평안이 깨어진다고 생각하는 사람들도 있다. 그래서 어찌 보면 기질이 많은 부분에 연계가 되지 않을까?

나에게 주어진 임무가 많아질수록, 내 생활이 너무 바빠질수록 난 성질이 점점 급해지는 것 같다. 어느 날, 남편이 어이없다는 표정으로 얘기했다.

"당신은 좋겠네. 말하고 싶은 내용 다 편하게 쏟아 놓고 혼자 마음 편한 것 보면. 스트레스는 하나도 없을 거야"

나도 모르게 점점 이리 변했구나.? 더욱이 갱년기가 오니 더 그런 것 같다.

그런데 이리 급하게 살다 보니 나도 모르게 내가 살아남기 위한 방법과 수단으로 이리 변한 것 같아 좀 씁쓸하다. 정신을 차려야겠다. 늘 이리 쏟아내고 후회하는 것을 보면, 나 스스로 한심하긴 하다. 감정의 기복은 그리스 의학자 히포크라테스가 구분한 기질의 하나인 다혈질(sanguine, 多血質)을 대표적으로 들 수 있다. 다혈질은 성격이 겉으로 드러나며 외향적인 경우가 많다. 보통 먼저 대화를 시작하고 즉각적인 반응을 드러내며 감정의 변화가 심하다. 큰 소리로 웃거나 대화를 주도하여 주목받는 것을 즐기며 웅변이 뛰어나다. 주변사람과 사물에 대해서 늘 호기심을 가지며 환경에 잘 적응하는 편이다. 바로, 내 얘기다.

히포크라테스는 체액을 혈액·점액·담즙·흑담즙으로 나누고 이 4가지가 적당한 비율로 섞여 있지 않고 어느 하나가 너무 많거나 적으면 불완전한 기질을 갖게 되며, 지배적인 체액에 따라 기질이 결정된다고 보았다. 다혈질은 혈액이 지배적인 체액일 때 나타나는 기질로서 낙천적이어서 좌절하거나 미래에 대하여 두려움을 갖지 않으며 쉽게 과거를 잊는 경우가 많다. 끊임없이 여러 가지 계획을 세워 추진한다. 첫인상이 좋아 사교적이고 다른 사람들에게 진실한 마음을 가지려 한다(네이버 지식백과, 두산백과).

딱 내 기질이다. 그래도 남을 괴롭히거나 뒷 통수를 안치려 매우 노력하며 살고자 하는 편이다. 나는 O형으로 흔히 얘기하는 사교성이 좋고 고집이 세며 감정 기복이 심해 다혈질의 전형적인 기질을 가지고 있다. 살아갈수록 바빠지면 질수록 왜 이리 성질이 급해지는 것일까? 계속 의문이다.

창의력은 변화에 민감해야 한다.

변화는 특정 요소와 사물이 성질, 형태, 상태 등이 바뀌어 달라지는 것을 말하며 서로 다르게 구성되는 디자인 요소로서 통일성에서 오는 단순적인 지루함을 없앨 수 있으므로 시각적 자극효과로 흥미를 느끼게 한다. 꼭 변화를 감정의 기복으로 해석할 수는 없지만 다양성을 추구하고 우리의 삶에도 흥미를 부가시키기 위해서는 이질적인 요소들을 활용하여 다양한 변화를 주어야 한다. 변화되어 가는 생각의 속도는 정보의 속도이고 생각은 혁명이다. 우리 생각에 가속도가 필요한 세상이 되었다.

4. 생각의 긍정성의 균형(balance)

나는 균형(balance)을 생각의 긍정성으로 표현하고 싶다. 학교에서 나랑 친한 선배 교수님이 늘 나에게 하는 말씀이, "장교수는 너무 긍정적이라 때로는 어이가 없을 때가 많네요? 참 신기해" 나도 신기하다. 나에게 일어난 나쁜 일 들이 처음에는 울며불며 괴로워할 수도 있으나 나중에 보면 약이 되고 교훈이 될 때가 많다. 그래서 생각을 바꿨다. 내 생각을 바꾸면 안 좋은 일이 덜 안 좋은 일로 바뀔 때가 많기 때문이다. 나 스스로 그리 만들게 되는 사실이다. 운전하다가 다른 생각을 했는지, 다른 길로 나가게 되었다.

'아. 늦었는데, 한심한 바보!!' 하면서 내 머리에 꿀밤을 주어도 난 늘 생각을 바꾼다.

'그래. 그 길로 갔으면 지금 돌아가는 이 길보다 더 막혔을 거야. 그래, 그럴 거야'

말도 안 되지만 어찌하겠는가? 내 실수로 내가 선택했으니 그리라도 생각을 바꿔야지, 안 바꾸면 내 속이 더 뒤집히는 것일 뿐.

창의력은 미학적인 균형을 추구한다.

균형은 역학적·물리학적인 용어로서, 수평 또는 수직인 하나의 축이나 점을 중심으로 하여 그 양쪽이 균등하게 배분된 상태를 말한다. 디자인에서의 균형은 무게나 힘의 관계에서 말하는 역학적 물리학적 균형의 효과와 함께 안정감을 주기 위한 시각적인 평형적 균형, 곧, 심리에 자극되어 발생하는 감각의 미학적인 균형을 추구하게 된다. 이러한 감각의 미학적인 균형을 추구함 속에 생각의 긍정성의 균형(balance)은 우리의 삶을 윤택하게 만들고 나를 평안으로 이끈다. 결국, 내 생각이 나를 움직인다.

5. 라이프스타일의 정리 정돈인 비례(proportion)

난 비례(proportion)를 라이프스타일의 정리 정돈으로 정리를 하고 싶다. 그 이유는 부분과 전체의 관계성에서 바라보기 때문이다. 각 요소의 관계, 부분과 부분 또는 부분과 전체와의 길이나 면적의 수량적 관계의 대비효과를 비례라고 하며, 비율(ratio)이라고도 부른다. 원래 영어 proportion의 유래는 라틴어의 proportio에서 나온 것으로, 그리스 · 로마 시대에는 symmetry와 같은 의미로 사용되어 왔다. 비율은 대칭보다 더 확실한 수적인 질서를 유지하므로 주로 길이에 대한 것을 비례라고 지칭하게 되었다.

창의력은 비례(proportion)에서 시작된다.

이상적인 비례 관계는 예전부터 공식화되어 디자인의 기본원리로 사용해 왔는데 특히, 황금분할이 그 대표적인 예이다. 우리의 삶도 황금 분할처럼 그 어떤 시각에도 평안과 정리 정돈을 주는 비례(proportion)감이 매우 중요하지 않을까?

6. 생활의 안정감인 대칭(symmetry)

대칭은 비대칭에 비하여 안정적인 균형감을 가진다. 그래서 나는 대칭(symmetry)을 생활의 안정감으로 표현하고 싶다. 헤어스타일에서 5:5와 2:8의 가르마는 느낌부터가 다르다. 물건을 진열할 때도 그림을 그릴 때도 5:5는 안정감이 있다. 반반이기 때문이다. 양쪽의 값이 동일하기 때문에 시각적으로 그렇게 느껴진다. 대칭을 뜻하는 영어의 symmetry의 유래는 고대 그리스어인 symmetria로서, 서로 대응하는 각 부분이 어떤 점이나 직선 또는 면 등을 개입시켜 서로 동일한 거리에 배치된 상태, 또는, 사물의 크기가 어떤 공통된 척도로 측정할 수 있는 상태를 말하며, 어느 기준에 대해 일정한 비율을 유지하는 미적 조화를 의미하는 것이다. 생활의 안정감이라고 할 수 있는 대칭(symmetry)은 일정한 규칙을 유지하는 미적 조화가 필요한 것처럼 우리의 생활에도 정리된 미적 비율이 필요하다. 그 정리된 미적 비율은 내가 지정하기 나름이겠지만. 그러나 여기에서 중요한 것은 반반의 개념보다 안정이라는 것이다.

대칭이라는 것은 생활의 안정과 올바른 판단에 따른 분배에서 오는 평안이 아닐까?

7. 일상생활의 규칙적인 반복(repetition)

내 삶은 1년을 봄, 여름, 가을, 겨울보다는 1학기, 여름방학, 수시모집, 2학기, 겨울방학, 정시모집!! 이리 구분되어 살아가고 있다. 내 삶의 패턴이 이리 그려지고 있고 이 기준에 따라 삶이 반복되고 움직여진다.

반복(repetition)은 일상생활의 규칙적인 부분이 될 수 있으나 그 출발은 리듬 속의 규칙성, 그 규칙에서 오는 즐거움으로 표현하고 싶다. 반복은 우리의 일상생활이나 자연이 가진 질서중에서 가장 기본적이고 보편화된 요소라고 할 수 있다. 디자인에서 요소를 서로 반복함으로써 리듬을 만들어 낼 수 있는데 이것을 리듬의 반복 현상이라고 한다. 이 반복은 디자인 요소를 동일한 양, 동일한 간격으로 일정하게 되풀이하여 동적인 리듬감을 느끼게 하는 것이다.

반복의 효과로 인하여 발생하는 미적·정서적 효과는 어떠한 요소를 반복하느냐, 또 어떤 방법으로 반복하느냐에 따라 변화의 다양성을 줄 수 있고 또 정반대의 효과를 나타내기도 하는데, 이러한 반복을 획일성 반복과 변화성 반복으로 나누어 생각할 필요가 있다.

획일성 반복(exact repetition)은 ㅇ, ㅇ, ㅇ과 같이 규칙적이고 일정한 원칙 및 요소대로 단순하게 표현되는 것이다. 이것은 매우 단조로움으로만 보여질 수 있으나, 그 반면에는 강한 통일성과 강조성의 효과를 줄 수 있다. 변화성 반복(varied repetition)은 어떤 요소나 주제가 둘 이상의 형태나 성질이 반복되거나 또는 변화시킴으로써 이루어지는 것이다. 그 대표적인 예로는 자연의 눈(雪)

의 결정체인데, 이것은 모두 6각형을 이루는 반복의 질서를 가지고 있으면서도 다양한 엄청난 수의 결정체들은 어느 하나도 동일한 것이 없다고 한다. 즉 하나의 단위는 반복되고 있으나 그 단위의 형태, 방향, 크기 등은 모두가 다른 것을 파악할 수 있다. 우리의 삶 속에도 이러한 획일성 반복(exact repetition)과 변화성 반복(varied repetition)의 적절한 선택이 필요할 것이다. 그래서 내가 시작한 교수창업의 업무가 이러한 획일적인 반복에서 변화성 반복으로 변화할 수 있는 즐거움을 제공해 주는 계기가 되었다.

8. 생활의 활력을 주기 위한 긴장감인 강조(emphasis)

강조(emphasis)를 변화라는 기본개념 속에서 생활의 활력을 주기 위한 긴장감으로 풀어 보고 싶다. 한 가지 분야만을 고집하고 살기에는 인생은 너무 길다. 길고 긴 인생에는 터닝 포인트가 반드시 존재한다고 믿는다. 변화라는 생각의 가속도를 가지다 보면 우리에게는 기회가 온다. 세상에서 성공하려면 언제 어느 때에 다가 올지 모르는 '기회' 를 잡는 순이라고 필자는 믿고 있다. 중요한 것은 예측할 수 없는 때에 오는 기회를 잡기 위해 항상 준비해야 한다는 것이다.

지혜로운 사람은 그 기회를 절대로 놓치지 않고, 또한, 터닝 포인트의 기회조차 직접 만들어 낼 수도 있을 것이다. 다양한 상황으로 자신을 실험해 보고 자신의 가능성을 수시로 확인하라.

창의적인 혁신가는 실수에서도 남이 발견할 수 없는 기회를 찾을 수 있다.

주위를 집중시키고 관심과 흥미를 유발하기 위해서는 한 부분이 다른 부분에 비하여 더 특별하게 돋보이도록 디자인에 적용하는 원리를 강조라고 한다. 그러나 강조의 중심점은 하나의 핵에서 파생되어야 하며 둘 이상일 경우에는 서로 혼란을 야기하기 때문에 강조의 효과를 기대할 수 없다. 그러므로 중심적인 역할과 이를 보충하는 종속적인 역할의 배분을 고려해야 한다.

강조의 효과적인 방법으로는 서로 다른 요소들을 대립시켜 강조성을 부각시키는 대비, 어느 한 곳으로 점층적으로 모이게 하는 집중, 각 요소를 핵심과 종속의 관계로 연결하여 한 부분이 다른 부분보다 두드러지게 하는 우세 등이 있다. 이러한 집중과 우세의 특성을 보여주는 삶의 방식이 중요할 것이다.

9. 긍정성과 부정성의 대비(contrast)

우리네 삶의 대비(contrast)를 긍정성과 부정성의 대비로 생각하고 싶다. 현저한 차이를 보이는 다른 성질의 두 가지의 요소를 동시에 비교하여 어떤 특성을 강조하는 디자인적인 원리를 대비, 또는 대조라고 한다. 일반적으로 서로 이질적인 요소인 수직과 수평, 큰 것과 작은 것, 상승과 하강 등 두 가지의 의미를 대비시킬 때는 성질이 하나만 있을 때 보다 더 강하게 보이고 서로 강조되는 특성이 있다. 우리의 꿈을 이루기 위해서는 약간의 긍정성과 부정성의 대비(contrast), 상승과 하강 등 두 가지의 의미를 담는 삶의 지혜가 필요하다.

우리의 뇌는 좌뇌적 사고와 우뇌적 사고를 하며 살아간다. 노벨상 수상자인 정신 생물학자 로저 스페리(Roger Sperry)의 연구에서 비롯된 '좌뇌' 와 '우뇌' 의 사고 개념에 대해서 살펴보면, 폭넓게 자리를 잡고 있는 좌뇌는 객관적이고, 분석적이며, 논리적인 반구로서 정보를 순차적으로 처리하고, 전체가 아닌 개별적인 부분에 초점을 맞춘다. 그래서, 좌뇌는 논리적이다. 반면에 우뇌는 주관적이고, 직관적이며, 활동적인 반구이다. 우뇌는 정보를 무작위로 바라보며, 부분이 아닌 전체를 받아들인다(케이 엘리슨, 장여경, "유쾌한 두뇌 샤워", 가산 출판사).

좌뇌적 사고는 논리적 사고이고 과학적이며 결론이 비슷하다. 이에 비해 우뇌적 사고는 직관력이 강하고 예술적이며 각 사람에 따라서 다양한 결과를 도출해 낼 수 있다. 이러한 뇌의 신비한 사고에 따라 두 가지의 차이를 인정하고 수용하며 그 차이를 뛰어넘어 새로운 트렌드에 의미를 담는 삶의 대비를 인정하는 응용력이 필요하다. 생각의 긍정성으로서의 균형(balance)을 앞에서 기술한 것처럼 우리는 긍정성과 부정성의 대비를 먼저 인정한 후 이에 따라 적절히 분배해야 하겠다.

10. 일탈의 비대칭(asymmetry)

비대칭(asymmetry)을 생활에의 일탈로 흥미를 더해 표현해 보았다.

비대칭은 대칭과는 달리 미적인 요소나 형태, 그 자체로는 균형감은 없지만, 시각적인 특성적 통합에 의해 균형감 및 조화를 이룬 것을 말한다. 그래서 대칭보다는 동적인 감각과 변화를 불러일으킨다. 곧, 하나의 축을 중심으로 상하좌우에 서로 다른 형태나 무게, 크기를 배열하면 한쪽이 기울어져 평형감각이 깨어져 불안감을 줄 수 있으나 상황에 따라서는 여백의 아름다움 등 미적인 균형 감각이 이루어지기도 하는데 이러한 상태를 비대칭이라고 말한다.

창의력은 일탈이다.

우리는 생활에 지루함과 무력함을 느낄 때 일탈을 꿈꾸기도 한다. 늘 해왔던 일상생활에서 벗어나 안 하던 행동, 특별한 것에 대한 도전이 필요할 수도 있다. 때로는 부담스러운 값비싼 레스토랑에 가서 식사해 보거나, 상상도 못 했던 매니큐어 색상이나 립스틱 색상을 구매한다거나, 메인 식사보다 더 비싼 디저트 카페를 순회한다거나, 입을 수도 없는 야한 수영복을 쇼핑한다거나. 그동안 누리지 못했던 다른 것에 관한 연구가 필요할 순간이 올 수 있다. 내 삶에 활력을 위해서… 이렇게 비대칭만의 묘한 매력이 있다. 적절한 임팩트가 있는 나만의 생활의 색깔이 필요하다.

11. 나쁜 습관의 교대(alternation)또는 교체

교대(alternation)또는 교체의 원리를 나쁜 습관의 교대(alternation)로 생각해 보았다. 교대는 두 가지 이상의 요소나 특성이 앞뒤나 좌우, 상하 등 서로 엇갈린 반복 또는, 규칙적인 반복을 통해 일련의 교체를 이루는 것을 말한다. 곧, ㄱ, ㅅ, ㄱ, ㅅ,이다. 이러한 교대를 위해서는 최소한 두 가지의 단위가 반복되어야 하기 때문에 이들 요소에는 대비적 효과가 이루어질 수 있다.

우리 삶의 나쁜 습관의 교대(alternation)또는 교체는 너무 필요하다. 어크날리지먼트(Acknowledgement)는 코칭기술의 일종으로 상대의 존재를 인정하는 행위와 언어를 모두 포함하는 개념을 말하며, 승인을 통해 의욕을 증진시키는 효과를 가지고 있다. 어크날리지먼트 전략은 상대를 인정하고 수용하는 가운데 그 강점파악하여 역량을 강화시키는 방법으로 전공과 전공의 통합, 업종과 지식의 결합 등 새로운 방법을 모색하는 것이다.

발명과 창조지식산업에서 요구하는 미래인재의 핵심역량은 본인의 전공과 나 스스로가 흥미롭게 생각하는 '또 다른 분야' 를 결합하여 스페셜한 본인만의 테마를 설정해야 한다. 여기에서의 '또 다른 분야' 는 미래지향적인 메가트렌드적 흐름에 발맞춘 분야이면 더 좋을 것이다. 또한, 각 분야 전문가들의 네트워크 조성이 매우 중요한 요인으로 작용할 수 있다. 남을 인정하기 위해서는 나에게 자리잡고 있는 교만이나 고집, 부정성 등 나쁜 습관의 교대(alternation) 또는 교체가 필요하다.

내 삶에 불필요한 요소들, 나 스스로 또는 남에게 불편함을 주는 원인을 찾아보고 대담하게 교체하자. 왜냐하면 이 세상은 나 혼자만의 세상이 아니기 때문이다.

12. 꿈의 크기인 점진(gradation)

난 특별히 점진(gradation)의 표현을 무지 좋아한다. 특히, 컬러의 점진을 자주 응용하며 디자인에 접목시킨다. 점진은 교체를 시도할 때 그 변화를 자연스럽게 교체해 주는 방법이기도 하다.

반복이 리듬의 단순한 되풀이라면, 점진, 점이(漸移)는 점차적인 리듬의 단계적 효과를 나타낸다는 것이 그 특징이다. 그러므로 단순한 요소의 반복에 비해 점이의 특징은 형태, 크기, 밀도, 강도, 컬러 등 큰 것에서 작은 것으로, 또는 연한것에서 진한 것으로, 좁은 것에서 넓은 것으로, 아니면, 그 반대로 변화를 주는 것이므로 변화와 흥미를 유발하는 힘이 더 크다.

내 꿈의 그라데이션을 느껴보자

점진은 순서대로 조금씩 나아가는 것으로 점진의 효과는 원근의 효과를 나타내는 시각적인 특성이 있고, 점이는 차차 옮아가는 것으로 점층적인 변화, 리듬감, 운동성, 생명력을 내포하기 있기 때문에 디자인 표현수단의 중요한 요소이다. 꿈의 크기인 점진(gradation)을 느껴보자. 내 꿈에 따라 성취감이 점점 그라데이션이 된다면 우리는 내가 예측하지 못했던 원하는 그 자리에 도달해 있을 것이다.

13. 변화적 통일

디자인의 원리 중에는 변화, 그리고 통일이 있다. 변화와 통일은 서로 분리할 수 없는 관계적 요소이고 매우 중요하다. 필요 이상의 다양한 변화에서 통일이라는 질서와 완결성이 없다면 전체적 구성이 복잡하고 산만해질 것이며 주체성이 상실될 수도 있다. 반면에 통일에 너무 치중하면 지루하고 단조로울 수 있다. 상황에 따른 효과적인 변화는 통일의 영역을 침해하지 않는 한도 내에서 융합되어져야 그 변화의 중요가치를 얻을 수 있다.

변화와 통일의 균형감이 중요

변화적 통일은 이질적인 두 가지 이상의 요소들을 대립시킴으로써 시각적인 효과를 강조한 주종관계를 파악하여 통일성을 이끌어내는 방법을 말한다. 대부분의 시선은 대상이 강한부분이나 변화가 있는 부분으로 향하게 되고 그것을 중심으로 집중하는 작용이 일어나는 원리를 항상 고려하여 응용해야 한다.

우리의 삶에 통일을 너무 강조하면 단조롭게 보여 질 수 있으며, 통일감이 부족하면 산만하고 조화로운 요소가 분산될 수 있으므로 변화적 통일감은 매우 중요하다. 프로 액티브 이미지네이션은 사전대처적인 상상을 의미하는 것으로 바로, 노력으로 결과를 만들어 내기 위해 전진하는 것, 다음 단계를 예측하고 준비하는 것을 말한다. 여기에는 상상력과 창조성 개발이 필수적이다. 미래를 예측하고 이에 따라 앞서 나가지 않으면 도태될 수밖에 없는 정보화사회에 살아가고 있기 때문이다. 전문가 네트워크의 조성과 활용도 매우 중요한 도움의 역할을 할 것이다. 변화적 통일이 정말 필요한 요즘이다.

14. 생활 속의 리듬(rhythm)

리듬은 변화와 흥미를 제공하는 중요한 디자인의 원리로, 각 요소를 일정한 간격을 두고 체계적으로 배치했을 경우에 발생하는 진행적인 힘과 주위시선을 집중시키는 효과를 통해 움직임을 표현하는 시각적인 율동(visual movement)이다. 리듬은 운동감을 느끼게 하는 동적인 원리이며 또한, 방향성의 효과를 주기 때문에 방향의 원리이기도 하다. 기쁨, 행복은 이러한 리듬감의 시작이다.

행복의 무게와 부피는 내가 정하는 것

행복은 곧 성공일까? 성공하지 않아도 행복하게 사는 이가 있고 성공해도 행복하지 않은 이가 있다. 우리가 생각하는 공식과는 다른 행복의 조건들이 너무 많다.

내가 살아보니 행복은 성적순이 아니고 성공도 꼭 성적순만은 아니었다. 나는 늘 학생들에게 얘기한다. 내가 살아보니 성공은 성적순만은 아니지만, 그 성공은 바로 기회를 잡는 사람의 순이다. 그 기회를 잡으려면 나는 준비가 되어 있어야만 그 기회를 내 기회로 만들 수 있다. 인생은 살다 보면 무수한 기회들이 있다. 그러나 기막힌 기회들이 나에게 오지 않는다. 왜냐하면 난 그 조건과 거리가 멀기 때문이다. 그 거리를 좁히기 위해 항상 자신에게 주어진 작은 일이라도 최선을 다해야 한다. 내가 학생이라면, 공부를 해야 하는 상황이라면, 노력해야 한다. 최고가 아니라 최선이다. 왜냐하면 그 기회는 또 나에게 다가오지 않을 수 있기 때문이다.

행복은 내 손안에 있소이다.

에이브러햄 링컨의 명언 중 하나가 '대부분 사람은 마음먹은 만큼 행복해진다' 가 있다. 나는 강의 중에 이 내용을 많이 인용한다. 우리가 너무나 잘 알고 있는 링컨 대통령. 미국에서 역대 미국 대통령 중 가장 위대한 인물을 조사한 결과 16대 대통령인 에이브러햄 링컨이 종합 1위를 차지했다. 업적과 위기관리능력, 성격과 도덕성에서 1위를 차지했으며, 지도력과 정치력에서는 루스벨트에 이어 2위를 차지했다. 우리는 흔히 링컨을 남북전쟁에 승리하여 미합중국을 유지하고 노예를 해방시킨 인물로만 기억하고 있지만 그는 민주주의를 웅변한 연설가였고, 전쟁중에도 끊임없이 유머를 구사했던 넉넉한 인품의 소유자였다.

링컨의 유머일화는 유명하다

"나는 선거에서 실패했다는 소식을 듣고 곧바로 음식점으로 달려갔습니다. 그리고는 배가 터질 정도로 많이 먹었죠. 그 다음 이발소에 가서 머리를 곱게 다듬고 기름도 듬뿍 발랐습니다. 그리고 이렇게 생각했습니다. '이제 아마도 나를 실패한 사람으로 보지 않을 것이다. 왜냐하면 난 지금 다시 시작했으니까 말이다.' 배가 든든하고 머리가 단정하니 걸음걸이는 당당했고 목소리에는 힘이 넘쳤습니다. 그렇게 힘을 내어 다시 시작했습니다".

링컨의 일생은 실패의 연속이었다. 어렸을 때는 지독한 가난이 그를 괴롭혔고, 스물두 살 때 집을 떠난 링컨은 뱃사공, 가게 점원, 장사꾼, 우체국장, 측량기사 등으로 일하면서도 책을 손에서 놓지 않고 지독한 열성으로 주경야독했다. 스물다섯 살 때 법조인이 되기로 결심한 이후에도 링컨은 철저히 독학할 수밖에 없었다. 20대 때는 야심차게 시작한 사업이 망해 파산자 신세가 된다. 빚을 갚기 위해 고생하던 중에는 그의 약혼자가 갑작스럽게 죽어버리는 충격적인 일도 겪게 되고 변호사로 일하면서 정치에 꿈을 품은 링컨은 선거에 출마하지만, 줄줄이 낙선… 그는 마치 실패와 불행을 부르는 사람처럼 보였다. 그러나 그는 '실패자' 가 아니었다. 비록 실패를 겪었지만, 곧바로 다시 일어났던 링컨은 드디어 52세의 나이로 미국의 제16대 대통령의 자리에 오른다. 다시 일어나는 힘, 회복탄력성. 보통 실패를 여러 번 겪고 나면 힘을 잃고 부정적인 생각이 떠오르기 마련이지만 링컨의 긍정성은 다음엔 성공할 수 있다고 생각하고 다시 도전하는 의지였다.

링컨의 위기관리 능력과 긍정성은 바로, 행복의 근원이 되었던 것 같다.

행복은 내 손안에 있다. 나 스스로가 행복의 무게와 부피를 정할 수 있다. 내 몸무게는 나 스스로 만들어 나가는 의지에 따른 것처럼 내 몸의 부정적 콜레스테롤, 건강을 해치는 체지방을 운동으로 승화시켜 태워버리는 것처럼 내 행복도 나 스스로 만들어 나갈 수가 있다. 그래서 행복의 무게와 부피는 내가 정하는 것이다.

내 행복은 바로 내 손안에 있소이다.

9
Image Makeing
나를 디자인하기

이미지 메이킹, 나부터
퍼스널 아이덴티티, 나에게 어울리는 퍼스널 컬러찾기
패션코디네이션의 연출방법
컬러코디네이션 기법 35계명
나만의 페르소나 만들기
컬러코디네이션의 원리와 방법

메이크 업

피부는 어김없이 나이로 그려지고
내 얼굴은 오늘도 어김없이 나이를 셈한다.

숨기려 해도 드러나는
또 다른 나를 기쁨으로 바르는데
밝은 곳은 더 밝게
붉은 곳은 더 붉게
하루에 한 번 연출가 되어
도전해 보는 조화를 위한 작업

나를 위한 변신,
디자인 씽킹

끝없이 채색해야 할
내 얼굴
내 마음
내 나이

그래도 나는 어김없이 나일 뿐…

이미지 메이킹, 나부터

우리는 기업이나 브랜드 이미지의 시대뿐만이 아닌 개인 이미지를 계발하는 퍼스널 아이덴티티 표현의 시대에 살아간다. 트렌드 변화에 따른 디자인적 사고와 감각적이고 독창적인 컨셉을 바탕으로 경쟁력 있는 이미지 메이킹은 이 시대의 필수적인 요소로 등장하였다. 나는 과연 이미지 메이킹에 관심이 있는가? 열심히 노력해 보고 있는가? 아니면 구경만 하고 있는가?

이미지 메이킹

이미지 메이킹이란? 자신이 원하는 바람직한 상을 정해놓고 그 이미지를 현실화하기 위하여 미적인 능력과 심적인 잠재된 능력을 최대한 발휘하여 조성해 나가는 의도적인 변화과정이다. 이 정의를 살려 지금부터 이미지 메이킹을 시작해 보자.

이미지 연출의 기본요소

신체 변형(Body Modification)

- 신체(Body)의 변형: 체중 감량, 건강 관리
- 컬러(color)의 변형: 메이크업, 헤어컬러링, 썬텐, 매니큐어, 문신 등
- 질감(texture)의 변형: 피부관리, 퍼머 등
- 형태(shape)의 변형: 헤어스타일, 체형, 수염 등

외모변화: 패션 스타일, 패션 액세서리

첫인상이 중요

이미지 메이킹에 있어서 첫인상은 매우 중요하다. 알포트(gardon allport)는 처음 만나는 30초 이내에 이미지가 형성된다고 주장하였다. 짧은 시간 내에 나이, 직업, 사회계층뿐만이 아닌 성격, 성실성, 신뢰, 우월감 등이 판단가능하다고 주장하였다. 이것은 만난 지 7~15초 이내 이미지를 파악하는 스냅스(snaps) 현상의 일종이다. 나의 경쟁력 있는 이미지는 우리 생각보다 훨씬 더

중요하다.

이미지는 시각을 통한 첫인상에 의하여 결정되는 외형적인 요인과 한 개인의 가치관과 사고방식, 예의, 교양 및 지식수준, 라이프스타일에 의한 내면적인 요인이 있다. 첫인상에서 보여지는 외모는 심리학적인 인상형성에 가장 중요한 부분이 된다. 언어로 표현하기 어려운 정서나 감정, 그리고 연륜을 시각적인 형태로 보여주기 때문에 매우 중요하며 특히, 표정이나 인상을 통한 이미지는 외형적이고 신체적인 요인 중 타인에게 표출하는 주요 요인이 된다.

결국, 좋은 이미지는 내면적, 외면적 요인이 결합하여 표출되므로 이미지 메이킹은 개인의 외모, 사회적인 위치, 그에 따른 라이프스타일, 상황에 따른 행동, 예의, 언어구사, 가치관 등 모든 요인이 조화되어 하나의 통합된 이미지로 토털코디네이션되어져야 한다.

퍼스널 이미지 메이킹을 위한 다양한 요소를 개인만의 차별화된 이미지를 위하여 개발하는 프로그램이 바로 퍼스널 아이덴티티 프로그램(Personal Identity Program)이다. 이러한 프로그램업무에 종사하는 관리자들을 이미지컨설턴트라고 부른다.

잭 그리핀의 나의 몸값을 10배 높이는 대화의 기술

- 첫인상이 중요하다.
- 자신감 있게 걷는다.
- 목적을 가지고 다가간다.
- 미소는 필수이다.
- 상대방의 눈을 응시한다.
- 성의있게 악수한다.
- 무턱대고 앉지 않는다.
- 상대방에게 편안한 에너지를 전달한다.
- 머리, 얼굴 또는 손을 사용한다.
- 대중앞에서 이야기할 때 기본에 충실한다.
- 옷차림도 커뮤니케이션이다.
- 목소리 조절법을 익힌다.

퍼스널 아이덴티티, 나에게 어울리는 퍼스널 컬러찾기

우리는 참 다양해서 흥미롭다. 하나의 얼굴에 이, 목, 구, 비가 모두 다른 비율로 배열되어 있다. 그래서 퍼스널 아이덴티티라는 용어가 필요한지도 모른다. 이렇듯 다양성이 공존하는 시대에 살아가면서 '개인' 이라는 존재, 곧 아이덴티티의 확립이 중요한 출발점이다.

영국의 존 로크(John Locke)는 "아이덴티티란, 개인이 사회 속에서 동일성과 자아성을 보유하고 있기에 그 사회 속에서 어떤 특정한 위치를 차지하려고 하는 것" 이라고 주장했다. 아이덴티티, 그것은 바로 사회적인 존재로서의 타인과의 사회적 이해라는 관계 유지 속에서 인식되어 진다는 것이다. 곧, '개인' 이라는 경쟁력을 높이기 위하여 '자아 아이덴티티전략' 을 수립해 봐야겠다.

'PI(Personal Identity)' 혹은 'CEO 이미지 메이킹' 이라는 말을 많이 들어 봤을 것이다. 특히, 정치인, 연예인들까지도 퍼스널 아이덴티티가 필요하다는 전문가들의 지적도 보게 된다. PI는 개인의 고유 브랜드를 구축하는 총체적인 커뮤니케이션을 말한다. 기업 이미지 통합작업을 일컫는 CI와 동일한 맥락이라고 할 수 있다. CI가 '기업' 을 중심으로 이미지 통합을 통해 기업 가치 제고를 위한 활동을 전개하듯이 PI는 '개인' 이 중심이 되는 개념인 것이다.

난 오늘도 행복이라는 보라빛을 찾는다

나는 보라색을 무지 좋아한다. 사실 보라색은 얼굴이 하얗고 예쁜 여성들이 코디네이션 하면 돋보이는 색이다. 나는 하얗지도 그리 예쁘지도 않으나 보라색을 꾸준히 입고 다니면서 주위사람들에게 나만의 퍼스널 컬러로 세뇌시키고 있다. 나는 보라색이 어울리지 않아도 보라색의 명도와 채도의 코디네이션 효과를 이용하여 나에게 잘 어울리는 것처럼 코디네이션 할 뿐이다.

내가 좋아하는 색과 나에게 어울리는 색은 당연히 차이가 있을 수 있다. 퍼스널 컬러(Personal Color)는 나만의 컬러, 나에게 어울리는 컬러를 의미한다. 그래서 나만의 퍼스널 컬러를 찾는 것은 매우 중요하다. 많은 뷰티컨설턴트가 퍼스널 컬러 자가 진단에 대해 많은 이론과 컨설팅을 하는 것을 종종 본다.

의학적으로 컬러테라피라는 용어가 있다. 말 그대로 색(Color)을 통해 인간내면의 감정을 파악하여 몸과 마음의 안정과 균형감을 되찾도록 하는 심리진단치료 방법이다. 우리는 색을 인지하면서 특별한 반응을 보이거나 선택을 할 때 뇌 속에서 일어나는 메커니즘에 기반을 두고 있는데, 이는 색이 인간의 심리를 좌우하는 가장 깊은 연결고리를 가지고 있기 때문이다. 나에게 기쁨을 주고, 치유를 주는 컬러테라피가 바로 나의 퍼스널 컬러가 될 수 있다. 그래서 내 경험에 의한 나만의 퍼스널 컬러 찾기 노하우를 아주 쉽게 설명하고자 한다.

준비물이 몇 가지 필요하다.

첫째, 햇빛이 잘 들어오는 실내가 좋다. 어둡다면 형광등과 백열등이 함께 켜있거나 할로겐등이면 좋다. 형광등의 푸른 빛과 백열등의 노란빛이 섞이도록 스탠드를 활용해서라도 햇빛의 색에 맞추는 것이 좋다.

둘째, 외출할 때처럼 메이크 업이나 헤어를 손질하라.

셋째, 되도록 큰 거울을 준비하라

넷째, 옷장 문을 열어 옷과 스카프 등 원단 즉, 천으로 된 색을 골라보자.

먼저, 무지개색인 빨, 주, 노, 초, 파, 남, 보 일곱가지 색을 고른다.

상의가 될 수가 있고 하의가 될 수 있고 스카프, 모자 등 천으로 된 모든 아이템이면 된다. 방이나 거실 안에 원으로 색상환을 만든다. 그 이후 그 사이사이에 들어갈 색들을 찾아 큰 지름의 색상환을 크게 만든다. 예를 들어 노랑과 초록 사이에는 연두를 넣고 보라와 빨강이 만나는 지점에는 로즈핑크인 진달래색을 넣고 남색과 보라 사이에는 청보라색을 사이에 놓는 것이다.

다섯째, 거울 앞에 서서 빨간색부터 얼굴 바로 옆으로 최대한 붙여서 어울리는지를 확인한다. 모든 색을 다 얼굴 옆으로 붙여 보고 유난히 내 얼굴이 예뻐보이는 색을 찾아서 순위를 정한다.

내 경험에 의한 제일 쉬운 자기진단법이다. 오늘 나만의 퍼스널 컬러를 찾아 나를 이미지 메이킹 해보자.

패션코디네이션의 연출방법

아침에 일어나 우리는 오늘 무슨 옷을 입을지를 고민한다. 날씨도 기온도 고려해야 하고 내 기분도 여기에 첨가가 된다. 오늘, 나는 무슨 색으로 표현해 볼까? 오늘은 우중충한 비가 내렸으니 회색인가? 나는 우중충한 날에 더 환한 컬러를 선정한다. 내 기분부터 좋아지기 위해서이다. 내 의상의 색을 바라보는 이웃에게도 밝은 기운을 주고 싶다. 비가 오는 날에는 검은우산보다는 눈에 확연히 띄는 우산을 써야 위험노출을 방지할 수 있다. 특히, 밤에는 운전자들의 가시성을 높이도록 우리가 신경을 써야 사고를 예방할 수 있다.

가독성, 가시성

가독성과 가시성이라는 용어를 혼동할 수 있다. 인간의 다섯 가지 감각 중에 바로, 시각에 관한 내용이다. 어떠한 물체를 보는 데 있어서 인지하기 편한가 혹은 인지가 잘 되어 있는가를 구별할 때 사용되는 단어이다. 비슷한 것 같으나 다르다. 그 차이를 알아보자.

가독성은 "글이 얼마나 잘 읽히는가?" 에 대한 개념이다. 내 눈에 잘 보여지고 잘 읽히는 책은 가독성이 높은 책이라는 것! 결국, 가독성이란 변별성과 같은 개념으로 글자체, 글자 크기, 조명, 컬러, 대비효과, 주변환경 등에 의하여 쉽게 읽을 수 있는 개념을 말한다. 가독성이 텍스트를 대상으로 하는 개념이라면 가시성은 그보다 넓은 영역이다. 예를 들면, 길을 가다가 어떠한 간판의 컬러나 글자가 눈에 확 들어온다면 그것은 가시성이 높다고 평가되어 진다. 곧, 가시성이란 주변으로부터 글자나 이미지가 시각적으로 구분되어 보이는 질(quality)을 말한다. 또한, 디자인적으로 매우 아름다운 심미안을 강하게 보여준다면 가시성이 좋다고 평가할 수 있다. 모션그래픽, 역동적인 영상 또는 게임분야에서는 더더욱 중요한 디자인 요소로 자리매김한다. 바로 여기에 디자인의 원리가 올바로 적용돼야 한다. 이 책의 1장의 디자인의 기본원리를 참고하자.

나에게 행복을 주는 색은 과연 어떤 것일까? 행복을 주는 색은 그냥 쳐다만 봐도 기분 좋은 색이 아닐까?

행복을 주는 색은 각자 라이프스타일이나 성격, 감정의 변화에 따라 차이가 있기 때문에 현재의 나의 상태에서 가장 평안과 아름답다고 느끼는 색이 행복을 주는 색이 아닐까? 보랏빛을 즐길 때면 나의 심장소리조차도 보랏빛 템포로 움직이는 것 같다. 특히, 파란하늘을 볼 때면 하늘색이 흘러내려 빨간 심장박동과 코디네이션 되어 보랏빛으로 물들지는 않을까 생각되어 진다. 그래서 가을하늘이 나는, 너무나 좋다.

패션코디네이션의 시대, 그 필요성

코디네이션의 사전적 의미는 영어의 '동등(하게 함), 대등 관계, 조정, 통합' 으로 두 가지 이상의 것을 통합하고 조화시키는 것을 말한다. 패션 용어로는 머리 위에서 발끝까지 여러 방법으로 통일시키는 의미로 사용된다. 패션코디네이션이란, 의복을 기준으로 하여 목적과 때, 그리고 장소에 적합하도록 체형과 용모 등 본인의 신체적 결점을 보완하는 개인 이미지를 연출하기 위한 것을 의미한다. 패션코디네이션은 토탈코디네이션의 범주에 속하며 그 의미도 서로 혼용되어 사용되기도 한다. 왜냐하면 패션코디네이션은 토탈코디네이션처럼 패션디자인뿐만이 아닌 광고디자인, 대중매체, 영화, 연예, 이벤트 등 사회 문화적인 콘텐츠 분야, 그리고 디스플레이 디자인, 인테리어 디자인 등 산업디자인 전반에 걸쳐 각 분야의 코디네이션 작업과 함께 통합적이고 다각적인 이미지로 창출되어 가고 있기 때문이다.

토털 코디네이션(Total Coordination)이란, 패션코디네이션의 기본개념인 의복을 기준으로 하여 목적과 때, 그리고 장소에 적합하도록 체형과 용모 등 본인의 신체적 결점을 보완하는 개인 이미지를 연출하기 위한 것이다. 여기에 헤어스타일과 메이크업의 뷰티디자인적인 요소의 결합과 패션 액세서리와 패션아이템 등 머리에서 발끝까지 서로 조화를 이뤄 본인의 개성과 라이프스타일에 적합하도록 연출하는 것을 말한다.

패션코디네이션의 연출 요소

패션코디네이션 연출에 있어서 가장 필요한 것은 새로운 이미지를 창출할 수 있는 창의적인 감각과 구성능력 및 기획력, 그리고 표현테크닉이다. 또한 패션 트렌드의 변화와 다양한 추세를 보이는 소비자의 라이프스타일의 흐름을 읽을 줄 아는 안목뿐만이 아니라 패션 분야 전반에 관한 이론적 지식과 폭넓은 상품지식을 파악해야 한다.

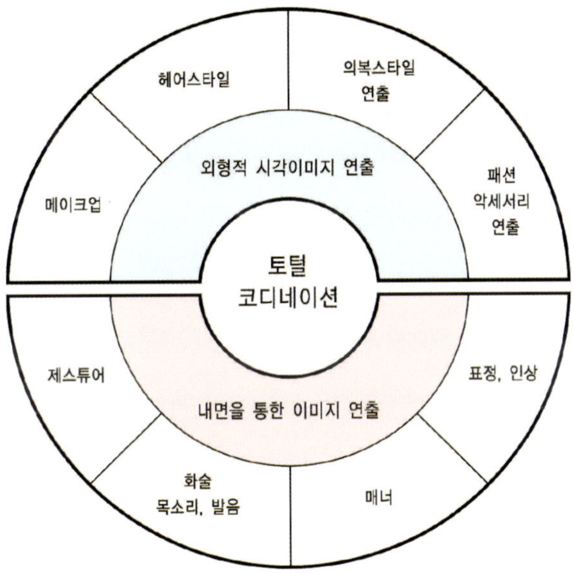

〈토털 코디네이션의 연출 요소〉

(장규순 논문, "토털 코디네이션을 위한 연출 행동 요인 연구: 외모 만족도와 유행에 민감한 패션아이템의 연관성 분석을 중심으로")

또한, 패션디자인 분야뿐만이 아니라 헤어스타일부터 메이크업 등 총체적으로 머리에서 발끝까지 조화를 이룰 수 있도록 연출 능력과 감각을 발휘할 수 있어야 한다. 왜냐하면 패션은 인간의 환경적 영향을 받아 지금까지 변화해 왔으며 그러한 변화는 끊임없이 지속될 것이기 때문이다.

패션코디네이션의 연출 방법

패션코디네이션은 패션아이템, 디자인에 따른 스타일, 실루엣, 패션 액세서리 등 다양한 연출 요소나 요인들을 응용하여 시대적 패션 트렌드와 개성에 적합하게 토털패션 이미지로 연출하는 것을 말한다. 이에 따른 토탈코디네이션의 연출 방법을 다음과 같이 13가지로 구분해 보았다.

어케이전(Occasion) 코디네이션

일반적으로 T.P.O코디네이션이라고도 하는데 바로 T(Time: 시간), P(Place: 장소), O(Occasion: 상황)에 적합하게 코디네이션하는 방법을 말한다. 개인의 미적인 감각을 상황이나 분위기에 따라 연출함을 기본으로 한다.

옵셔널(Optional) 코디네이션

옵셔널은 '임의의, 마음대로의' 의 선택에 따른 의미로 기존의 고정관념에 얽매이지 않고 자신만의 감각이나 분위기에 따라 자유스럽게 코디네이션 하는 방법이다. 사진은 보편적인 이미지를 벗어난 개성이 강한 감각 연출로 남의 시선을 의식하지 않은 패션 아이템들의 코디네이션과 과 비비드한 컬러의 응용이 돋보인다.

패션테마(Fashion-Theme)와 패션타입(Fashion-Type) 코디네이션

패션테마는 시대의 상황에 따라 소비자의 기호와 유행에 따라 변화하는 것이며 패션타입은 이미 스타일이 정형화되어 있어 일반적으로 인식되어진 클래식, 로멘틱, 페미닌과 같은 패션감성 이미지를 말한다. 패션타입은 일정한 유형이 정해져 있어 쉽게 변화하지 않는 특성이 있다. 이러한 특징에 맞춰 연출하는 것을 패션테마 코디네이션 또는, 패션타입 코디네이션이라고 한다. 타입과 타입이 믹스되거나, 새로운 테마가 새로운 패션으로 창출될때, 계절별, 장소별, 소재별, 계층별 등 다양성 있게 변화하며 이에 따라 연출되어진다.

캐릭터(Character) 코디네이션

'캐릭터(Character)' 란? '특성, 특징, 특질이나 사람이 지니고 있는 성격' 등을 나타내는 용어로서, 독특한 상품의 성격이나 상품의 특징이 강한 유명디자이너나 유명브랜드의 의복, 패션 액세서리 등 패션 아이템들을 토털코디네이트 시킨 방법이다. 사진은 유명 브랜드의 보편적이고 실용적인 스타일의 연출이다.

크로스오버(Cross-over) 코디네이션

'크로스(Cross)'는 '교체하다. 서로 엇갈리다'의 의미를 가진 용어로 이질적인 몇가지의 아이템을 하나의 이미지로 복합시키되 보편화된 상식과 관념을 파격적으로 초월하여 연출하는 개성 넘치는 이미지추구라고 할 수 있다. 사진은 엘레강스한 드레스와 스포티브한 모자의 연출, 레이스 소재의 스커트와 투박한 가죽 롱부츠와의 이질적인 조화, 비치는 쉬폰 원피스와 가죽 자켓의 코디네이션으로 서로 다른 이미지들을 결합시킨 감각적 연출이다.

피스(Piece) 코디네이션

다양한 패션 아이템이나 스타일들을 개인의 감각이나 방식으로 조화 있고 자유스럽게 하나의 이미지로 코디네이션 하는 방법으로 부분품이라는 뜻의 파츠(Parts)코디네이션과 그 의미를 같이 한다. 사진은 상의와 하의가 각각 다른 소재나 디자인의 단품들을 하나의 이미지로 연출한 사진으로 모자 또한 다른 소재와 이미지를 결합시켰다.

믹싱(Micsing) 코디네이션

여러 가지 다양한 이미지를 혼합하여 연출하는 코디네이션으로, 다양한 패션 스타일 및 패션 아이템끼리의 믹스, 컬러나 형태, 그리고 소재의 믹스 등 다양한 이미지를 연출할 수 있다. 사진은 쉬폰과 모직 소재의 믹싱, 엘레강스한 원피스와 캐쥬얼 모자, 가방과의 믹싱, 화이트 블랙의 다양한 패턴과 솔리드의 부드러운 바이올렛 소재와의 믹싱이 돋보인다.

미스 매치(Miss Match) 코디네이션

기존의 상식을 초월한 초현실주의 사고와 이와 결합된 부조화의 또다른 멋을 연출하고자 하는 코디네이션으로 본래의 용도와는 전혀 다른 방법의 연출이 특징이다. 사진은 초현실주의적인 그래픽적 패턴의 연출, 비비드한 컬러의 보색대비 코디네이션, 보편적인 쟈켓과 가면의 연출 등 부조화의 이미지가 하나의 결합된 감각으로 돋보인다

오버사이즈(Oversize) 코디네이션

신체 사이즈보다 훨씬 더 큰 사이즈의 옷으로 코디네이션 한 것으로 과장된 느낌이 강한 방법으로 '빅룩'이라고도 한다. 사진은 체형이 더욱 강조되어 보이는 과감한 컬러패턴의 응용, 어깨넓이보다 더 넓은 시각적인 효과를 주는 풍성한 스타일의 연출이 빅룩의 이미지를 강조해 준다

멀티플(Multiple) 코디네이션	
‘멀티플(multiple)’은 ‘복합의’, ‘다양한’ 이란 의미로 같은 스타일의 수트나 셔츠 등 다양한 패션아이템들을 두 번 이상 겹쳐 입는 방식을 말한다. 사진은 각기 다른 소재나 디자인의 여러 가지 의상을 겹쳐 입는 스타일로 타이트한 바지위에 쉬폰 원피스를 조합하여 응용한 스타일의 연출이다	
모노 크로메틱 레이어드(Monochromatic layered) 코디네이션	
‘모노크로메틱 레이어드는 ‘단색의, 단채의’라는 뜻으로 한가지 컬러로만 된 여러 가지 스타일로 재킷, 베스트, 셔츠, 팬츠, 액세서리 등 패션아이템들을 모두 한가지 컬러로 통일하여 코디네이션 하는 방법을 말한다.	
스위치(Switch) 코디네이션	
전체로 코디네이션된 브랜드와 다른 브랜드의 패션아이템들을 스위치하여 조화를 이루도록 하는 코디네이션 방법을 말한다. 사진은 전혀 다른 브랜드의 차별화된 패션아이템들을 하나의 조화로운 이미지로 스위치하여 코디네이션한 감각으로, 보편적으로 많이 활용되는 코디네이션 방법 중의 하나이다.	
시즌리스(Seasonless) 코디네이션	
계절에 전혀 상관없이 자기의 감성이나 개성에 따라 자유롭게 코디네이션 하는 방법을 말한다. 사진은 쉬폰 소재의 로맨틱한 블라우스와 부츠와의 조화, 털 소재의 겨울 코트와 얇은 소재의 코디네이션, 여름 원피스와 블랙의 겨울 롱부츠와의 이미지 결합이 시즌 리스 코디네이션을 돋보이게 한다.	

〈토탈코디네이션의 연출 방법〉

컬러코디네이션 기법 35계명

1. 나를 보고 웃는 색을 선택하라.
2. 컬러코디를 할 때에는 항상 머릿속에 주조색, 메인색상을 무엇으로 할 것인지 먼저 생각하라.
3. 컬러코디를 할 때에는 색상환을 떠올려라. 주조색, 보조색, 포인트 색을 정하기 쉽다.
4. 주조색, 보조색, 포인트 색의 비율은 60:35:5로 하면 편하다. 대략적으로 주조색은 60~70% 정도, 보조 색은 25~35% 정도, 포인트 색은 2~10% 정도 비율로 조절하면 매우 쉽게 컬러코디를 할 수 있다.
5. 색은 질감(텍스츄어)에 따라 톤의 변화가 생긴다. 더 진해보일 수도 더 연해보일 수도 있다.
6. 컬러는 단독이 없다. 항상 옆에 있는 색과 비교당한다. 서로 도와주고 받쳐주는 색이 아름답다.
7. 주조색, 보조색 중 하나를 무채색 계열인 검정, 회색, 흰색으로 선정하면 컬러코디가 안정적으로 보인다.
8. 채도가 낮은 색은 늘 안정적이고 편안하다.
9. 나이가 들수록 검정색만, 회색만은 절제하라, 더 늙어 보인다. 그럴 경우에는 꼭 포인트 색을 원색으로 지정하는 것이 젊어 보인다.
10. 액센트효과를 이용하라. 스카프나 브로우치 핸드백, 구두 등 액세서리를 포인트로 활용하면 효과가 크다.
11. 흰색과 아이보리색은 함께 배색하지 말라. 아이보리색이 바랜 미운 색으로 보인다.
12. 제일 위험도가 높은 색은 연두색과 보라색이다.
13. 회색은 웜그레이·쿨그레이 두가지이다. 웜그레이는 따뜻해 보이는 회색이므로 난색 코디가 자연스럽고, 쿨그레이는 차갑게 보이는 회색이므로 한색코디가 어울린다.
14. 우중충한 날씨에는 밝고 경쾌한 색을 선택하라. 기분이 좋아진다.
15. 우울할 때에는 본인이 제일 예쁘다고 생각되는 색을 입어라.
16. 저채도의 색은 잘 선택하면 세련미가 있지만 그럴 확률이 적다.
17. 배색 시 색의 강약을 항상 생각하라.

18. 나만의 이미지를 제시할 수 있는 퍼스널 컬러를 선택하라.
19. 유난히 예쁘다고 이야기를 들은 날에 입은 색이 나에게 잘 어울리는 색일 확률이 높다.
20. 무지개색의 흐름이 제일 촌스럽지 않다.
21. 무늬가 있는 것은 항상 한 가지만을 선택하라. 무늬두가지가 함께 있으면 싸운다.
22. 무늬 안에 있는 색 중 하나를 선택하여 배색한다.
23. 배색된 색의 숫자가 많아질수록 촌스러워진다.
24. 함박 웃고 나면 내가 입은 패션이 예뻐 보인다.
25. 어쩌다 한번 전혀 입지 않은 색을 입어보라. 내 생각이 바뀐다.
26. 내가 좋아하는 색과 어울리는 색은 다를 수 있다.
27. 남에게 이 색이 어울리냐고 묻지 마라. 어울린다고 얘기한다. 아닐 때는 무지 기분이 나쁘다.
28. 동일한 성의 형제자매에게 예쁘다고 느끼는 색은 나에게 어울릴 확률이 높다. 가족은 닮았기에 객관성으로 평가할 수 있다.
29. 빨간색과 보라색은 함부로 배색하지 마라. 촌스럽다.
30. 보색대비는 대부분 촌스럽다. 그 중 연두와 핑크는 서로 제일 미워한다.
31. 피부톤이 어두우면 핑크톤의 립스틱을 피하라.
32. 액세서리 코디 시에는 골드와 실버를 따로 사용하라.
33. 패션 코디일 경우 피부색 헤어색을 기본으로 어울리는 색을 선택하라.
34. 나랑 비슷한 얼굴형, 이목구비를 가진 연예인의 메이크업 기술을 참조하라. 국내 유명 뷰티 아티스트의 작품이기 때문이다.
35. 나랑 비슷한 체형과 키를 가진 연예인의 패션 코디 방법을 참조하라. 국내 유명 패션코디네이터의 작품이기 때문이다.

나만의 페르소나 만들기

나만의 페르소나?? 도대체 무슨 말일까?

우리 사회는 내 성격을, 내 마음을 100% 노출하면 어리석다고 이야기한다. 순수한 것으로 바라보는 것이 아닌, 세상을 모르는 순진함으로 생각한다. 그래서 안타깝게도 사회적 가면이 필요할 때가 있다. 우리는 마치 영화나 TV에 나오는 다양한 배역을 소화하는 배우처럼, 상황적 요구에 맞게 나의 모습을 변모하며 살아가고 있다. 내 감정을 일단, 가리고 사는 것이 현명하다는 판단을 받기 때문이다. 나는 상황에 따라 내 성격을 숨기지 못하여 종종 당황할 때가 많다. 지혜롭지 못했다는 나 스스로의 결론에 많이 순복하는 편이다.

페르소나(Persona)란, 고대 그리스 연극에서 배우가 쓰는 가면에서 유래된 말로, 심리학에서는 외부에 드러내는 나의 모습, 외적 인격을 일컫는 용어이다. 즉, 타인에게 비치는 외적 성격을 나타내는 용어라는 것이다. 우리는 사회적인 가면, 즉 페르소나를 통해 살아가게 된다. 페르소나는 내가 나로서 있는 것이 아니고 외부에 보이는 나를 더 크게 강조하는 특징을 가지고 있다.

가면이라고 표현하니 너무 가식적이고 위선적인 의미가 연상될 수도 있겠지만, 페르소나 자체가 부정적인 의미만을 내포하고 있는 것은 아니다.

심리학적인 용어인 페르소나(persona)는 심리학자 구스타프 융(Carl Gustav Jung)이 만든 이론에 활용되는데 그는 인간은 천 개의 페르소나(가면)를 지니고 있어서 상황에 따라 적절한 페르소나를 쓰고 관계를 이루며 살아간다고 주장한다. 페르소나를 통해 개인은 생활 속에서 자신의 역할을 반영할 수 있고 자기 주변 세계와 상호관계를 성립할 수 있게 된다. 그리고 페르소나 안에서 자신의 고유한 심리구조와 사회적 요구 간의 타협점에 도달할 수 있기 때문에 개인이 사회적 요구에 적응할 수 있게 해 주는 매개체의 역할을 하게 된다는 것이다.

그럼, 과연 나만의 페르소나는 어떤 것일까?? 우선 나의 명찰을 점검해 보자. 내가 역할을 수행해야 하는 페르소나를 찾아보자. 나는 교수이다, 나는 엄마이다, 나는 아내이다, 나는 며느리이다, 나는 권사이다, 나는 이웃이다, 나는 언니이다, 나는 누나이다, 나는 회장이다, 나는, 나는, 나는, 왜 이렇게도 내가 많을까? 이러한 나만의 페르소나는 나를 향해 소리친다. 책임감이 무섭다고, 자상한 아내, 엄마이기보다 잔소리하는 모습이 더 크게 그려지지는 않는지…?

오늘은 한번 종이를 꺼내어 나만의 페르소나를 적어 보자.

1, 2, 3, 4, 5 몇 가지인지 세어 보고 이에 따른 잘한 점, 개선할 점을 적어 보고 내 명찰에 적합한 확실한 페르소나를 점검해 보자.

컬러코디네이션의 원리와 방법

컬러코디네이션, 우리가 흔히 얘기하는 컬러 배색이란 어떤 특별한 목적과 기능에 적합한 심미적 효과를 얻기 위하여 두 가지 이상의 색이 조화를 이루도록 조성하는 것을 말한다. 컬러배색 시 제일 중요한 주의사항으로는 첫째, 사용하고자 하는 목적과 환경조건을 고려해야 한다, 둘째, 컬러가 코디네이션 되는 면적의 크기와 효과를 파악해야 한다. 셋째, 색의 기본 3요소인 색상, 명도, 채도의 세 가지 성질을 고려해야 한다. 색상(Hue)은 빨강, 파랑, 노랑, 녹색, 보라와 같이 다른 색과 구별되는 색의 고유한 특성을 말하고 명도(Value)는 색의 밝고 어두움을 나타낸다. 배색하기 쉽지만 제일 까다로운 것은 바로 채도(Chroma)로 색의 순도를 말하는데, 즉 색의 맑고 탁함, 선명한 정도를 말한다는 것을 기억하여 컬러의 아름다움을 배가시키는 코디네이션을 활용해야 한다. 넷째로는 컬러가 채색되는 곳의 재질, 형태를 파악함이 중요하다. 매끈함과 거친 재질감은 컬러의 느낌이 차이가 나기 때문이다.

컬러코디네이션의 4가지 원리는 첫째, 질서·조화의 원리로 질서있는 계획에 따라 선택된 색의 조화로운 배색을 말하고 둘째, 친숙의 원리로 일상을 통한 자연에서 느꼈던 친숙함의 배색을 말한다. 셋째, 유사의 원리로 공통적인 성질과 상태를 갖는 배색의 원리이며, 넷째, 명료성의 원리로 애매모호하지 않고 명료성이 확실한 배색을 말한다.

(1) 컬러코디네이션의 4가지 원리

① 조화의 원리: 질서 있는 계획에 따라 선택된 색의 조화

② 친숙의 원리: 일상과 자연에서 느끼는 친숙함의 배색

③ 유사의 원리: 공통적인 성질과 상태를 갖는 배색

④ 명료성의 원리: 확실한 컨셉의 명료성이 확실한 배색

(2) 컬러코디네이션의 기본 응용 방법

아침에 오랜 시간 동안 고민하여 나름 훌륭하게 코디하고 외출을 했는데 거리 쇼윈도우 유리창에 비추인 나의 모습이 유난히 촌스러울 때가 있지 않은가? 그래서 아주 쉽게 배색할 수 있는 방법을 제시해 본다.

컬러코디네이션의 기본 응용 방법은 동일 색상 배색, 유사 색상 배색, 그러데이션 배색, 반대 색상 배색, 분리배색, 액센트배색, 반복 배색, 총 7가지로 분류해 보았다.

① 동일 색상 배색: 동일한 색의 배색은 제일 위험도가 없는 쉬운 배색으로 정적이고, 간결성, 차분함, 솔직함이 보이고 부드럽고 온화한 조화가 특징이다.

② 유사 색상 배색: 색상환의 인근에 있는 색의 배색이라서 온화하고 부드러우며 서로 색상 간의 협조적인 특성으로 명도 차, 채도 차의 조절에 따라 특별한 조화로운 연출이 가능하다.

③ 반대색상 배색: 빨강, 파랑의 반대색상 배색은 일단, 촌스러워지기 쉽다. 강렬함, 예리함, 동적이고 자극적이며 강한 대비효과가 나타나서 주의해야 한다.

④ 그라데이션 배색: 하늘색에서 파랑처럼 연속효과에 의한 배색으로 점진적인 효과로 보여지며 색상, 명도, 채도에 다양한 톤의 표현이 가능하다.

⑤ 분리배색: 세퍼레이션배색으로 배색의 관계가 모호하거나, 대비가 너무 강한 보색대비일 경우, 색과 색 사이에 분리되는 색을 삽입해서 조화를 이루는 방법이다. 특히, 무채색이 그 사이에 들어가는 분리배색으로 활용할 때 효과가 크게 나타난다.

⑥ 강조배색: 액센트배색을 말하며 주조색에 특별한 색상이나 톤을 사용하여 한 부분을 강조하거나 두드러지게 하는 방법이다.

⑦ 반복 배색: 레피티션배색으로 2색 이상을 사용하여 일정한 질서에 따라 조화를 부여함으로 통일감을 이끌어내는 배색 기법이다.

(3) 색채의 감정

색채에는 감정이 있다. 색채 심리학의 중요성이 부각되는 이유이다.

대표적으로, 색채에는 7가지의 감정이 부여되는데 심리적인 느낌으로 좌우된다.

① 색채의 온도감: 색에서 느껴지는 따뜻함과 차가움에 따라 그 영향력이 다르다.
여름에 비비드한 파랑색의 원피스를 입었을 때, 보는 이로 하여금 시원함을 배가시켜 준다. 겨울에 동일 색상을 입으면 더 춥게 느껴지는 원리이다.

* 따뜻한 색: 장파장의 색, 빨강, 다홍, 주황 등의 난색 계열
* 차가운 색: 단파장의 색, 파랑, 남색, 청록 등의 한 색 계열
* 온도감 없는 중성색: 초록, 보라, 회색

② 색채의 중량감: 색의 무겁거나 가벼운 느낌을 말하며, 명도의 영향을 가장 많이 받는다. 색은 시각적으로 밝고 가볍게 보이는 색이 있고 너무 진하고 탁해서 무겁게 보이는 색상이 있다.

* 가벼운 느낌: 고명도의 색, 흰색, 노랑
* 무거운 느낌: 저명도의 색, 짙은 회색, 검정

③ 색채의 경연감: 색의 딱딱하고 부드러운 느낌으로, 명도와 채도가 함께 작용한다.

딱딱한 느낌: 진한 톤, 채도가 높고 명도가 낮은 색, 한색계열이 많음.

부드러운 느낌: 연한 톤, 채도가 낮고 명도가 높은 색, 난색 계열이 많음.

④ 색채의 진정감과 홍분: 사람의 감정과 직접 연결된 것으로 색상과 채도의 영향을 크게 받는다. 짙은 파란색을 볼 때와 노랑색을 볼 때, 우리가 느끼는 정도에 차이가 있다.

* 진정색: 한색계열의 채도가 낮은 색(파랑, 청록, 남색 등)
* 홍분 색: 난색 계열의 채도가 높은 색(빨강, 주황, 다홍 등)

⑤ 색채의 시인성: 색을 멀리서 바라보면 선명하게 잘 보이는 색과 희미하게 보이는 색의 현상으로 명도-채도-색상의 순으로 영향을 준다. 마젠타 색, 말 그대로 꽃분홍색은 저 멀리에서도 눈에 확 들어오나 베이지색이나 회색은 무난하게 보여진다.

* 시인성이 높은 색: 명도가 높으면서 채도가 높은 색
* 시인성이 낮은 색: 명도가 낮으면서 채도가 낮은 색

⑥ 색채의 강약성: 색 자체의 강함과 약함을 인지할 수 있는데 위의 색채의 시인성과 색채의 진정감과 홍분성과도 연결되는 원리이다.

⑦ 색채의 시공간성: 색채와 시공간성은 색상과 채도의 영향력이 크다. 동일한 시간에 빨간 방에 들어가 회의를 한 것과 파란 방에 들어가 회의를 한 것의 차이가 있다. 아무리 회의만 하였다고 하더라도 빨간 방에 들어간 회의자들은 빨간색의 영향이 뇌파에 전달되어 시간이 더 길게 느껴졌다는 것이다.

* 장파장(난색): 속도감이 빠르고, 시간이 길게 느껴짐

* 단파장(한색): 속도감이 느리고, 시간이 짧게 느껴짐

색채는 마술을 부린다. 이러한 마술을 내 생활의 활력으로 활용한다면 더 즐겁지 않을까? 이왕이면 더 아름답게, 더 편안하게, 색채의 마술을 적용해 보는 오늘을 기대해 보자.

10

Nature

자연, 그 감동

꽃 선물은

꽃을 받으면
이 세상의 모든 꽃이
나에게 안기는 것 같아
내 기쁨은
그 꽃 색깔 수만큼 계속 바뀐다.

눈, 코, 손의 三覺삼각은 동그란 음률 되어
톡톡 터지며 귀속에서 맴돌고
달콤함은 이미 내 입에서 녹았다.
五感 오감이 선물로 함께 왔다.

나를 생각하며 건네주는 꽃
이 꽃은 네 것이야.
너와 어울려
그래서 그 꽃은 나를 닮을 수밖에

이미 내 얼굴은 그 꽃이 되었다.

이 꽃을 내 마음에 심을게.
너를 향한 감사도 함께 심을게.

그 감사는 점점 화원이 된다.

자연, 그 감동

우리에게 겨울, 가을, 여름, 봄이 있다는 것이 참 감사하다. 봄, 여름, 가을, 겨울로 쓰지 않은 이유는 다시금 계절에 대한 내 생각을 과거로 거슬러 올라가고 싶어서이다. 흥미로운 것은 우리는 겨울에는 여름이 생각나고 여름에는 겨울이 생각난다는 것이다. 우리에게 주어진 상황을 그대로 즐기기에는 너무 춥거나 너무 덥다. 오늘 한번 이 계절이 주는 그 감동을 마음껏 느껴봐야겠다.

자연은 창의력을 제공해 주는 하나님의 최고 선물이다. 사계절의 변화만으로도 형태, 색채, 재질 등 우리의 오감을 통해 다양하게 흡수되고 표현된다. 모두에게 동일하게 주어진 자연의 이미지와 조건들이지만 어떤 이는 1개를, 어떤 이는 300개의 결과물을 도출해 낼 수 있다는 것이다. 그러기 위해서는 더 많은 자연을 관찰해야겠다.

늘 새해가 되면 동해 정동진에 많은 인파가 모인다. 새해 첫날 떠오르는 해를 쳐다보며 각자의 꿈을 기도할 것이다. 황금빛 해, 그 자체와 바다 위에 비친 해그림자, 하늘을 뒤 흔드는 구름, 떠다니는 바다 위의 작은 배, 그 물결의 텍스 추어, 창조주의 기막힌 창의력!!. 놀라운 황금빛의 향연.!!!

태양을 중심으로 구름은 한낱 지나가는 나그네 같지만 우리는 깃털 같은 구름을 무시하면 안 된다. 태양을 가릴 수 있는 것은 구름밖에 없기 때문이다. 세상에는 태양 같은 존재도 있고 구름

같은 존재도 있지만 우리는 서로 연합하여 하나의 멋진 풍경도 만들고 단비의 비구름도 조성되어 진다. 서로를 인정하는 풍토가 필요하다. 낙조 또한, 기막히다. 매일 매일 보는 낙조의 색상은 항상 다르다. 어느 날은 주황의 그라데이션, 어느 날은 보라의 그라데이션….

이렇듯 태양은 우리 모두에게 주어진 일반 은총이다. 태양의 작용 중에서 인체 해독작용 및 엔도르핀의 생성을 자극해 즐거운 기분을 유도하는 긍정적인 요인과 자외선 트러블로 만드는 부정적인 요인조차 내 생각과 태도에 달렸다. 따스한 햇볕은 우리 모두에게 주어진 창조주의 일반 은총이다. 과학적으로 접근해 보자. 포근한 햇살은 기분이 좋아지고 심신의 치료에도 도움이 된다는 것은 우리가 잘 알고 있다. 인체 해독작용 및 엔도르핀의 생성을 자극해 즐거운 기분을 유도한다는 것이다.

하버드 의과대학원 연구팀의 보고에 의하면 자외선은 진통·마취제로 쓰이는 오피오이드의 생물학적 경로와 동일한 형태로 우리의 마음을 좋게 만드는 역할을 한다. 엔도르핀의 생성을 자극해 즐거운 기분을 유도한다는 것이다. 태양은 지구 생물의 생존에 필수적인 존재로 태양 에너지로 생명을 유지한다. 에너지의 근원인 태양 에너지는 사람과 동물 에너지의 기초 자원이 된다. 우리는 햇볕이 잘 드는 집을 선호한다. 그 이유는 밝고 활기차게 살아야 건강하기 때문이다. 또한, 햇볕이 잘 드는 곳에는 세균과 박테리아가 번식하지 못하고 살균 작용을 한다. 더 흥미로운 사실은 우리의 정신건강도 좌우한다는 것이다. 계절성 우울증이라는 질환은 일조량이 적은 겨울철에 많이 발생하는 우울증을 지칭하는 말이며 가을의 감상적인 감정 또한, 햇볕의 영향이 크다는 사실이다.

최근 독일 뮌헨의대 연구진은 가을의 피곤함, 허탈감, 식용 증진은 일조량 감소에 따른 정상적인 생리현상이란 연구결과를 발표했다. 로맨티시트가 되는 가을과 겨울철의 우울증은 망막에 도달하는 햇볕이 줄어들고 이로 인해 뇌에서 분비하는 멜라토닌 호르몬의 양이 감소하기 때문이라는 연구 결과도 있다. 우리의 몸과 마음의 활력과 건강을 위해서는 햇볕이 필수적이다.

자연… 그 감동을 표현하기

태양… 이 한 단어만으로도 우리는 이렇게 많은 이야기를 꺼낼 수가 있다. 하물며 우리 눈에 보이는 모든 자연은 우리 창의력의 원천이 된다. 나는 TV 프로그램 중 '동물의 왕국' 을 시청하는 것을 즐긴다. 내가 미처 알지 못한 자연 속에 살아가는 다종다양한 생명들이 자기들만의 세계를 만들어 생존하는 법을 공부하게 한다. 그 중 아주 재미있는 새가 있다. '새틴바우어새(Satin Bowerbird)' 이다. 오스트레일리아와 뉴기니에서만 볼 수 있는 이 새는 부지런히 수집한 물건으로 암컷에게 구애하는 습성이 있는데 너무 흥미로운 사실은 종류 상관없이 무조건 파란색만 열심히 모은다는 것이다. 이 새의 몸통도 파란색이고 눈은 짙고 푸르며, 깃털도 검푸르며 화려하다. 그런데 자기처럼 파란 물건만 보면 닥치는 대로 모아 놓는다. 꽃, 열매, 깃털, 심지어는 물병 뚜껑, 유리 조각 등 선택의 기준은 바로 색깔이라는 것.

이 새는 구애의 방법으로 특별한 건축을 한다. 땅바닥 한 곳을 정해 짚을 깔고, 한쪽 면에 나뭇가지를 박아 30~40cm쯤 올라오는 옆벽을 세워 정자처럼 만들고 벽에 파란색이나 검은색 칠을 한다. 불이 난 자리에서 주워온 숯가루를 침에 섞어 사용하거나 파란 열매를 짓이겨 즙을 바르기도 하는데 더 재미있는 것은 벽에 칠을 할 때는 부리에 작은 나무껍질 조각을 가로로 물고 붓처럼 쓰기도 한다는 것이다. 암컷이 이 정자로 들어와 앉으면, 수컷은 암컷에게 자신이 모아둔

파랑색 보물을 하나씩 입에 물고 보여 주며 깡충깡충 뛰어다니거나 소리를 내며 자기가 선보이는 물건이 햇빛을 받아 더 근사하게 반짝이도록 색을 활용한다. 수컷이 보여 준 것들이 암컷의 마음에 들면 사랑을 받아들인다. 파란색 물건들을 활용하여 자기 몸 빛깔을 강조하고 코디네이션 한다는 것이다. 새도 이렇게 자신을 위한 컬러코디네이션을 위해 노력하는 것이 기가 막히다.

내 눈에 보여지는 자연의 영감은 나를 변화시킨다. 눈을 지그시 감고 내 머리에 그려지는 자연을 느껴보자.

유아교육에서도 어린이들의 정서 함양을 위해 자연 놀이터, 숲 체험 교육이 활용되고 숲속 자연에서 창의력 감성 끌어내기, 자연과 대화하기 등 자연 관찰프로그램이 필수가 되었다.

이런 기막힌 공작새 디자인을 누가 할 수 있겠는가?

더 기가 막힌 것은 전 세계에 새의 종류는 약 1만 종이 살고 있다는 사실이다. 1만 종인 새가 디자인되었다는 것도 어이가 없지만, 새가 하늘을 날 수 있는 비밀조차 신기하다. 깃털은 하늘을 날거나 체온을 조절하는 데 도움을 주고 몸도 보호해 주는 역할을 한다. 새의 뼛속은 구멍이 뚫

려 있어서 비어 있고, '기낭' 이라는 공기주머니가 폐와 연결되어 있어 한꺼번에 많은 양의 산소를 몸속에 저장해 몸을 가볍게 해 주기 때문에 하늘을 나는 데 필요한 에너지로 쓰인다. 우리에게 새라는 존재의 형태와 색상, 그 구조도까지 발명을 하라면 어느 누가 가능할 수 있을 까? 창조주 크리에이터를 기억할 수밖에 없다.

모든 자연의 원리가 바로 창의력의 원천이 된다는 사실이 우리에게는 행복으로 다가온다.

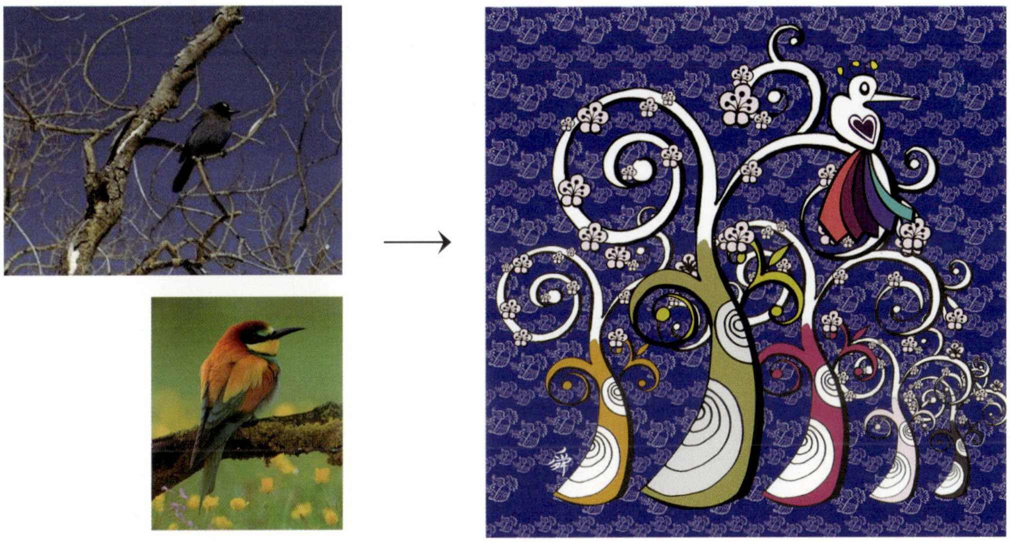

〈새와 나무를 응용한 은평구청 북한산 손수건 디자인(장규순)〉

'어떠한 자연도 예술만 못하지 않다. 예술이 하는 일은 온갖 자연의 일을 흉내 내는 것이다'

-아우렐리우스-

'모든 예술은 자연의 모방에 지나지 않는다'

-세네카-

보색대비의 신비로운 해수어

〈한글 그대로의 형태로 디자인한 작품(장규순, 2013)〉

꽃들의 수다

길을 걷다가 꽃을 볼 때면, 나도 모르게 미소를 머금는다.

꽃들은 봄, 봄이라고!!! 여기저기 색상으로 외친다.

'너보다 내가 예쁘지?' 나에게 질문하는 꽃들은 화려한 공주의 얼굴로, 때론 순박한 소녀의 얼굴로 도전장을 내민다. 이미 내 마음은 승자로 인정해 줄 수밖에 없다.

콘크리트 사이에서 조그맣게 올라 온 이름 모를 꽃조차도, 그 소박함 만으로도, 그 생명력만으로도 우리에게 충분한 감사를 선물한다.

꽃을 선물받으면 난 그 꽃이 되는 줄 착각하기도 한다. 이 세상에서 제일 예쁜 단어는 혹시 꽃이 아닐까?

꽃으로 물드는 내 생각의 色

꽃처럼 자신을 디자인해주는 것이 있다. 바로, 시… 시는 내 생각을 디자인한다. 컬러링 도구로 스케치하거나 채색하는 그대로, 글이라는 도구로 대신 그림을 그리는 것이다. 이 세상에 없는 새로운 그림을 그리듯 언어의 마술사처럼 글로, 단어로, 문장으로 새로운 세계를 탐구한다.

자연이 우리에게 선물하는 셀 수 없는 색들의 생일 파티… 그 꽃은 자신의 생일을 아는 듯 그즈음에 피어나 우리에게 행복한 계절파티를 선물한다. 벚꽃처럼 말이다.

벚꽃 생일잔치

장규순(2019)

벚꽃은 좋겠다.

모두가 1년을 기다리며
생일잔치를 해 주네.

소낙비가 부러워서
심술부리기 전까지…
계… 속…

'꽃을 주는 것은 자연, 그 꽃을 따서 화환으로 하는 것은 예술이다'.

-괴테-

'예술의 사명은 자연을 모방하는 것이 아니고 자연을 표방(標榜)하는 것이다.'

-H.발작-

표방(標榜)'을 표준 국어사전에서 찾아보니 '어떤 명목을 붙여 주의나 주장 또는 처지를 앞에 내세움'으로 나온다. 예술가들조차도 자연의 힘을 빌어 창의력을 이루어 나갔다.

오늘 내 눈앞에 보이는 자연을 생각해 보자.

보라색 스승의 날

2019년 5월 15일에 사랑하는 제자가 스승의 날이라고 학교로 찾아왔다. 스승의 날은 스승의 은덕에 감사하고 교권 존중에 대한 인식을 높이기 위해 제정된 법정기념일이라고 백과사전에는 기술되어 있으나, 몇 년 전부터 학교는 스승의 날이라는 용어가 어색할 만큼 불편한 날로 변환되었다. 2015년부터 제정된 김영란법으로 스승의 날 선물 허용범위를 검색해야 하고 어느 기준이

옳고 그른지도 모를 정도로 학교 사회는 교사나 교수가 강의평가를 하는 학생들에게 음료 한잔조차 주고받으려면 문제가 발생할 수 있다. 여느 의견들처럼 스승의 날을 없애고 교육의 날로 지정해도 좋다는 생각이 이해가 되기도 한다. 다행히도 졸업생들에게 받는 선물에는 큰 문제가 없다고 한다.

2019년 스승의 날에 96학번의 애제자가 내가 좋아하는 보라색 꽃바구니를 들고 웃으며 찾아왔다. 교수 된 지 30년이나 흐른 내 앞에 꽃다운 내 제자도 어느덧 중년이 되어 내 앞에서 밝게 웃는다. 그러면서 재미있는 에피소드를 이야기해 주었다. 친분이 있는 동네 꽃집 사장에게 "우리 교수님은 보라색을 무척 좋아하시니 보라색 꽃을 많이 넣어 예쁜 꽃바구니를 만들어 주세요."라고 주문했더니 꽃집 사장이 하는 말, "제가 아는 교수님도 보라색을 무척 좋아하세요."라고 대답하여 계속 대화로 이어져 나갔다고 했다. 그러다 보니 그 서로 아는 두 교수는 바로 '나' 였다는 사실이다. 한 동네 살면서도 서로 동문인지도 몰랐는데 스승의 날 보라색 꽃 주문으로 96학번과 02학번의 만남이 이루어진 재미있는 에피소드다. 그래서 그 꽃은 나에게 더 소중한 선물이 되었다.

꽃 선물은

장규순(2019)

꽃을 받으면
이 세상의 모든 꽃이
나에게 안기는 것 같아
내 기쁨은
그 꽃 색깔 수만큼 계속 바뀐다.

눈, 코, 손의 三覺 삼각은 동그란 음률 되어
톡톡 터지며 귓 속에서 맴돌고
달콤함은 이미 내 입에서 녹았다.

五感 오감이 선물로 함께 왔다.

나를 생각하며 건네주는 꽃
이 꽃은 네 것이야.
너와 어울려…

그래서 그 꽃은 나를 닮을 수밖에
이미 내 얼굴은 그 꽃이 되었다.

이 꽃을 내 마음에 심을게.
너를 향한 감사도 함께 심을게.

그 감사는 점점 화원이 된다.

'시(詩)는 자연의 모방이다.'

- 아리스토텔레스 -

화창한 봄 날… 엄마를 그리며 눈물로 지은 시.

엄마가 그린 꽃

장규순(2019)

봄이 화들짝 웃는다
아, 그 웃음에 이리 꽃이 피는구나!
바라만 봐도 미소 한가득
행복이 여기저기 피워서 웃는구나

하늘과 구름과 산에 안긴 너는
어쩜 그리 친하니?
봄 햇살과 짝을 이룬 너는
어쩜 그리 빛나니?

엄마도 나를 그리 보셨나

언제나 나를 쳐다보는 그 꽃
엄마는 날 보며 꿈꾸셨구나
엄마 생각만큼 나는 그려졌을까…

봄이 지나가더라도
내 앞에 꽃이 없어도
내 눈에는 꽃이 보이네, 엄마…
내 나이 따라 다르게 그려지는
엄·마·얼·굴·꽃

엄마 꽃은
미소 뒤에 가려진 켭켭한 그리움
하늘 위로 흩어지는
구름 향기

하늘이 좋아,
꽃 피는 흙이 좋아,
그리 가셨나요

내 마음에
그 꽃을
오늘도 그린다

11

Key
확실한 열쇠

내 삶의 Key는 어디에 있나?
창의적 문제해결을 위한 마인드맵
브레인스토밍과 마인드맵을 통합하는 방법
내 삶의 유레카, 내 인생의 Keyword 찾기
비전보드의 비밀

액자 속 사랑

너는 나를 사랑하느냐?
그 음성, 그대로 들려 옵니다.

사랑하고 말고요,
삶에 담겨진 의미 속에 당연한 대답만을 확인하는데

달아나는 세월 속에 바퀴만 돌아가듯
하루가 가면
하루만큼 나아가야 함에도 제자리에 서 있음을
가끔 확인할 때,

비로소 액자 속 사랑을 꺼내 봅니다.

주신 시간
주신 하루
주신 소명

어느 것 하나
내 것이 없음에도

나조차
내 것이 아님에도

그나마 흉내내었던 내 사랑은
길이가 다른 사랑이었습니다.

지난 시간을 먼지 속에서 감싸 안고
따스한 손길 한 번 닿지 않았던 액자

이제 다시 액자 속 사랑을 부여잡습니다.

하루를 끝내고 쉼에 기댈 때
내 가슴을 두드리는 나지막한 음성,

너는 나를 사랑하느냐?

내 삶의 Key는 어디에 있나?

어느 순간 집 열쇠들이 점점 사라진다. 현관문 도어락, 번호 키의 등장이다. 삑, 삑, 삑 버튼을 누르며 들어오는 시대이다. 열쇠를 들고 다닐 때는 늘 열쇠 찾는 것이 일이었는데 번호 키가 생기면서 가끔 바꾸는 비밀번호로 혼동을 일으키기도 한다. 그 열쇠가 없으면 집에 들어오기 힘들고 비번을 잊으면 역시 그렇다.

오프라 윈프리는 이렇게 말했다. "내 신체에 감사하는 것이 자신을 더 사랑하는 열쇠임을 비로소 깨달았습니다." 오프라 윈프리는 미국의 배우이자 방송인, 사업가이다. 20세기의 가장 부자인 흑인계 미국인으로 꼽혔고, 세계에서 유일한 흑인 억만장자이다. 그녀는 세계에서 가장 영향력 있는 여성으로도 불리었다. 1983년 오프라 윈프리는 시카고에서 낮은 시청률을 가진 30분짜리 아침 토크쇼인 에이엠 시카고(AM Chicago)의 진행자가 되었다. 오프라 윈프리가 맡게 된 지 한 달 후 그녀는 시카고에서 가장 인기 있는 토크쇼로 만들었다. 그 쇼는 전국적으로 방영되는 '오프라 윈프리 쇼' 로 바뀌었던 것이다. 오프라 윈프리의 생애는 험난했다. 시골인 미시시피주에서 사생아로 태어나자마자 어머니로부터 버려졌고 외할머니와 함께 살다가 외할머니가 병에 걸리자 어머니가 계시는 밀워키로 이주하여 자라온 그녀는 어린 시절 상당한 고난을 겪어야 했다. 이후에도 그녀의 삶은 고난의 연속이었다. 그녀의 성공의 열쇠는 과연 무엇이었을까? 많은 이들이 이야기한다. 성공하겠다는 확실한 신념과 실천이라고.! 최악의 인생 속에서도 꿈을 잃지 않는 신념, 당당한 자존감의 회복, 긍정성의 힘이 그녀 삶의 Key였다.

내 삶의 Key는 과연 무엇인가? 이 답은 오로지 '나' 만이 알고 있다.
지금 펜을 꺼내어 써보라. 내 인생의 Key…!!! 지금 적어 보자. 아니, 생각부터 해보자.
내 인생의 Key를 찾으려면 동기부여 할 그 무언가가 필요하다.

그 몇 가지를 소개하고자 한다.
라틴어의 격언에 속하는 세 문장이 있다.
'카르페 디엠(Carpe diem)', '메멘토 모리(Memento mori)', '아모르 파티(Amor fati)' . 신나고 중독

성 있는 EDM(전자댄스음악) 리듬 때문이기도 있지만, 바로 그 '평범하면서도 심오한' 가사 덕분이다.

'아모르 파티'는 독일 철학자 니체(1844~1900)의 책 '즐거운 학문'에 나오는 유명한 말이다. 파티(fati)는 '운명'이란 뜻이니 '운명을 사랑하라(운명애)'로 통상 번역된다. 니체는 인간이 다시 산다 해도 생애의 고통과 기쁨, 모든 좋고 나쁜 것들이 동일한 순서로 되풀이될 것이니 자신의 삶을 있는 그대로 받아들이고 사랑하고 적극적으로 개척하는 게 아모르 파티라고 했다. 그러면 삶은 그 순간부터 새로운 가능성과 창조의 바다로 열리게 될 것이라고 했다. 니체는 인간이 운명을 알고 그것을 받아들인다는 점에서 위대하다고 보았다.

두 번째, '카르페 디엠'은 영화 '죽은 시인의 사회'(Dead Poets Society, 1989년, 피터 위어 감독)에서 로빈 윌리엄스가 열연한 존 키팅 선생이 남긴 유명한 말이다. 명문 사립학교 영어 교사로 부임한 그는 학생들에게 이렇게 말한다. "인류는 열정으로 가득 차있지. 의학, 법률, 경제, 기술 따위는 삶을 유지하는 데 필요하지. 하지만 시와 아름다움, 낭만, 사랑이 우리가 살아가는 목적인 거야. 오늘을 잡아야 해." "그 누구도 아닌 자기 걸음으로 걸어라. 나는 독특하다는 것을 믿어라. 누구나 몰려가는 줄에 설 필요는 없다. 네 길을 가라. 사람들이 무어라 비웃든 간에."

감동적인 명언이다. '카르페 디엠'은 흔히 "현재를 즐겨라."라고 이야기한다. 그런데 그건 자칫 세속적 즐거움을 연상시키기에 의미를 정확히 나열하면 "이 순간에 충실해라"가 더 옳은 표현이다. '카르페 디엠!!!'

'메멘토 모리'는 '카르페 디엠'과 동전의 양면처럼 볼 수 있다. 하나는 죽음을, 하나는 현재를 말하지만, 그 메시지는 결국 같다. '너도 언젠가는 죽는다는 걸 잊지 말라' 바로, 지금, 이 순간을 충실히 살아가라는 말이다.

우리에게 익숙한 이 라틴어 세 문장 모두는, 삶의 태도에 대한 진지한 라틴어 격언이자 잠언이다(대한민국 정책브리핑www.korea.kr).

그러면, 내 삶의 문제들을 어떤 방법으로 해결해 나갈까? 다음 장에 소개한다.

창의적 문제해결을 위한 마인드맵

창의적인 문제해결을 위해서는 제일 쉬운 방법이 있다. 바로, 마인드맵을 활용하는 것이다. 마인드맵이란, 문자 그대로 '생각의 지도' 란 의미로 본인의 생각을 편하게 지도를 그리듯 이미지화하여 창의력, 사고력, 기억력, 상상력, 지두력을 한 단계 높인다는 두뇌 계발 기법을 말한다. 일종의 시각화된 브레인스토밍 방법으로 영국의 두뇌학자 부잔(T. Buzan)은 1970년대 초, 두뇌활동은 주로 핵심 개념들을 상호 관련시키거나 통합하는 방식으로 이루어진다는 연구 결과를 바탕으로, 시각적 사고기법인 마인드 매핑(mind mapping)을 개발하였다(특수교육학 용어사전, 2009).

부잔은 일부 사람들은 그림과 상징물을 활용해 배우는 것이 훨씬 더 효과적이라는 생각이 들어 '마인드맵' 을 고안해 냈다고 하는데 마인드맵은 유기적으로 연결되는 일련의 생각을 훌륭하게 상기시켜준다. 학습법과 기억력뿐 아니라 기업 업무능력 향상 등에도 효과가 있는 것으로 알려져 각국의 학교들 뿐만 아니라 IBM, 골드만삭스, 보잉, GM 등 우수한 기업체들이 마인드맵 이론과 교재를 사원교육에 활용 중이다. 결국, 꼬리에 꼬리를 물어 그 생각의 단어들이 수많은 가지로 뻗어나가는 가운데 생각이 점철되어 진다는 것이다.

마인드맵을 활용하면 첫째, 다양하고 복잡한 것을 정리하고 조직화하는 데 도움이 된다. 둘째, 여러 요인의 관계성을 확인할 수 있다. 셋째, 다른 사람들에게 형태, 색상, 기호 그림 등 시각적으로 생각을 전달할 수 있다.

마인드맵을 그리기 위한 준비물 3가지

1. A4 종이 또는 커다란 종이를 준비하면 생각의 폭이 넓어진다.
2. 여러 색깔의 색연필과 형광펜, 또는 사인펜, 마카 등
3. 정리된 분위기 조성과 의욕, 창의력을 발휘할 마음가짐

마인드맵을 그리는 방법은 다음과 같다.

1. 종이의 중앙에 중심적 제목을 기입하고 시작하라.

종이의 중앙에서부터 시작하여 360도 자유롭게 방향성을 가지고 생각을 그려나간다

2. 처음에 생각하는 단어를 중심으로 그것으로부터 연결되는 꼬리에 꼬리를 무는 생각들을 작성해 보라.
3. 주요 가지에는 문장보다는 핵심 단어로 작성해 나가면 편하다.
4. 보조 가지에는 기호, 그림, 문장 등 표현력을 동원하여 작성한다.
5. 마인드맵은 꼬리에 꼬리를 물어 그려지기 때문에 여러 가지 색깔의 컬러링도구를 활용하면 좋다. 색깔을 사용하는 이유는 뇌 기능 중 색상감각이 있어 한가지 색깔로 사용하는 것보다 두뇌의 기억 효과를 높일 수 있다.
6. 주어진 시간이 끝날 때까지 각 가지에서 계속 아이디어를 도출해 보라.
7. 완성된 마인드맵은 한편의 일러스트레이션 작품이 된다. 예술적 작품을 만드는 창의적인 아티스트도 되어 보자.

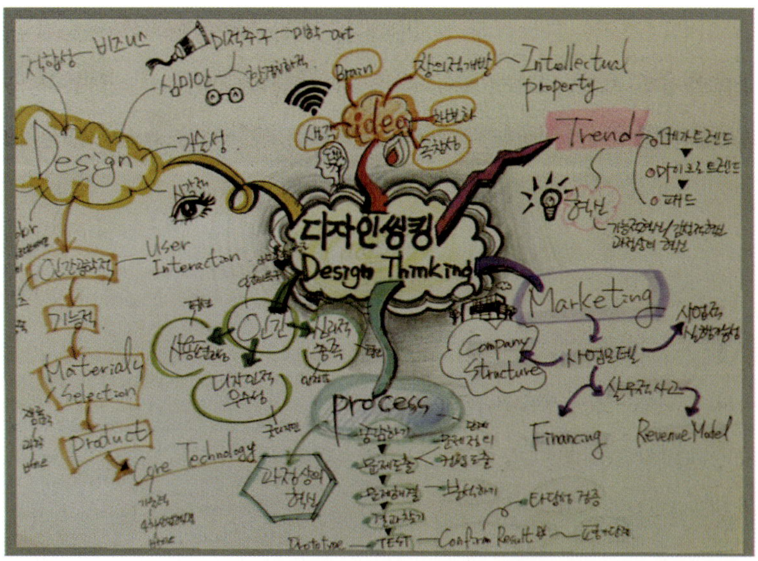

〈디자인 씽킹으로 그려 본 마인드맵〉

마인드맵의 효과

마인드맵의 효과를 마인드맵을 활용하여 그려 보았다.

1. 생각의 전환, 즐거움

생각의 리듬감, 생각의 크기와 변화를 중심에서부터 사방으로 뻗어나가는 방사사고의 표현이라 두뇌의 잠재력으로 들어갈 수 있는 강력한 그래픽적 기술이다. 그래서 시각적 표현으로 생각의 즐거움을 제공해 줄 수 있다. 마인드맵 형태 그 자체가 시각적인 흥미를 끌고 마인드 맵핑 기술이 향상되는 속도에 따라 더욱 매력적으로 응용되어 진다.

2. 두뇌의 활성화

핵심 단어, 그림 그리고 색과 기호를 사용하여 좌뇌, 우뇌의 기능을 유기적으로 연결함으로써 두뇌의 기능을 최대한 발휘할 수 있는 사고력 중심의 두뇌 계발 프로그램이다. 뇌피질의 전 기능을 충분히 활용함으로써 회상능력을 향상시키고 두뇌의 모든 면을 활성화해서 더욱 기민하고 기술적으로 기억하게 한다. 기억을 유도하므로 자신감과 동기유발을 제공한다.

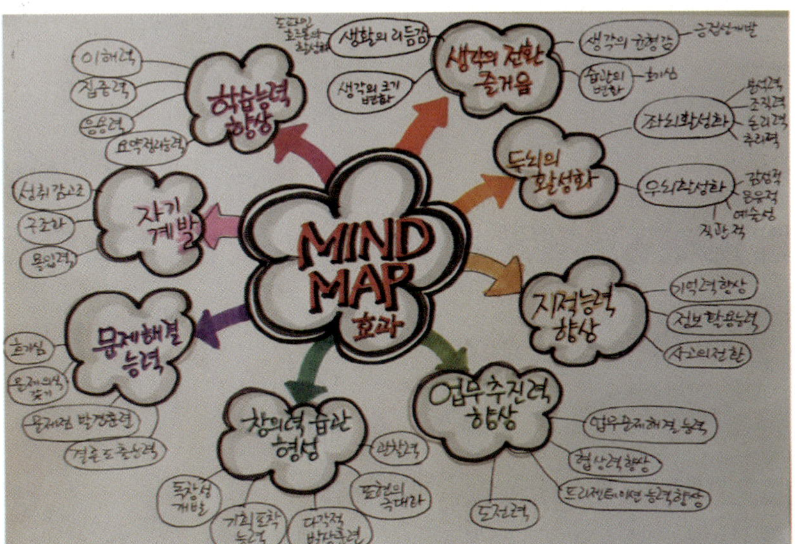

3. 지적 능력 향상

마인드맵이란 학습기법, 정보관리기법이라고 말할 수 있다. 구체적으로 기억력이 향상되고, 정보 활용능력이 계발되며 사고의 전환도 이루어진다. 두뇌를 활성화시켜 기억을 도와주고 기본적인 기억능력의 수준을 높여 준다.

4. 창의력 습관 형성

마인드맵을 활용하는 필기나 그림은 단순히 받아 적는 것이 아니라 두뇌를 활용하여 생각하는 학습훈련이다. 상상력, 관찰력, 표현의 극대화, 다각적 발상훈련, 기회포착 훈련, 그리고 독창성 개발, 언어의 연상작용에 의한 시각적 노트 작성법이다. 창의적 사고과정을 반영하고 이 와 동시에 창의적인 사고기술을 보강한다.

5. 자기 계발

마인드맵을 활용하면 개인과 조직의 성장과 발전과정에 따라 포괄적인 문제해결 관리 도구가 될 수 있는 미시적이면서 거시적인 자기 계발 인생관을 제시해 준다. 이것은 미래와 과거를 연결하고 계획하고 기록할 수 있게 한다.

6. 문제해결 능력

모든 사건을 전체적인 문제해결 능력의 맥락 속에서 보게 한다. 호기심, 문제의식 갖기, 결론 도출 능력 등 거시안적, 미시안적 시각을 제공해 주고 장기적인 면에서도 진정한 통찰력을 얻게 한다.

7. 학습능력 향상

이해력, 집중력, 요약정리 능력 등 본질적으로 다차원적인 기억을 도와주기 때문에 시각적으로 완벽하고 객관적으로 기억할 수 있게 하여 학습능력을 향상시킨다.

8. 업무추진력 향상

업무추진에 있어서 중요한 정보를 관리하고 통제할 수 있어 업무 문제해결 능력을 향상시킨다. 이미지와 색상 코드, 다른 마인드맵에 적용되는 규칙들을 이용함으로써 정보에 접근에 유리하게 되며 연상결합 능력을 최대한 이용해서 두뇌가 물질을 각인하는 능력과 두뇌 네트워크를 조직하는 능력계발에 좋다.

브레인스토밍과 마인드맵을 통합하는 방법

그룹 마인드맵 작성법

조직 내에 여러 사람이 함께 마인드맵을 작성하는 경우에는 전지처럼 큰 종이를 사용하는 것이 편리하다. 여기에서 브레인스토밍과 마인드맵을 통합하는 방법을 활용하면 문제해결을 위한 그 효과가 배가될 것이다.

1. 개인보다는 조직적으로 새로운 정보와 아이디어를 끌어내는 연상결합 고리를 브레인스토밍에 의해 자유롭게 풀어 놓음으로써 창의성과 독창성을 향상시킨다.
2. 모든 창의적 사고기술을 무의식적으로 활용한다.
3. 개인의 무질서한 구성과 부족함, 부딪치는 장애로 인한 스트레스와 불쾌감을 줄여 준다.
4. 작업을 준비하고 구성하고 완성하는 데 걸리는 시간이 조직의 힘에 의해 단축된다.
5. 분석과 창의 과정을 지속적으로 관리, 통제할 수 있게 한다.
6. 상대방의 인식력에 대해 포괄적인 견해를 가지게 한다.
7. 인간관계에 대한 지속적인 기록의 역할을 하고 관계발전을 위한 힘의 근원이 된다.
8. 상대방에 대한 이해뿐만 아니라 자아에 대한 통찰력을 길러줌으로써 자존감 및 자아 성숙에 이르게 한다.
9. 그룹 회의의 흥미를 유발한다.
10. 결과적으로 집중효과 및 조직적이고 종합적인 노력으로 원하는 목표를 달성할 가능성이 높아진다.

마인드맵의 사례

초등학생의 마인드맵 -윤지성의 꿈

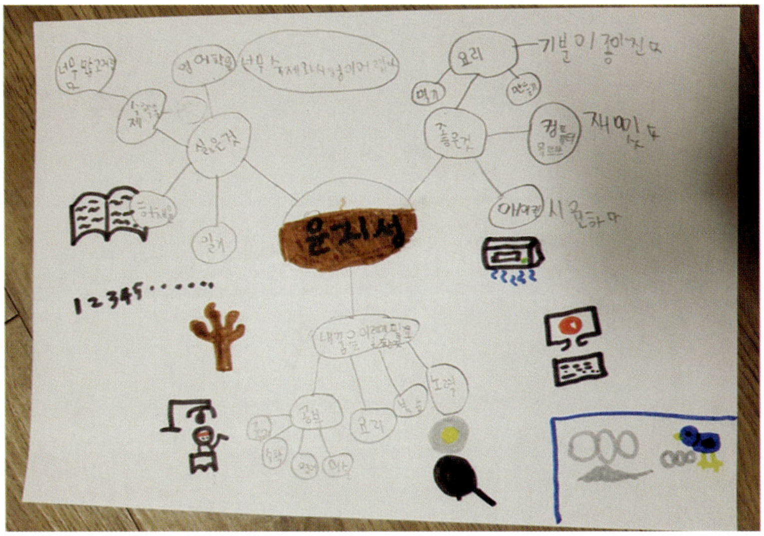

〈서울평화초등학교 4학년 윤지성〉

창업전문가의 창업교육을 위한 마인드맵

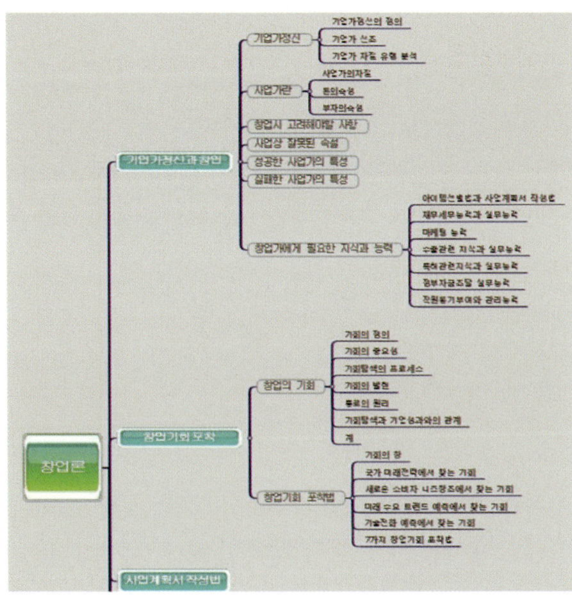

창업전문가의 창업자의 자질에 관한 마인드맵

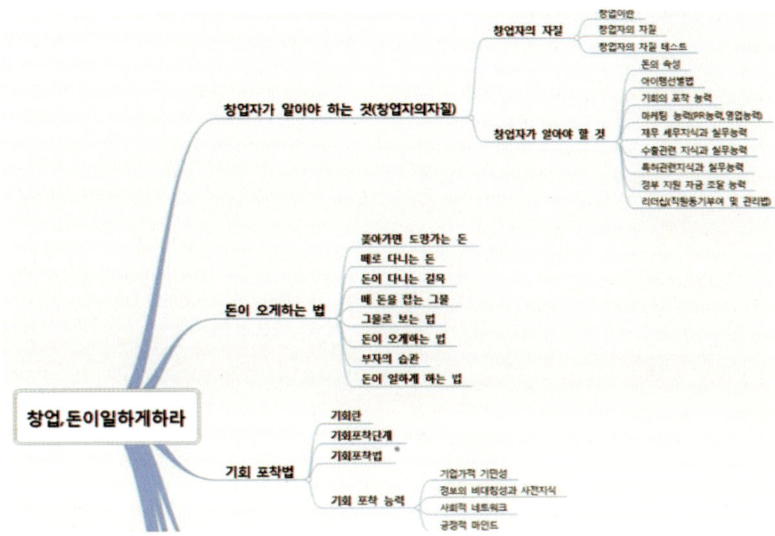

서울대 박사과정의 bioinformatics 분야의 마인드맵

아래의 마인드맵은 bioinformatics 분야의 최근 핫이슈인 정밀의학(precision medicine), 인공지능을 포함하여 주요 개념들과 관련된 내용을 기반으로 작성된 것이다〈Seoul National University, Interdisciplinary Program in Bioinformatics, PhD candidate, Suhyun Hwangbo〉.

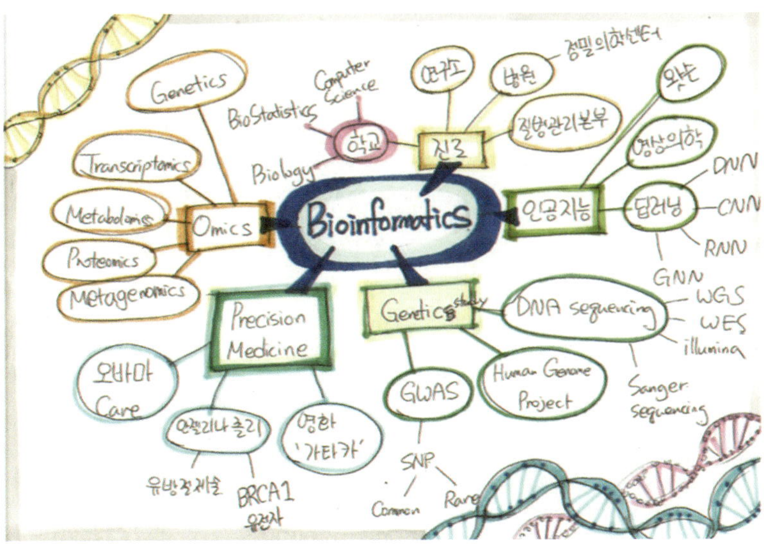

마인드맵을 통한 커넥티드 씽킹 디지털인테리어

디지털인테리어 마인드맵은 4차산업혁명시대 IT기술의 진화에 실내공간 구성 요소들이 디지털화 되고 있으며(AR/VR 등으로) 실공간을 실감이 나게 시뮬레이션 할 수 있는 마인드맵을 통한 커넥티드 씽킹이다.

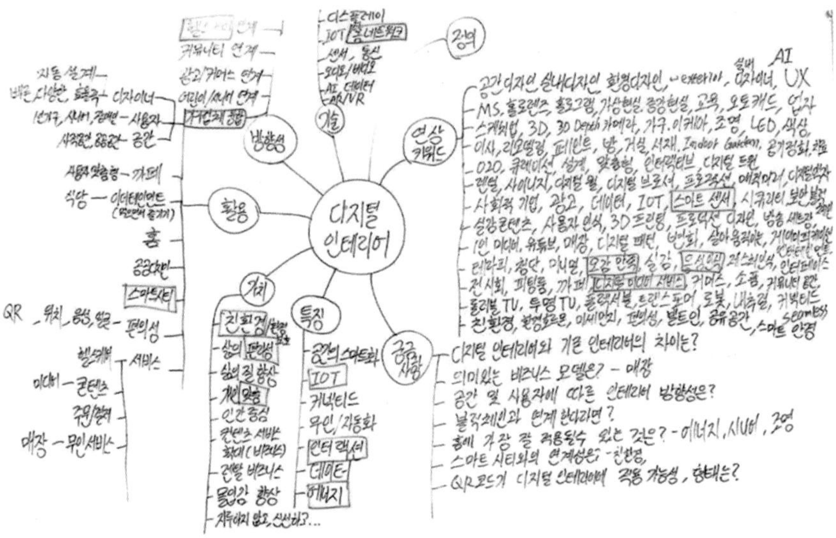

〈유비유넷 운영위원 안경환 교수〉

(이 마인드맵은 유비유넷 트렌드톡 위원들이 협업체계구축을 위한 IT트렌드 톡에서 발췌한 것임)

디자이너의 하루 마인드맵

폴햄 비주얼머천다이저의 하루

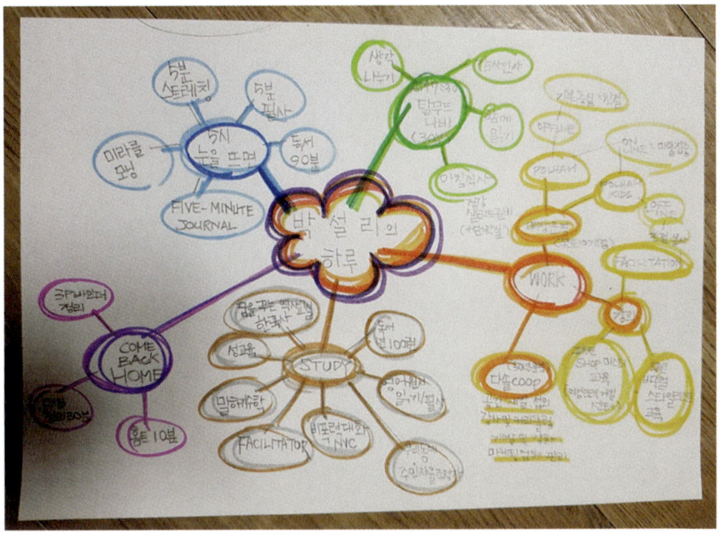

〈박설리 (주)신성통상 계열사 (주)에이션패션 폴햄,엠폴햄,팀스폴햄 사업부 총괄 VMD 차장〉

내 삶의 유레카, 내 인생의 Keyword 찾기

유레카(Eureka)는 바로, 이거야!! 뜻밖의 발견을 했을 때 외치는 단어이다. 어원은 아르키메데스가 목욕을 하던 중 욕조에 들어가서 욕조의 물이 넘쳤을 때 외친 것을 기원으로 보고 있다.

고대 시칠리아의 가장 번창한 도시 국가 중의 하나였던 시라쿠사의 왕 히에론 2세는 전쟁에서 승리할 때마다 감사와 축하의 뜻으로 신들에게 선물을 올렸다. 한 번은 신전에 바칠 생각에 순금으로 된 왕관을 제작하려 기술이 좋은 대장장이에게 이를 맡겼다. 그런데 대장장이가 임금에게서 받은 금을 왕관으로 만드는 데 모두 사용하지 않고 일부를 빼돌려 은을 섞어 순금이 아닌 왕관을 만들었다는 소문이 돌기 시작했다. 이에 왕은 당시 유명한 수학자이며, 물리학자였던 아르키메데스에게 이를 조사하게 하였는데 조건은 왕관을 부수거나 녹이지 않고 알아내라는 명령. 그날부터 아르키메데스는 고민에 빠지는데 어느 날, 목욕탕에서 생각에 잠긴 채 물이 가득한 목욕탕에 들어가자, 목욕탕 안의 물이 밖으로 흘러넘치는 것을 보고, 부피를 이용해 그것을 알아낼 수 있게 됨을 알고는 너무나 기쁜 나머지 목욕탕에서 뛰쳐나오며 이렇게 외쳤다. 'EUREKA'

유레카(Eureka)는 이렇게 뜻밖의 발견을 경험했을 때 외치는 단어이다. 그런데 유레카를 외치려면 먼저 생각의 주제가 있어야 할 것이다. 아무 생각할 이유도 없이 어떤 유레카를 외치겠는가? 이 책이 디자인 씽킹을 외치는 이유가 바로 이것이다.

오늘, 내 삶의 유레카를 외쳐 보자.

비전보드의 비밀

매월 3월이 되면, 새 학기가 시작되고 늘 그래왔던 것처럼 난, 고등학생의 순수함을 아직도 얼굴에 담은 파릇파릇한 대학신입생들을 맞이한다. 학생들은 저마다의 꿈을 갖고 내 앞에 앉아 있다. 난 늘 그 꿈이 궁금했다. 내가 대학 1학년 때는 구체적으로 꿈을 꿀 생각조차 하지 않았다. 교수님도 그 누구도 생각해 보라는 조언도 없었다. 그래서 나는 대학 1학년 이른 시기부터 꿈에 대한 구체적인 비전보드를 그리도록 교육을 한다. 그 이유는 다음에 숨어 있다. 예전에 어디선가 읽었던 내용이다.

미국 유명대학교의 한 교수가 수업시간에 학생들에게 종이 한 장씩을 나눠주며 자신의 꿈을 적으라고 하였다. 그리고 그 꿈의 종이들을 매년 모아 두었다가 20년 후에 과연 그 꿈들이 이루었는지를 확인하기 위하여 동창회를 통하여 자료를 수집하였는데, 성공한 졸업생들만의 특이한 공통점을 발견하였다는 것! 사소하게 느껴졌던 그 결론이 나를 놀랍게 하였다. 바로, 자신의 꿈을 구체적으로 고민하며 써 내려갔던 학생들은 거의 성공했다는 결론이다. 여러 가지 이유가 있었겠지만 내 머릿속에 지배적으로 기억나는 나름대로 결론은 바로 이것이다.

동일한 상황과 조건에서 교수의 말 한마디, "네 꿈을 적어 보아라."

실현될지 안 될지도 모르는 막연함 속에서도 교수의 질문 한 마디에도 흘려 넘기지 않고 최선을 다해 작성한 학생들의 마음가짐과 태도가 성공의 중요한 열쇠가 아니었을까? 작은 일에도 최선을 다하는 자는 당연히 큰일에서도 최선을 다할 수밖에 없다. 성공한 자들의 습관이라는 수많은 책의 경험담에서도 나온다. 그래서 나는 수업시간에 막연하게 꿈이라고 할지라도 구체적으로 꿈을 적는 시간을 가져 보게 한다. 역시. 학생들은 너무도 다르게 이 상황을 받아들이고 써 내려간다.

미리 꿈꿔보는 비전보드는 자신을 변화시킬 수 있다. 난 교수로서 내 제자들이 이 험한 세상에서 디자이너로서 당당해지고 본인의 꿈을 이루는 성공의 길을 가기만을 바랄 뿐이다. 그러다 보니 내 욕심이 학생들 보다 앞설 때가 많아 이론을 중시하고 집중력을 중시하고 실습과제도 중요시 하다 보니 부담스러워 힘들어하는 학생들이 많을 때는 강의평가가 엉망이었다. 왜 중간평가 과제물로 외부 공모전에 수상하게 하였고, 기말 평가 과제물로 특허 등 지식재산권을 출원하도록 괴롭히며 강의하였는지…. 따라오기 힘들었던 학생들의 강의평가 점수를 보고 늦게 깨달아 지금은 흥미롭게 수업내용에 접근할 수 있도록 최대한 노력 중이다. 그래도 졸업 후에 이력서 작성하다가 여러 개의 수상 실적, 자격증, 전시회, 특허 출원 등의 스팩을 적으면서 내 생각이 난다고 가끔 연락이 오는 졸업생들의 메시지가 난 너무나 좋다.

1학년 2학기 디자인 창업실무 수업시간에 난, 학생들에게 비전보드를 그리게 한다. 그 비전보드의 요소는 다음과 같다.

첫 번째는 자신의 좌우명을 적는 것이다. 여러 위인의 명언도 검색하여 자기 것으로 만들어도 좋고 자신의 글로 써 봐도 좋다. 이렇게 하는 이유는 내 경험담 때문이다. 중학교 3학년 시절. 나에게 커다랗게 다가온 좌우명이 있었다. '가장 높이 나는 갈매기가 가장 멀리 본다.' 책상 위에 적어 두고 높이 창공을 날아가는 새의 큰 그림을 붙여 놓았었다. 낮게 날아가는 것 보다 높이 날아야 더 많은 것들을 바라볼 수 있다는 사실에 감동이었다. 난 높게 날고 싶은 좌우명을 늘 가슴에 새기며 살았다. 지금은 어느 정도로 날고 있는지. 아직은 잘 모르겠다. 학생들은 저마다 기가 막힌 좌우명들을 준비해 온다. 칠판에 모두 적게 하여 친구들에게 가장 감동을 주는 좌우명을 준비한 학생에게 어김없이 플러스 점수를 준다. 학생들은 지나쳐 버리는 수많은 좌우명을 보며 그 순간만큼은 자신을 비추어 볼 것이다.

두 번째는, 내가 가장 좋아하는 것을 찾게 한다. 좋아하는 모든 것을 찾게 하고 고민하여 순위별 다섯가지를 선별하여 작성하게 한다. 여기에는 본인의 성향, 성격 등이 보여진다. 내가 좋아하는 것에서 생각지도 못한 아이디어가 나오기 때문이다.

세 번째는 내가 가장 잘하는 것을 신중하게 찾게 한다. 잘하는 모든 것 역시, 많이 적게 하고 그 여러 가지 중에서 고민하여 순위별 다섯가지를 선별하게 한다. 이 단계는 나 스스로 잘하는 것을 찾게 함으로써 자존감을 자신에게 부여하는 실습이다.

네 번째로는 내 꿈을 구체적으로 적게 한다. 졸업 후, 5년 후, 10년 후, 20년 후, 50년 후로 작성한다. 구체적인 몇 년 후로 정해 주어야 자기 삶을 단계적으로 체계화시켜 고민하면서 신중히 정리할 수 있다.

다섯 번째로는 '디자인 창업실무' 라는 수업에 적합하게 '내가 지금 창업한다면 어떤 분야, 아이템을 고민해 볼 것인가.' '내가 멋진 CEO가 된다면' 이라는 상상까지 하게 한다.

이 다섯가지의 세부 내용이 진행되면 앞에 나와 프리젠테이션을 시킨다. 남들 앞에서의 책임 있는 약속으로 본인의 마음에 남기 때문이다. 아래의 사진은 수업시간에 진행한 학생들의 프리젠테이션 사진이다.

수업시간에 진행한 학생들의 비전보드의 네 가지 사례를 소개한다.

오늘, 이 비전보드를 작성함으로 내 꿈을 한번 정리해 보자.

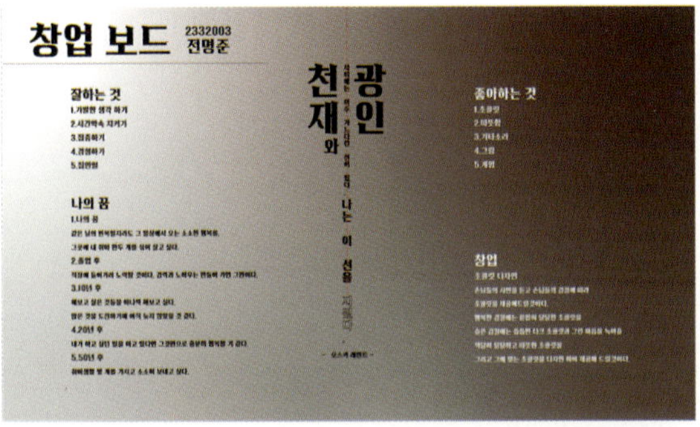

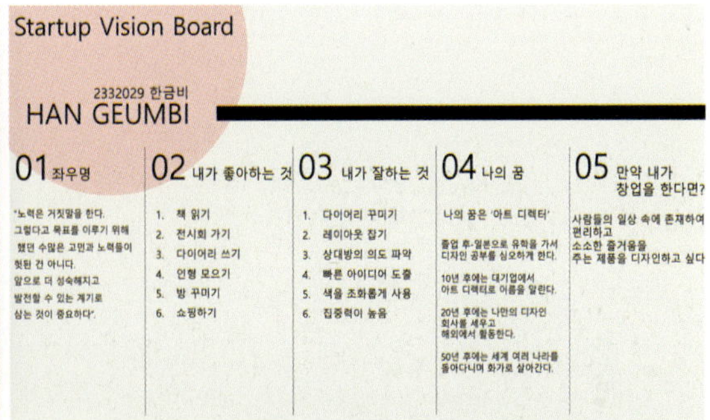

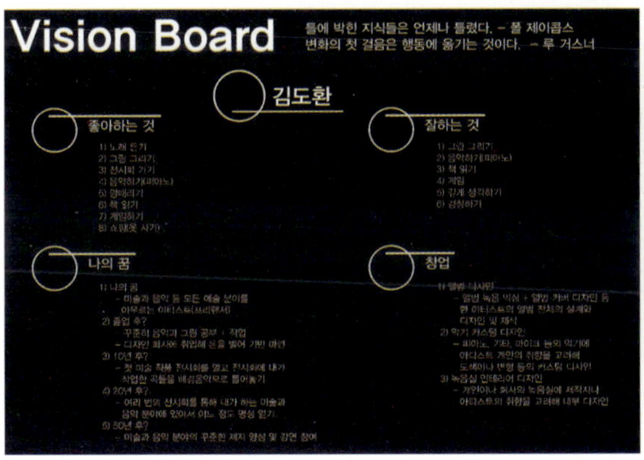

12

Invention
보랏빛 혁명, 발명

나도 너도 발명가 되기, 그 비결
내 인생의 보랏빛 혁명, 발명

맞춤 인생

삶은 나에게 Cm의 개념을 가르쳐 주었다.
그 잣대의 눈금 속에 셈을 세며 살아왔다.
그것을 m로,
아니면 mm로,
또는 다른 나로 측정할 수 있음에도

지금 난,
60센티미터의 규격안에 내 인생을 짜 맞춘다.

나도 너도 발명가 되기, 그 비결

어린 시절 그림책을 읽었던 기억 중에 머리에 계속 남아있는 동화들이 있다.

사과를 먹을 때마다 떠 올랐던 백설공주, 잠의 행복을 만끽하여 피부는 엄청 좋았을 것 같은 잠자는 숲속의 공주, 예쁜 유리구두의 주인공이 되고 싶게 만들었던 신데렐라, 온갖 해산물 속에서도 비린내 안 나는 인어공주, 온통 공주, 공주였다. 이런 것을 보면 어릴 때 외모가 뒤따라 주질 않아 공주병에 안 걸린 것이 천만다행이다. 그런데 동화의 결말은 항상 동일하다. 넘 잘생긴 왕자와 결혼하여 행복하게 살았기 때문이다. 동화에는 부부싸움을 했다고, 자녀교육으로 머리가 아팠다고, 권태기가 왔다고 안 쓰여있기 때문이다. 이 외에, 늘 내 머릿속에 기억되는 한 장면이 있다. 그것은 달걀을 품은 엉뚱한 에디슨의 모습이었다. 어떤 책에는 달걀이고 또 어떤 책에는 거위알이라 하고, 또 다른 책에서는 오리알이라 하지만 결국 의견 충돌 속에서 거위알이 승리하였다. 중요한 것은 알 자체가 아니라 그 행동과 호기심이라는 것이다. 발명왕 에디슨은 어려서부터 이렇듯 매우 엉뚱한 아이였다는 사실….

어느 날 창고에서 달걀을 품고 있는 어린 에디슨이 그려진 그림책의 한 장면의 모습은 어린 나에게는 충격이었다. 닭은 치킨 외에는 만지고 싶지 않은 형상이고 달걀 후라이만이 기억나는 나의 생각에는 상상도 안 되는 상황 연출이었던 것이다. 어찌 닭처럼 알을 품고 있으면 병아리가 나올 것으로 생각한 것일까? 그래서 평범한 나랑 다른 가 보다. 그것은 호기심이라는 참을 수 없는 궁금증에 직접 실험을 경험함으로써 본인만의 해답을 찾고 싶은 에디슨만의 방법이었을 것이다.

'천재는 1%의 영감과 99%의 노력으로 이루어진다'

에디슨의 이 명언은 그 누구나 알고 있다. 사람들은 에디슨이 천재라고 하지만 에디슨은 자신은 천재가 아니라 노력에 의해 만들어졌다고 강력히 말한다. 참 다행이다.

"I make more mistakes than anybody and get a patent from those misakes."

"나는 그 누구보다도 실수를 많이 한다. 그리고 그 실수들 대부분에서 특허를 받아낸다."

- Thomas Edison-

끊임없는 연구와 수천 번의 실험을 통해 발명왕이라는 호칭, 그 뒤에는 실패의 왕도 멋지게 그려진다. 그는 전구를 만들기 위해 수천 번이 넘는 실험을 했다고 하는데 온통 실수투성이뿐이었다. 끝없는 실수, 실수, 또 실수의 반복!!! 그 실수 덕분에 마침내 전구를 발명해 낼 수 있었다. 백열전구 속에 불붙지 않는 필라멘트를 만들기 위해 1600번이 넘는 실험을 통해 드디어 백열전구를 발명한 것이다.

이런 인내의 에디슨은 평생 천여 건이 넘는 특허권을 등록했다.

미국에는 '에디슨 어워즈(Edison Award)' 가 있을 정도로 에디슨의 업적은 전무후무한 기록이다. 미국 전역 각 산업분야의 경영진 및 학자로 구성된 3,000여 명의 운영위원회가 약 7개월에 걸쳐 심사를 진행해 수상자를 결정한다고 하는데 우리나라에서도 많은 수상자가 배출되었으면 좋겠다. 우리나라 최고 권위의 발명상인 '발명의 날 시상식' 있다. 나는 감사하게도 2009년 제44회 발명의 날 시상식에서 발명진흥회장상 표창을 받았다. 거대한 코엑스 전시장의 수많은 스포트라이트를 받으며 상을 받아 보기는 처음이었다. 그런데 이 상은 나의 호기심에서 시작이 되었다.

나는 구경꾼인가?

눈 코 뜰새없이 급속히 변화하는 지금 이 시대의 새로운 패러다임은 '지식경쟁 사회' 를 넘어 '창조 경쟁사회' 이다. '정보화', '복합화(multi)', '다기능화(multi-play)' 라는 메가트렌드의 급 물결 속에서 국내의 창조지식산업의 지도자들은 각 분야 속에서 창조적인 열정과 리더십, 미래를 예측하는 명확한 비전과 목표를 가지고 성장하고 발전한다.

결국, 미래형 인재는 '창조' 로 무장해야 하는 시대가 도래했고 원하던, 원하지 않던 우리는 창의력이 경쟁력의 핵심인 시대에 살아가고 있다. 이런 시대적 트렌드들이 태풍처럼 강타하는데 나는 먼발치에서 스크린으로 영화보듯이 감동만 하는 구경꾼인가? 아닌가?

나도 그 주인공이 될 수 있다.

비즈니스 창의력이 중요

이러한 시대적인 흐름 속에 가장 중요하게 대두되는 키워드는 바로, 비즈니스 창의력이다. 비즈니스 창의력이란, 어떤 일을 목적과 계획을 가지고 비즈니스(business)를 위한 창의적인 것을 생각해 내는 능력을 말한다. 특허 같은 지식재산권은 트렌드에 민감하기 때문에 일반 창의력보다는 비즈니스 창의력의 개념에서 출발하면 좋다.

클레멘토 모크는 다음과 같이 주장했다. '향후 10년간 사람들은 자신의 전문분야와는 완전히 다른 새로운 영역으로 경계를 넘어 생각하고 일하도록 요구받을 것이다. 사람들은 이러한 경계를 넘어 기회를 규명하고 서로 다른 분야끼리 관계를 맺을 수 있어야 한다. 사람들은 다중렌즈를 통해 문제를 바라봐야 할 뿐 아니라 다중모드에서 일하고 훈련할 수 있는 능력을 갖춰야 한다.' 곧, 개인의 전공분야, 직무라는 일안 렌즈의 시각으로 생각하고 생활했던 범주에서 벗어나, 다중렌즈라는 통합과 결합 속에 새로운 일자리를 창출해 내고 차별화된 전략으로 글로벌 무한경쟁 시대에 성공하기 위해 창의력은 필수요소라는 것이다.

미국인 컴퓨터 과학자로, MIT 미디어 랩의 설립자이자 디렉터로 잘 알려져 있는 니콜라스 네그로폰테(Nicholas Negroponte)는 다음과 같이 말했다.

> '사고를 도약할 수 있는 능력은 혁신적인 아이디어를 내는 사람들의 공통적인 특징이다. 이러한 능력은 매우 다양한 배경, 여러 전문분야를 아우르는 생각 그리고 폭넓은 경험의 스펙트럼을 쌓은 사람들에게 발견된다.'

개인이 지금까지 공부하고 쌓아왔던 전공이나 업무에 흥미분야, 곧 제3의 분야를 창의적으로 결합시켜 이색적인 또 다른 테마를 설정해 나아간다면 최고일 것이다. 그러기 위해서 제일 중요한 것은 현 상황을 파악할 수 있는 트렌드의 흐름을 내 보폭이 따라가야 한다. 본인만의 상상을 위한 미지의 세계가 아닌 이 시대가 요구하는, 정보화 사회에서 선도해 나갈 수 있는 비즈니스 창의력을 고안해 내어야 한다.

내가 무슨 발명가? 정답은, 가능!

그런데 중요한 것은, 나는 공대생도 아니었고 과학의 이론은 고교시절에 배운 것이 전부이며 발명이나 특허라는 단어는 입에 올린 적도 없는 평범한 인물이라는 것이다. 그런 내가 무슨 발명가를 꿈꿀 수 있냐는 것이다. 정답은 이거다. 꿈꿀 수 있다.

그 가능성의 이유를 경험에 의해 얘기해 보고자 한다.

예를 들어, 내가 주부로서 청소를 하려고 빗자루로 거실의 먼지를 쓸어 담다가 공기로 빨아들이는 전기 청소기를 고안해 낼 수 있다. 물걸레질하다가 전기 청소기에 접목시켜 물걸레 전기 청소기를 고안해 낼 수 있다는 것이다. 신호등을 급하게 건너야 하는데 남들보다 늦게 출발할 때, 뛸 것인가, 걸을 것인가를 체크해 주는 5, 4, 3, 2, 1 숫자가 줄어드는 것, 이것도 충분히 생각해 낼 수 있는 것이다.

중요한 사실, 생각조차 안 한다는 것

우리가 기억해야 할 중요한 사실 하나는 생각조차 안한다는 것이다. 내 경험에 의하면, 내가 생각만 하고 있다면 잠자는 중이라도 어느 순간 그 무엇인가가 번쩍 떠올라서 벌떡 일어나 기록한 적이 있었다. 어느 광고처럼 생각, 생각, 생각이 정답이었다. 우리는 우리의 가능성을 과소평가한다. 내가 뭘 하겠어?… 평생 뭘 못한다. 그런데 우리의 뇌는 하나님께서 특별히 고안해 주셨기에 상상 초월의 발명품들이 나올 수 있다. 세상에는 내가 수고하지 않은 기막힌 발명품들이 많으니 우리는 그냥 편하게 돈을 주고 구매할 뿐이다. 발명을 하다 보니 나이, 학별, 지능, 돈이 제일 중요할 것 같지만 아니다. 이 네 가지가 없어도 가능하다는 사실을 우리는 모르고 있다.

그 이유 몇 가지를 제시해 보겠다.

첫째, 내 자녀 삼 남매는 특허, 디자인 등록, 발명상도 보유하고 있다. 다른 또래들보다 뛰어나서가 아니다. 발명특허라고 거창하게 설명한 것도 아니다. 그냥 집에서 대화하며 자녀의 생각을 꺼내도록 도와준 것밖에 없다. 그 비결은 이 책의 6장 그대로 창의력 개발방법 17가지를 참조하여 습관을 만들어 주면 된다.

둘째, 내가 가르치는 동서울대 시각디자인과 학생들이 입학하면 나는 1학년 1학기 때부터 창의력 수업부터 시작한다. 역시, 내가 경험한 노하우를 정리한 이 책의 6장 그대로 창의력 개발방법 17가지를 실습과 함께 수업을 진행한다. 1학년이라 지루하지 않게 가르치려 노력하고 있다. 이 17가지 비결을 습득한 학생들은 1학년 2학기가 되어 디자인 창업실무라는 수업을 통해 막연한 창의력이 아닌 비즈니스 창의력의 결과물을 완성해 본다. 내가 창업지원단장으로 보직을 맡을 때는 한 학기 수업에 32명의 학생이 특허, 실용신안, 디자인 등록, 상표등록을 출원한 적이 있다.

셋째, 인터넷 검색을 하다 보면, 어린 초등학생이나 중고교생의 특허 기록들이 올라와 있다. 나이, 학벌, 지능, 돈이 필요 없다는 것이다. 돈이 문제인가? 요즘은 우리 생활에 필요한 아이디어라면 정부에서 창업기금으로 지원해 주는 정부 사업이 너무나 많다. 청년 창업, 시니어 창업, 대학생 창업, 넘치고도 넘친다. 중요한 것은 나의 의지일 뿐이다.

발명이란

그러면 발명이 무엇인지 그 정의부터 알아야겠다.

발명이란 특허법 제2조 1항 1호에 '자연법칙을 이용한 기술적 사상의 창작으로 고도의 것' 이다. 이러한 발명은 넓은 의미로 해석하면 세상에 아직 나오지 않은 것을 새로 창출해 내는 것으로서 생활의 어떤 영역이든 좀 더 편하게 쓸모 있게 크게 또는 작게 등 여러 가지로 새로운 목적하에 만들어 내거나 생각하는 것들이 포함된다.

발명을 위한 창의력을 준비하는 데 있어서 발명의 범위에 해당하지 않는 유형 10가지를 기억하면 좋다.

1) 자연법칙 자체

2) 발견이어서 창작이 아닌 것

3) 자연법칙에 위반되는 것

4) 자연법칙을 이용하지 아니한 것

5) 기능

6) 단순한 정보의 제시

7) 미적 창조물

8) 컴퓨터 프로그램 언어 자체 컴퓨터 프로그램 자체

9) 반복하여 동일한 효과를 얻을 수 없는 것

10) 아직 완성되지 아니한 발명(미완성 발명)

창의력 발명의 쉬운 아이디어 창출 기법

창의력 발명에 있어서 새로운 아이디어를 창출해 낼 수 있는 25가지 기법을 쉽게 정리해 보았다.

1) 나도 발명가가 될 수 있다고 먼저 믿어야 한다.

2) 트렌드를 항상 기억하라 - 미래지향적인 아이디어를 꺼내보라

3) 특별한 생각이나 기능을 더해보라 - 다양한 의미와 방법을 부여하자

4) 흥미롭게 하라-펀 마케팅 활용이면 더 유익이다.

5) 역발상의 원리를 적용하라 - 반대로, 거꾸로 생각해 보라

6) 큰 것을 작게 하라

7) 긴 것을 짧게 하라

8) 두꺼운 것을 얇게 하라

9) 재료를 확 바꾸어 보라 - 제한 범위를 뛰어넘기

10) 형태를 새롭게 창출하라 - 이책의 디자인의 원리 적용

11) 새로운 용도를 찾아보라

12) 무거운 것을 가볍게 하라

13) 보이지 않는 것을 보이게 하라 - 다른 시각으로 보라

14) 위험한 것을 안전하게 하라 - 인간공학적 편리성을 추구하라

15) 삭제하라- 미니멀리즘 시대에 따라 단순화해보자

16) 새로운 의미를 부여하라 - 스토리텔링 중요

17) 고정되어 있는 것을 움직이게 한다, 움직이는 것을 고정한다.

18) 불가능을 가능하다고 믿어라 - 나만의 기적을 꿈꾸자

19) 구멍을 뚫어보라, 있는 구멍을 막아보라. 구멍을 디자인해보라.

20) 자연의 원리를 응용하라 - 창조의 원리를 기억하라.

21) 의식적으로 다르게 보라 - 거꾸로 보자.

22) 무에서 유를 창출하도록 노력하라.

23) 타인의 아이디어를 인정하고 응용하라 - 마음을 열고 수용하라

24) 관찰하는 습관을 가져라 - 그 이유를 파악하라 관찰 대상을 잘 정해보자.

25) 장점과 단점을 항상 생각해 보자.

지식재산권이란

발명의 기본제도는 바로 지식재산권 제도를 말한다. 지식재산권은 인간의 창조적 활동 또는 경험 등을 통해 창출하거나 발견한 지식 · 정보 · 기술이나 표현, 표시 그 밖에 무형적인 것으로서 재산적 가치가 실현될 수 있는 지적창작물에 부여된 재산에 관한 권리를 말한다(지식재산기본법).

지식재산권은 보통 보호 목적을 기준으로, (1) 산업분야의 창작물과 관련된 산업재산권(특허권, 실용신안권, 상표권, 디자인권 등) 또는 공업소유권, (2) 문화예술 분야의 창작물과 관련된 저작권으로 나눈다. 우리가 살아가는 산업영역의 기여에 대한 보호를 기본으로 하며, 문화영역에 대한 보호를 본질로 하는 저작권(著作權)과 더불어 무체재산권(無體財産權)을 이룬다.

특히, 지식재산권은 특허청(特許廳)에 등록함으로써 취득이 되고 등록에는 선출원주의(先出願主義)가 적용된다(특허법 제38조, 실용신안법 제8조, 의장법 제16조, 상표법 제9조). 등록은 하나의 나라

에 한하여 보호되므로 각국에 따로 출원하여 권리화하여야 한다. 또한, 지식재산권은 창작자에게 일정 기간 독점적 · 배타적 권리를 부여하는 대신 그 기간이 지나면 누구나 이용할 수 있도록 하여 기술 진보와 산업발전을 추구하려는 데에 그 의의가 있다는 사실도 알아야 한다. 각각의 지식재산권을 규율하기 위하여 특허법, 실용신안법, 의장법, 상표법이 제정 · 시행되고 있다. 특허권은 고도(高度)한 발명(發明)을 대상으로 한다. 제조방법, 생산방법 등의 방법적인 것은 특허로만 출원할 수 있다. 특허권의 존속기간은 특허출원일로부터 20년이라는 사실은 모르는 경우가 많다.

내 인생의 보랏빛 혁명, 발명

발명이라는 단어는 나와는 거리가 먼 나라의 용어였다. 발명가 에디슨이 존경하는 인물이었을 뿐, 내가 특허를 등록한다는 것은 상상도 못 할 일이었다. 그런데 상상하지 못했던 특별한 기회가 나에게 주어졌다.

2002년 어느 날, 나는 학교로부터 뷰티코디네이션과가 신설될 예정이니 벤치마킹 및 모든 필요 업무를 준비하라는 보고를 받았다. 신설학과 준비는 쉬운 일이 아니었으므로 여기저기 정보를 검색하고 열심히 준비를 하는 기회를 얻게 되었다. 그 당시 국내의 뷰티관련학과가 있는 대학들을 직접 방문하고 학과장 인터뷰를 통하여 자료를 분석하였고 국내 외의 뷰티현황 연구 및 국내 뷰티관련 학과 89개의 교과과정을 세밀히 비교분석을 하는 일이 나에게 주어진 당면 과제였다. 몇 달간의 노력 끝에 2000년대 초반의 흐름에 발맞춘 동서울대학교 뷰티코디네이션과만의 차별화된 교과과정이 드디어 완성되었다. 최종적인 교과과정 보고서가 편집이 되어 총장님께 가서 보고를 드리던 중, 그 속에 푹 빠져있던 내가 미처 발견하지 못했던 뜻밖의 지적 사항을 듣게 되었다.

"왜 뷰티코디네이션과의 교과과정은 컴퓨터 관련 과목이 하나도 없나요? 시대의 흐름을 반영하여 컴퓨터 과목을 배정해 보세요" 난 정말 놀랐다. 그 시점에는 컴퓨터 관련 과목들이 서서히 고개를 들던 시대였기 때문이다. 그러고 보니 나는 국내 뷰티관련학과들의 교과과정의 시대적 흐름에 따른 장점들만 열심히 비교 분석하였었고, 뷰티 실무자들의 인터뷰를 통하여 실제적으로 필요한 과목들만 도입하느라 미처 컴퓨터 관련 과목의 존재 여부를 깨닫지 못했었기 때문이다.

그제야 성급히 정보 자료수집을 진행해 보니 국내 뷰티관련학과들의 대부분은 컴퓨터 관련 수업이 실제로 진행되는 학과가 없었고 소프트웨어도 거의 전무한 상태였음을 파악하게 되어 실제적인 고민에 다시 빠질 수밖에 없었다.

그 당시 뷰티관련 실무자들을 만나 회의하며 소프트웨어의 개발이 자본적인 문제와 과학적, 이론적인 기반 없이는 힘들다는 결론을 내릴 수밖에 없었다. 그러면 내가 개발을 할 수밖에 없구나… 이러한 절망 속에 나의 발명특허의 첫발은 시작되었다.

스포츠한국

헤어스타일, IT를 만나다

장규순 교수 논문 "시뮬레이션 프로그램 상용화 효과적"

최근 IT분야와 패션, 예술 등 감성적 산업과의 컨버전스가 늘고 있는 가운데 이를 이론적으로 체계화한 연구논문이 발표돼 눈길을 끌고 있다.

지난 달 동서울대 패션코디네이션과 장규순(사진) 교수가 발표한 디자인 박사논문(시뮬레이션 기법을 활용한 토털 코디네이션 연출 및 헤어스타일 연구)에 따르면 국내에서 상용화하기 시작한 '버추얼 헤어스타일 시뮬레이션(Virtual Hair Simulation)' 기법이 연구 결과 상당한 효과가 있는 것으로 나타났다.

장 교수가 연구한 '버추얼 헤어스타일 시뮬레이션'은 2006년 8월부터 9월까지 서울, 경기 거주 여성 507명을 대상으로 한 설문조사와 2007년 3달간 70명의 패션·뷰티·산업 디자인 전문가들을 대상으로 진행한 설문 조사를 분석해 개발한 것으로, 이 프로그램은 사용자가 추구하는 이미지 및 얼굴형에 따라 적절한 헤어스타일을 찾아주는 것으로 나타났다.

프로그램은 현재 소프트웨어 개발업체 ㈜뷰티비지(www.haricody.co.kr)를 통해 서비스 중이며, 사용자가 자신의 얼굴사진을 웹상에 올리면 인기 연예인 스타일 및 유행 스타일 등 1,000여가지 헤어스타일을 실시간으로 시뮬레이션 해볼 수 있고 합성사진을 휴대폰이나 미니홈피 등에 보내는 것도 가능하다.

프로그램의 특허권을 소유하고 있는 장 교수는 "예술적·감성적 성격이 짙은 분야로만 생각해온 패션 및 이미지 분야에서도 앞으로는 객관화된 이론적 체계를 통해 미국이나 일본처럼 사업화가 활발하게 진행될 것으로 보인다"고 말했다.

최승혜기자 csh1207@

2003년도부터 뷰티코디네이션과 학과장을 맡으면서 뷰티분야의 다양성 있는 CEO들과 산학협동 회의를 진행하고 철저한 자료조사에 들어갔으며, 시대가 요구하는 소프트웨어 개발을 위하여 끊임없이 노력했다. 그러던 중, 디자인을 전공하는 나의 이론적, 실무적 기반 아래 시뮬레이션 소프트웨어 특허를 개발하게 되었다. 내 인생의 첫 특허 등록이었다.

나의 첫 발명은 주어진 직무에 충실함에서 시작

내 몇 년 치 연봉은 시뮬레이션 소프트웨어 개발을 위한 프로그래머 인력 비용으로 사용되었고 남편은 늘 든든한 물질적, 정신적 후원자로 발명특허 노력에 뒷받침해 주었다.

신설된 뷰티코디네이션과의 학과장으로 늘 바빴던 나는, 연구실에서 11시 넘어 퇴근하는 시간이 많아졌고 급기야는 어느 날, 조교들도 퇴근한 11시 반쯤에 업무를 보다가 시간이 늦어져 퇴근하려고 일어섰는데 갑자기 머리 뒷부분이 찌릿하면서 숨을 쉴 수가 없어 연구실 바닥에 쓰러져 버렸다. 호흡이 안 된다는 느낌이 오면서 이것이 돌연사구나 생각하며 눈물이 나왔다. 남편보다는 솔직히 집에 있는 삼 남매의 얼굴이 떠오르며 살려달라고 기도하였다. 바둥바둥 거리다가 어느 순간 숨이 쉬어지기에 억지로 휴대전화기를 찾아 의사인 엄마에게 통화하였고 평소에 한의학에도 관심이 많아 경혈과 수지침을 배우시던 엄마가 성급히 설명해 주는 손과 팔과 머리의 경혈을 눌러 잠시 진정시킬 수가 있었다. 일어설 힘조차 없고 더욱이 운전조차 힘들어 남편은 자정 넘은 시각에 학교로 데리러 오면서 화도 많이 내었다. 왜 이렇게 힘들게 일하냐고.!!! 나는 쓰러질 만큼 힘들어도 그때는 충분히 참을 수 있었고 새로운 일로 내 삶은 즐거웠다.

국내 최초 "뷰티CAD" 창의력 과목개설

첫 발명특허인 시뮬레이션 컴퓨터 소프트웨어의 활용으로 국내 최초로 "뷰티CAD"라는 과목을 동서울대학교 뷰티코디네이션과 교과과정으로 개설하게 되었고 이 소프트웨어 40개는 수업을 위해 우리 학과에 기증을 하게 되어 정말 흐뭇했다. 그 당시 뷰티관련 신문과 잡지사에 '국내 최초 "뷰티CAD" 과목개설' 이라는 주제로 수많은 인터뷰를 하였었고 나중에는 타 대학 박사과정에서 "뷰티CAD"라는 과목이 개설되어 강의를 할 수 있게 되어 출강을 하게 되었다.

결국, 이 특허제품을 양도한 산학협동 회사는 벤쳐기업선정 및 유망 수출 중소기업뿐만 아니라 기술혁신 형 기업, 경영혁신형 기업으로 등록이 되어 중소기업청에서 승인받기도 하는 쾌거를 누렸다. 또한, 호주에 백만 불 수출의 성과를 이룰 수 있었으며. 현재에는 국내 650여 개 매장에서 고객관리 시스템과 함께 이 특허제품을 활용하고 있다.

KBS 및 SBS, MBC 등 TV 및 신문에 수많은 기사로 홍보되었고 이 실적으로 나는 2008 대한민

국 발명특허 대전에서 은상(특허청장상)을 수상하였으며 그 이후 끊임없는 특허 및 디자인 개발로 2009년 제44회 발명의 날 기념식에서 한국발명진흥회장상 표창을 받기도 하였다. 솔직히 말도 안 되는 상황이 현실로 나타났다. 잊을 수 없는 인터뷰 사건은 발명가 장규순으로 TV 출연까지 섭외가 들어온 것이다. 국회방송 '업그레이드 코리아-세상을 바꾼 발명' 에 15분간 '발명가, 장규순' 으로 방송이 되었다.

창의력의 가속도, 발명

그 이후, 꾸준히 발명에 관심을 가지다 보니 결국엔 현재 16가지 특허와 실용신안, 디자인 등록, 상표등록을 보유하게 되었고, 지금까지 국제대회나 국내대회에서 총 14개의 발명상을 받게 되었다. 감사하게도 2010년에는 올해의 여성 발명 인상을 수상하게 되었다.

또한, 여성부 포털사이트인 위민넷의 특집기사란인 '핑크 리더십-부드러운 카리스마로 승부한다' 면의 테마 기획인 여성리더로 선정되어 인터뷰를 하였다. 내 인터뷰 바로 전에는 여성부장관이 인터뷰했던 대단한 기사면이 있었고, 이 인터뷰는 위민기자단의 집중취재로 만들어지는 특집란이라고 기자는 칭찬을 아끼지 않았다.

그때 쓰러진 이후, 6년 전에 천국에 가신 엄마는 늘 틈만 나면 몸이 괜찮으냐고, 절대로 무리해서는 안 된다고. 항상 걱정만 하셨다. 결국, 발명가가 되었는 계기는 교수라는 나에게 맡겨진 직책에 조금이나마 충실히 노력하려고 애썼던 결과에서 시작이 되었다. 어찌 보면 나는 교수보다는 발명가로 더 많은 기사의 주인공이 되었던 것 같다. 나에게 주어진 기회를 소중히 생각하고 노력해야 한다는 교훈을 얻을 수 있었다.

발명특허를 처음 경험하고 나니 비로소 발명의 스킬과 성취감이 그 다음의 발명에 가속도를 낼 수 있도록 도와주었다. 처음이 힘들지 한번 이루고 나면 그 다음은 너무나 쉽게 전개되

어 진다. 시작이 반이라는 명언이 그 도전을 돕는다. 창의력의 가속도를 이제는 느끼며 살아가고 있다.

〈학교 연구실 사진〉

13

Nothing
아무것도 문제되지 않는다

내 도전에 NO는 없다!
거꾸로면 어때?
만약 창업을 한다면, 교수창업사례

무궁무궁화

항상 이 자리에 피어 있었습니다.
한 줄기로 끝없이 이어 이어서 전해 온 꽃

무궁화가 피는 이유를 아십니까?

이 흙 향기를 잊지 못해 피고 지고
이 하늘향기를 기억하고자 피고 지고
이 恨을 잊지 못해 또 피고 지고

그래서
그 흔적을 남기려
또 피고 집니다

한반도의 빛을 머금고 있습니다.
백의민족의 색으로 꽃잎은 겹겹이 되살아나고
강인한 겨레의 색으로 흙을 파고 올라와
푸르른 하늘과 눈을 마주칩니다.

한민족의 흙 향기를 그래서 알고 있습니다.
그 바람의 숨결을 그래서 알고 있습니다.
하늘이 지으신 이 나라의 숨결을 그대로 기억합니다.

오늘이라는 거울 앞에 비추어도 우리 꽃인 것을…
그래서,
무궁, 무궁화
무궁화꽃이 피었습니다.

무궁화꽃이 다시 피었습니다.

내 도전에 NO는 없다!

"운명은 우연이 아닌 선택이다. 기다리는 것이 아니라 성취하는 것이다"

미국의 정치인이면서 국무장관을 지낸 윌리엄 제닝스 브라이언의 명언이다. 세상을 살다보니 우연보다는 나 스스로가 선택한 길이 많았다. 내가 더 열심히 안했고, 내가 더 성실성이 부족했다. 그러면서도 나는 최선을 다했어…라고 타협하고 합리화하고 위로한다. 우리는 스스로 아무 것도 하지 않으면서 상황이 달라지기만을 바라는 것은 욕심이다. 그 누구도 나를 위해 변화를 선물해 주지 않는다. 그 해답은 오직 나이다. 오직 나만이 나의 변화를 추구할 수 있다.

미국 최초로 아프리카계 미국인으로 대통령에 당선되었으며, 2012년 미국 대통령 선거에서 재선에 성공해 총 8년의 임기를 마치고 퇴임한 버락 오바마 대통령의 글이다.

> "변화는 우리가 누군가나 무엇, 혹은 후일을 기다린다고 찾아오지 않는다. 우리 자신이 우리가 기다리던 사람이고 우리가 바로 우리가 추구하는 변화이다."

미국의 역사를 바꾼 신뢰의 리더십이라고 버럭 오바마 대통령을 이야기한다. 오바마 대통령은 미국에서 최초의 흑인 대통령으로 널리 알려졌으나 엄밀히 말하면 그는 흑인 아버지와 백인 어머니 사이에 태어난 혼혈이기에 '흑인 대통령' 이라는 수식어에 물음표를 붙이는 시선도 있다. 최근 미국 허핑턴포스트의 보도에 따르면 미국의 역대 대통령 가운데 오바마를 포함해 7명이 흑인 혈통을 가진 것으로 보인다. 우리가 잘아는 에이브러험 링컨(16대) 및 워런 하딩(29대), 캘빈 쿨리지(30대), 드와이트 아이젠하워(34대) 등 6명의 대통령을 흑인 혈통으로 꼽기도 하였다. 거슬러 올라가면 이들의 조상 중에 흑인이 있었기에 흑인 혈통으로 간주해야 한다는 말이다. 미국은 백인우월주의가 만연한 사회 성향에 비추어 본다면 버럭 오바마 대통령은 대단한 인물임은 확실하다.

뛰어난 통찰력과 매력 넘치는 연설, 폭발적인 카리스마로 모든 사회 문제에 끊임없이 목소리를 높인 진보 정치인 버락 오바마이다. 퇴임 후에도 분열된 미국을 화해와 통합의 길로 이끌 주역으로 평가받으며 여전히 전 세계에 강력한 영향력을 행사하고 있다. 자신의 한계를 넘어선 이 시대의 인물이 틀림없다.

거창한 대통령의 이야기는 나와 너무 먼 거리에 있다. 최근 우연히 TV를 시청하다가 '유 퀴즈 온 더 블록' 이라는 프로그램에 만학도인 84세 김정자 할머니가 최근 대학수학능력시험에 응시했다고 출연하셨다. 더 기가 막힌 것은 4년 전, 2019년 양원초 6학년 1반 만학도로서 '유퀴즈'에 출연했던 그 김정자 할머니가 이 분이시라는 것이다. 64세, 74세도 힘들 그 길을 84세 할머니가 도전을 하셨다. "대학에 가서 영어 공부 한 가지만 할 거다. 죽을 때까지 연필을 안 놓을 것"이라고 목표를 전했다. 영어공부를 하는 그 이유는 손자, 손녀가 미국에 살다 보니 한글을 몰라서 소통을 하고 싶다는 꿈이 있었다. 이 분만 보더라도 우리에게는 아무런 핑계거리가 없다. 그 무엇도 못할 이유가 없다. 아니 안할 이유 조차 없다.

"너의 한계성에 도전해 싸우라. 그러면 분명히 그것들은 네 능력안에 들어올 것이다." 리차드 바크의 명언을 다시금 되새기며 이 핑계, 저 핑계대며 자신의 한계에 도전 조차 하지 않는 나 자신을 한번 되돌아 봐야겠다.

내 도전에 NO는 없다, 한계도 없다! 라고 한번 외쳐 봐야겠다.

거꾸로면 어때?

세상은 요지경이다. 이 노래만 생각하면 한번 웃게 된다. 요지경은 알쏭달쏭하고 복잡하여 이해할 수 없음을 비유하는 말이다. 말도 안되는 사건들이 터지는 세상, 상상초월의 자연재해, 예측불허의 사건 사고의 혼란 속에 우리는 힘들게 살아 간다. 정석대로만 살면 문제가 없을 줄 알았는데 이래도 힘들고 저래도 힘들다.

그래서 한번 거꾸로 세상을 보면 어떨까? 했다. 좀 특이한 발상으로 1998년도에 출간한 내 시집에 담아 본 '거꾸로' 라는 시가 있다. 늘 고정관념속에서 우리는 평범한 기준안에 선을 그어 놓고 살아 왔다. 이래야만 하는 줄 알았다.

역발상

역발상은 어떤 현상이나 개념에 대해 반대로 생각하는 것이다. 때론 거꾸로 바라 보자. 사물이 희안하게 달라 보인다. 뒤로 거꾸로 걸어 보자. 내 몸은 다르게 반응할 것이다. 30년 전부터 유행이 시작된 뒤로 걷기운동은 주로 뇌졸중 환자들의 재활 프로그램으로 다양한 효과가 발표되면서 대중화되었고 퇴행성 관절염 치료 및 무릎통증완화에 아주 탁월한 운동이라고 연구 발표되었다.

영국 로햄턴대학 연구진은 참가자들에게 나열된 단어를 보게한 후 복도를 앞이나 뒤로 걷도록 실험을 하였는데 이후 시행한 암기력 테스트에서 뒤로 걸은 실험자들이 앞으로 걷거나 걷지 않은 실험자들에 비해 기억력이 향상되었다는 연구 결과를 발표하였다. 더 흥미로운 것은 걷지 않고 뒤로 걷는 것을 상상만 했던 실험자들도 기억력이 향상되었다는 결과이다. 이렇듯 생각만으로도 우리는 달라질 수 있다는 것!

물구나무를 서보자. 물구나무 서기효과는 직립보행하는 우리들에게 머리에 혈액을 공급해 주고 사고력, 기억력, 집중력 등 뇌기능을 향상시킨다는 보고가 있다. 또한, 팔의 근력 및 모든 근력형성에 도움을 주어 건강체력발달의 효과를 준다.

거꾸로 외워보자

'10, 9, 8, 7, 6, 5, 4, 3, 2, 1', 'ㅎ, ㅍ, ㅌ, ㅋ, ㅊ, ㅈ, ㅇ, ㅅ, ㅂ, ㅁ, ㄹ, ㄷ, ㄴ, ㄱ' 단기 기억력을 향상시키기 위해서는 거꾸로 외우는 것이 도움이 된다고 한다.

우리의 고정관념을 '틀리게' 가 아닌 '다르게' 바라 보자. 새로운 상상력이 동원될 것이다.

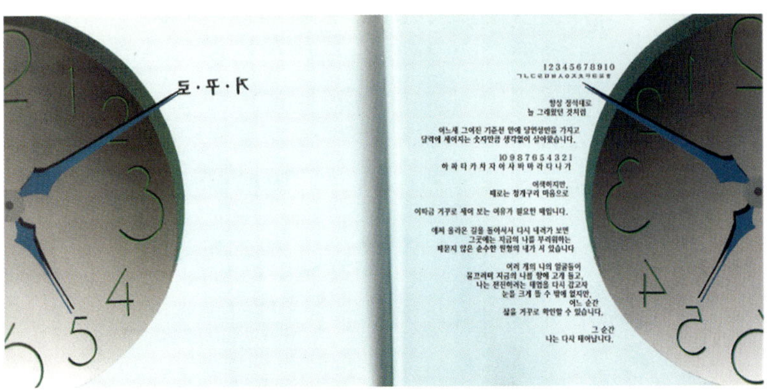

거꾸로

장규순(1988)

12345678910
ㄱㄴㄷㄹㅁㅂㅅㅇㅈㅊㅋㅌㅍㅎ
항상 정석대로
늘 그래왔던 것처럼

어느새 그어진 기준선안에 당연성만을 가지고
달력에 세어지는 숫자만큼 생각없이 살아왔습니다.

10987654321
ㅎㅍㅌㅋㅊㅈㅇㅅㅂㅁㄹㄷㄴㄱ

어색하지만,
때로는 청개구리 마음으로

이따금 거꾸로 세어보는 여유가 필요한 때 입니다.

애써 올라온 길을 돌아서서 다시 내려가 보면
그 곳에는 지금의 나를 부러워 하는
때묻지 않은 순수한 원형의 내가 서 있습니다.

여러 개의 나의 얼굴들이
물끄러미 지금의 나를 향해 고개들고
나는 전진하려는 태엽을 다시 감고자
눈을 크게 뜰 수 밖에 없지만,
어느 순간
삶을 거꾸로 확인할 수 있는 여유를 바라 보려 합니다.

그 순간,
나는 다시 태어 납니다.
그 순간,
나는 당신을 바라봅니다.

만약 창업을 한다면, 교수창업사례

2014년에는 교수창업 '크리에이터 장' 기업을 설립하였다. 그 당시 총장님의 권유로 시작된 교수창업은 비즈니스모델을 어찌 준비하나 고민하다가 그동안 등록했던 지식재산권들과 디자인 수상했던 내용을 활용해야겠다는 생각이 들었다.

브랜드 중 '한국의 창' 은 말 그대로 한국의 창으로 열리는 동그란 지구촌 세계를 의미한다. 한국전통 창호문을 점, 선, 면 디자인의 기본요소로 재구성하여 창의적이고 현대적인 "한국의 창" 이미지로 완성하였고 이 창을 통하여 동그란 지구촌 세상을 바라본다는 대한민국의 창문 심볼 디자인이다.

브랜드 1. 한국의 창.

이 교수창업 제품들로 아시아현대미술전, 아시아미술협회 국제상 및 2018 I SEOUL YOU상품문화디자인국제공모전 문화상품디자인 금상, 제24회 베스트브랜드 & 패키지어워즈 디자인마케팅부문 대상을 수상하였다.

꽃이 나에게 웃어 주었다

또 하나의 브랜드인 '라 로페' 는 Rophe 라파, 로페 곧, 치유를 의미하는 용어로, 상징적 디자인은 '치유의 꽃' 이다. 스트레스로 시달리는 현대인의 몸과 마음을 치유해 주는 디자인제품들을 개발하고 오감마케팅 문화공간을 제공하는 컨셉으로 콜라보레이션을 진행할 기업들을 모집하고 있다.

브랜드 2. 라 로페

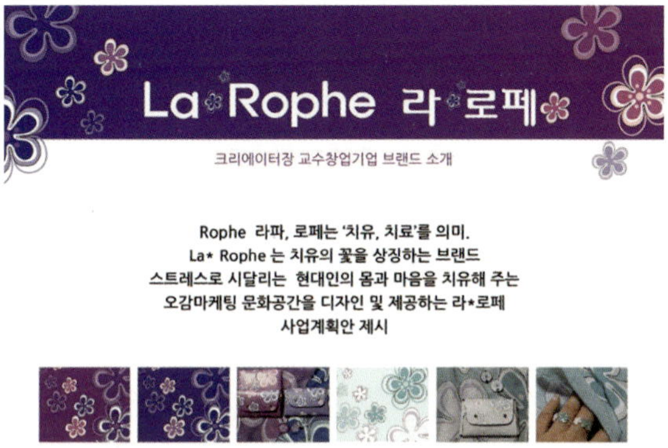
La Rophe 라 로페
크리에이터장 교수창업기업 브랜드 소개
Rophe 라파, 로페는 '치유, 치료'를 의미.
La* Rophe 는 치유의 꽃을 상징하는 브랜드
스트레스로 시달리는 현대인의 몸과 마음을 치유해 주는
오감마케팅 문화공간을 디자인 및 제공하는 라*로페
사업계획안 제시

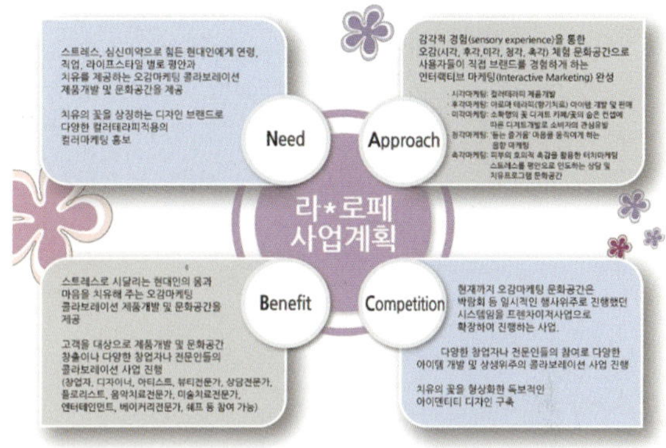
라*로페
사업계획
Need
스트레스, 심신미약으로 힘든 현대인에게 연령, 직업, 라이프스타일 별로 평안과 치유를 제공하는 오감마케팅 콜라보레이션 제품개발 및 문화공간을 제공
치유의 꽃을 상징하는 디자인 브랜드로 다양한 컬러테라피적용의 컬러마케팅 홍보
Approach
감각적 경험(sensory experience)을 통한 오감(시각, 후각,미각, 청각, 촉각) 체험 문화공간으로 사용자들이 직접 브랜드를 경험하게 하는 인터랙티브 마케팅(Interactive Marketing) 완성
Benefit
스트레스로 시달리는 현대인의 몸과 마음을 치유해 주는 오감마케팅 콜라보레이션 제품개발 및 문화공간을 제공
고객을 대상으로 제품개발 및 문화공간 창출이나 다양한 창업자나 전문인들의 콜라보레이션 사업 진행
(창업자, 디자이너, 아티스트, 뷰티전문가, 상담전문가, 플로리스트, 음악치료전문가, 미술치료전문가, 엔터테인먼트, 베이커리전문가, 쉐프 등 참여 가능)
Competition
현재까지 오감마케팅 문화공간은 박람회 등 일시적인 행사위주로 진행했던 시스템임을 프랜차이저사업으로 확장하여 진행하는 사업.
다양한 창업자나 전문인들의 참여로 다양한 아이템 개발 및 상생위주의 콜라보레이션 사업 진행
치유의 꽃을 형상화한 독보적인 아이덴티티 디자인 구축

인터렉티브
공간
감각적 경험(sensory experience)을 통한
오감(시각, 후각,미각, 청각, 촉각)을 자극하여
감성에 호소하는 체험 문화공간으로
사용자들이 직접 브랜드를 경험하게 하는
인터렉티브 마케팅(Interactive Marketing) 완성
시각 마케팅
• 구매력에 가장 큰 영향력으로 시각 87%, 청각7%, 촉각3%, 후각 2%, 미각 1%
• '눈', 아이 캐치(eye catch) 전략
• 컬러마케팅 활용 ; 컬러테라피 제품개발
• 치유의 꽃 디자인: 다양한 제품 기업들과의 콜라보레이션 아이템 개발
후각 마케팅
• 향기마케팅: 향기와 관련된 후각기관, 코, 뇌의 작용, 심리상태 등을 연구하여 소비자들의 구매 형태를 자극하는 판매촉진 마케팅
• 향기로 피로를 풀어주는 아로마 테라피(향기치료) 아이템 개발 및 판매
• 플라워 아트 매장
미각 마케팅
• 소확행시대 '작지만 확실한 행복'의 꽃 디저트 카페
• 꽃의 숨은 컨셉에 따른 디저트개발로 군침을 돌게 하여 소비자의 관심유발
청각 마케팅
• '듣는 즐거움' 마음을 움직이게 하는 음향 마케팅
• 몸과 마음에 평안을 주는 자연 친화적인 CD음반 개발 및 음악감상 공간
촉각 마케팅
• 피부의 호의적 촉감을 활용한 터치마케팅
• 스트레스를 평안으로 인도하는 상담 및 프로그램 문화공간
(공부, 꿈과 비전, 가족사랑치유 프로그램 개발)

브랜드 3. 동백꽃 필 Feel

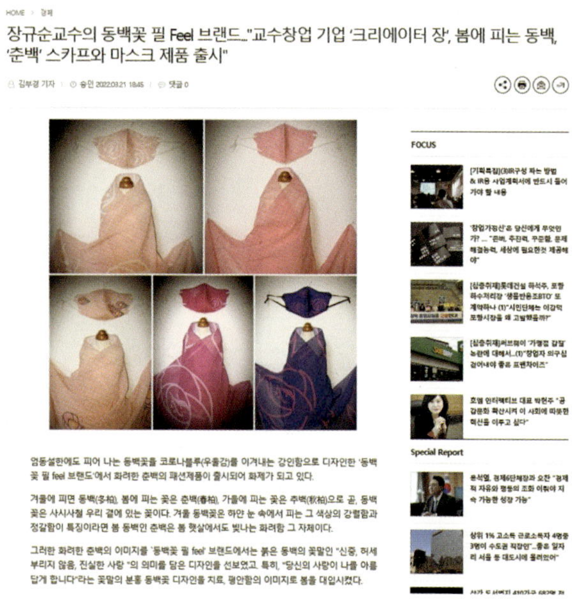

HOME > 경제

장규순교수의 동백꽃 필 Feel 브랜드..."교수창업 기업 '크리에이터 장', 봄에 피는 동백, '춘백' 스카프와 마스크 제품 출시"

김부경 기자 | 승인 2022.03.21 18:45 | 댓글 0

엄동설한에도 피어 나는 동백꽃을 코로나블루(우울감)를 이겨내는 강인함으로 디자인한 '동백꽃 필 feel 브랜드'에서 화려한 춘백의 패션제품이 출시되어 화제가 되고 있다.

겨울에 피면 동백(冬柏), 봄에 피는 꽃은 춘백(春柏), 가을에 피는 꽃은 추백(秋柏)으로 곧, 동백꽃은 사시사철 우리 곁에 있는 꽃이다. 겨울 동백꽃은 하얀 눈 속에서 피는 그 색상의 강렬함과 정갈함이 특징이라면 봄 동백인 춘백은 봄 햇살에서도 빛나는 화려함 그 자체이다.

그러한 화려한 춘백의 이미지를 '동백꽃 필 feel' 브랜드에서는 붉은 동백의 꽃말인 "신중, 허세부리지 않음, 진실한 사랑 "의 의미를 담은 디자인를 선보였고, 특히, "당신의 사랑이 나를 아름답게 합니다"라는 꽃말의 분홍 동백꽃 디자인를 치료, 평안함의 이미지로 봄을 대입시켰다.

FOCUS

[기획특집](3)IR구성 짜는 방법 & IR용 사업계획서에 반드시 들어가야 할 내용

'창업가정신'은 당신에게 무엇인가? ... "끈기, 추진력, 꾸준함, 문제해결능력, 세상에 필요한것 제공해야"

호텔 인터랙티브 대표 박현주 "공감문화 확산시켜 이 사회에 따뜻한 혁신을 이루고 싶다"

Special Report

윤석열, 경제6단체장과 오찬 "경제적 자유와 평등의 조화 이뤄야 지속 가능한 성장 가능"

상위 1% 고소득 근로소득자 4명중 3명이 수도권 직장인"...좋은 일자리 서울 등 대도시에 몰려있어"

브랜드4. 무궁무궁화

장규순 교수창업 기업인 '크리에이터 장' "무궁화 아트웍 패션 코디제품 출시"

경제 | 입력 2023.09.15 11:14

이정우 기자 franchise11@daum.net

[공정언론 창업일보]교수창업 기업인 '크리에이터 장' 장규순 교수가 무궁화 아트웍 패션 코디 제품을 출시했다고 15일 밝혔다.

ASIA Herald

주요기사 최신기사 분야별기사 포토

홈 > 스타트업

크리에이터장, '무궁무궁화' 아트웍 브랜드 디자인 제품 출시

- 패션 제품에 무궁화 디자인 접목은 흔치 않아.. 일제 강점기 독립투사들에 의해 나라를 향한 독립정신과 민족얼의 상징으로 각인..

신은빈 기자 | 2023/09/21 18:15

▲ 무궁무궁화 브랜드와 디자인 제품

크리에이터장(대표 장규순 동서울대학교 교수)은 무궁화를 기본 디자인 컨셉으로 한 '무궁무궁화' 아트웍 패션 코디 제품을 출시했다고 21일 밝혔다.

장규순교수의 "무궁화 아트웨어" 고성군 월이 패션쇼에 등장.

김부경 기자 | 입력 2023.11.30 10:59

Korea Social Economy NEWS
한국사회적경제신문

-우리 민족의 인내와 근면성을 상징하는 꽃 '무궁화' - 교수창업 기업인 '크리에이터 장'

한국 사회적경제신문 김인효 기자 |
장규순교수의 "무궁화 아트웨어" 고성군 월이 패션쇼에 등장.

우리 민족의 인내와 근면성을 상징하는 꽃, '무궁화'를 모티브로 디자인한 장규순교수의 아트웨어 여러 작품들이 '2023 제4회 월이 축제'의 월이 스토리 패션쇼에 등장하여 화제가 되고 있다.

브랜드 5. 오병이어 십자가

오병이어의 십자가 주얼리 디자인

HOME > 경제 > 경제

오병이어 기적의 의미를 담은 십자가디자인 주얼리 출시

이무징 기자 | 승인 2018.01.14 10:13 | 댓글 0

(창업일보)이무징 기자 = 전 세계적으로 다양한 십자가디자인은 많지만 최근 성경의 오병이어 기적의 의미를 십자가형상에 담아낸 독특한 십자가디자인 주얼리가 출시되어 화제가 되고 있다.

동서울대학교에서 24년째 디자인을 강의해온 장규순 교수(비주얼콘텐츠디자인과)는 교수창업 기업인 '크리에이터 장'을 통하여 '오병이어 기적의 십자가 주얼리' 제품을 출시하였다.

이 '오병이어 기적의 십자가 디자인'의 창의력 원천은 물고기의 형상으로 여기에 담겨진 두가지의 디자인 컨셉이 있다.

≡ HOT news 기획이슈 FOCUS 영상투데이 뉴스 경제 오피니언 라이프 구독회

오병이어 기적의 의미를 담은 십자가디자인 주얼리 출시

경제일반 | 입력 2018.01.14 10:13

이무징 기자 jinglee77@naver.com

(창업일보)이무징 기자 = 전 세계적으로 다양한 십자가디자인은 많지만 최근 성경의 오병이어 기적의 의미를 십자가형상에 담아낸 독특한 십자가디자인 주얼리가 출시되어 화제가 되고 있다.

동서울대학교에서 24년째 디자인을 강의해온 장규순 교수(비주얼콘텐츠디자인과)는 교수창업 기업인 '크리에이터 장'을 통하여 '오병이어 기적의 십자가 주얼리' 제품을 출시하였다.

이 '오병이어 기적의 십자가 디자인'의 창의력 원천은 물고기의 형상으로 여기에 담겨진 두가지의 디자인 컨셉이 있다.

브랜드 6. 크리스마스 트리 디자인 엽서

≡ HOT news 기획이슈 FOCUS 영상투데이 뉴스 경제 오피니언 라이프 구독회

크리스마트 트리 활용 새로운 손편지 엽서 디자인 출시

스타트업·벤처 | 입력 2017.12.12 09:34

이무징 기자 jinglee77@naver.com

(창업일보)이무징 기자 = 최근 손편지가 없어지는 디지털시대에 전분 디자이너의 디자인이 가미된 손글씨 엽서가 출시되어 화제가 되고 있다.

24년동안 동서울대학교에서 디자인을 강의해온 장규순 교수(비주얼콘텐츠디자인과)는 2014년 12월에 창업 기업인 '크리에이터 장'을 통하여 '크리스마스 십자가 트리' 제품을 출시했다고 12일 밝혔다.

브랜드 7. 십자가 크리에이터 작품

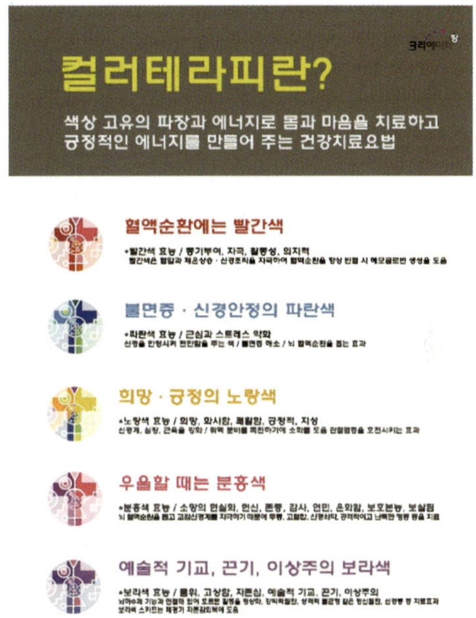

국민일보

"색깔은 마음가짐·태도에 영향. 목회에도 디자인 접목시켜야"

성남=백상현 기자 입력 2018.04.17. 00:02

| 전통문양 모자이크 십자가로 '색채치료' 하는 장규순 교수

장규순 동서울대 시각디자인과 교수가 16일 경기도 성남시 학교 작업실에서 한국 전통문양이 결합된 십자가를 소개하고 있다. 성남=강민석 선임기자

장규순(54) 동서울대 시각디자인과 교수는 한국 전통문양과 십자가를 결합한 작품을 보급하는 학자다. 16일 경기도 성남시 학교 작업실에서 만난 장 교수는 "한국교회가 색채와 디자인의 중요성을 인지하고 목회에 접목해야 한다"고 밝혔다.

장 교수는 지난해 12월부터 한복과 창호문 이미지를 적용하고 오방색(황청백적흑)을 사용한 십자가를 보급하고 있다. 그는 "한국 고유의 색으로 만들어진 십자가 작품을 보는 것만으로도 심리치료 효과를 볼 수 있다"며 "색채치료, 컬러 세러피라고 부른다"고 말했다.

그는 "컬러 세러피의 원리는 색이 가진 고유의 파장과 에너지로 몸과 마음을 치료하고 긍정적인 에너지를 북돋는 것"이라며 "신경 안정에는 파랑, 혈액 순환에는 빨강, 우울할 때는 분홍색이 도움이 된다. 보라색은 폐경기 여성의 자존감 회복에 효과가 있다"고 설명했다. 색상이 기독교의 대표 기호와 만나면 고유한 가치를 담게 된다. 이를 테면 보라색 십자가는 평안을 주는 샬롬을, 창호문과 결합된 파란색 십자가는 선교의 창이 열리는 선교한국을 상징한다.

〈대길교회 비전센터 건축에 헌물한 십자가 디자인 작품〉

14
Good
내 꿈은 언제나 굿

서당 개 십 년이 풍월을 읊었다
100세 시대의 창업 아이디어 개발방법
내 꿈의 원천, 신앙

당신의 눈물이 내 뺨에 흐를 때

세상이 알지 못했던 그 사랑
세상이 알 수 없었던 그 평안
왜 이리 힘들게 걸어왔는지
이 언덕에 내 슬픔 담아 옵니다

당신이 걸으셨던 그 언덕
그 언덕 너머 내 모습 보이나요.
당신이 기다리신 그 언덕
그 언덕 너머 내 사랑도 보일까요?

당신의 눈물이 내 뺨에 흐를 때
이제야 이제서야 알게 되는
내 고백 내 노래 내 사랑

당신의 사랑이 내 맘에 흐를 때
이제야 이제서야 알게 되는
내 마음 내 노래 그 사랑

내 맘에 눈물은 감사가 되어
내 사랑에 감사를 담으렵니다.
내 맘에 아픔은 평안이 되어
평안으로 내 사랑 채우렵니다.

당신의 눈물이 내 뺨에 흐를 때
이제야 이제서야 알게 되는
내 고백
내 노래
내 사랑
함께 계심 그것만으로도 감사였음을

이제야 이제서야 알게 되는 내 노래
잊지 못할 나만의 고백

이 고백 이 마음 바치옵니다.

서당 개 십 년이 풍월을 읊었다

나는 디자이너이고 디자인을 가르치는 교수일 뿐이다. 그런데 요즘 창업이 이 정도로 트렌드가 되리라고는 상상도 못 했다. 그냥 막연히 창업에 관심만 있었다. 펀드 매니저로 활동하다가 투자 자문 회사, 컴퓨터 소프트웨어 회사, M & A 회사 등 7. 8개의 다양한 창업의 경험을 쌓고 창업학 교수가 된 남편을 보며 창업의 달콤함과 그 씁쓸함을 모두 지켜보았다. 서당 개 삼 년이면 풍월을 읊는다고 하더니 옆에서 같이 그 템포에 따라 구경하며 공부해 나갔다.

창업지도사 자격증 공부도 해 보고, 교수창업도 총장님의 권유로 시작도 해 보고, (사)한국창업지도사협회 활동도 하다 보니 창업 관련 저서도 쓰게 되고 동서울대학교 창업지원단장 외 총 네 개의 보직도 맡게 되었다. 생각지도 못한 길이 하나, 둘씩 거짓말처럼 열린 것이다. 조금씩 스며드는 것처럼 믿을 수 없이 신기했다. 막연한 관심이 호기심을 발동했고 자격증 공부에 까지 빠지게 되었다.

그러다가 서당 개 십 년이 되더니 드디어 풍월을 읊게 되었다.

2015년도부터 학과장과 창업 교육센터장, 두 개의 보직을 맡게 되었다. 창업 교육에 더욱더 신경을 쓸 수밖에 없었다. 2016년부터 2019년도까지는 창업지원단장, 창업보육센터장, 창업 교육센터장, 창업지원센터장 네 개의 보직을 맡게 되면서 본격적으로 창업전문가의 길에 접어들었다. 2018년도에는 경기도에서 실시한 창업보육센터 운영평가에서 우리 대학 창업보육센터는 1999년 우리 대학의 창업보육센터 개소 이래 최초로 S등급에 선정되는 영예를 얻었다. 이 평가는 경기도 내의 대학과 민간창업보육센터 51개를 대상으로 기관의 전문성과, 인프라 운영, 기업 운영관리 실적 및 사업계획의 효과성 등 창업보육센터를 운영하는데 필수적인 분야를 세부 항목으로 평가하였으며, 여기에서 가장 뛰어난 평가 등급인 S등급을 받았다는 것은 우리 대학의 창업보육에 대한 노력과 의지가 새롭게 인정받았음을 의미할 것이다. 내가 창업보육센터장을 맡은 지 3년 만에 기쁜 소식을 얻게 되었다.

그해 2월에는 중소벤처기업부와 (사)전국창업보육협회에서 주관하는 전국창업보육센터장 연수에서는 S등급을 받은 센터장들에게 창업보육센터의 성과 사례를 발표하는 영광을 얻게 되었다.

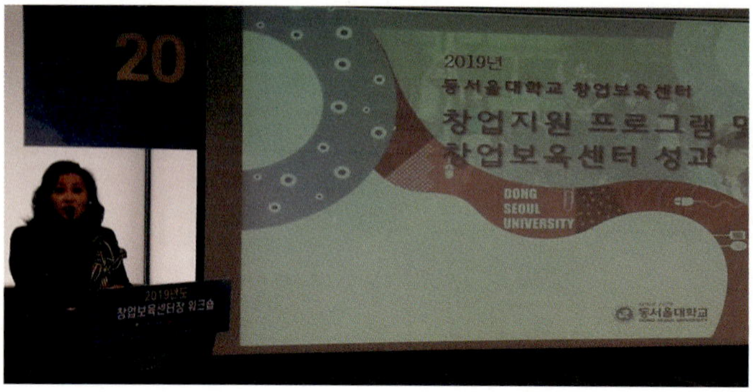

운영평가 결과로 우리 대학 창업보육센터에 대한 경기도의 재정지원이 전년도보다 50% 증가하게 되었으며, 이를 통하여 향후 창업보육이 한 단계 성장하게 되는 계기가 되었고 2019년에도 S등급에 선정되어 2년 연속의 기쁨을 얻게 되었다. 또한, 2018년 말에는 기업가정신 확산 및 진흥 유공으로 중소벤처기업부 장관 표창을 받았다. 창업 분야는 디자인에만 전력질주하며 땀만 흘리던 나에게 갈증을 풀어주는 시원한 생수가 되었다. 가 보지 않은 길을 훙겹게 뛰어갈 수 있는 운동화를 신겨 주었다. 그래서 교수창업도 다시금 힘을 내서 성실히 해야겠다. 나에게 주어진 일이니까….

100세 시대의 창업 아이디어 개발방법

이제 우리는 100세 시대를 살아간다고 한다. 60세는 유엔이 지정한 청년의 시대라고 웃으며 말한다. 내 몸 전체의 안 좋은 곳을 찾아내는 건강검진과 정보를 통해 듣는 장수의 비결, 신약의 발명 등등이 100세 시대를 가능케 한다.

103세의 유명한 철학자, 김형석 교수의 '100세 철학자의 행복론'(열림원)이 최근 출간되어 화제가 되었다. "인격은 최고의 행복이라는 말이 있다. 인격을 계속해서 갈고닦으며 이웃을 섬길 줄 아는 사람은 그 인격적인 삶에서 오는 행복을 누릴 수 있다. 인격은 행복을 담는 그릇이 아니라 행복을 창조하는 주체이기 때문"이라고 설명한다.

나이에 따라 행복을 느끼는 지점도 다르다고 말했다. '젊었을 때는 돈과 사랑, 즐거움이 행복과 동의어다. 50~60대가 되면 성공이 행복의 척도다. 사회적으로 성공하면 행복하고 그렇지 못하면 불행하다. 70~90세쯤 되면 '보람'을 추구한다. 90세 이후에는 베푸는 걸 행복으로 여긴다. 좀 더 종교적인 행복에 다가서는 것이다.'

이 글의 내용으로 나를 점검하게 된다. 키워드는 "자신의 인격 크기만큼 행복을 느낀다는 것." 장수의 비결에도 역시, 인격은 필수적인가 보다.

서울대 의대 생화학 교실에 있던 박상철 원장이 말하는 비법은 바로 소통이다. "60세를 넘긴 사람도 젊은 사람과 어울리는 것을 두려워하지 말아야 합니다. 신기하게도 늙어서 핵막을 두른 세포를 젊은 세포 사이에 두면 스스로 핵막을 풀어 젊어지는 효과를 보여요. 사람도 세포와 마찬가지입니다. 젊은 사람들과 교류를 가질수록 젊어질 수 있죠."

제2의 삶을 위해서는 정부의 제도적인 뒷받침이 필요하다. 은퇴 후를 위한 의무교육이나 상시 진료와 문화적 욕구 충족 등 노년의 삶에 대한 여건이 갖춰진 지역사회 모델을 갖추는 것 등이 박 원장이 강조하는 고령화 시대의 정부의 역할이다. 그는 "정부가 50세 전후의 사람들에게도 의무교육을 해야 한다고 생각한다"라며 "제1차 의무교육에서 20년을 배워 50세까지 30년간 잘 활용했으니 다시 50세에 나머지 삶을 이끌어갈 만한 교육이 필요하다"라고 덧붙였다.

국내 장수학의 일인자가 내놓은 건강 비결은 적극적으로 제2의 인생을 준비하는 자만이 행복한 노년을 누릴 수 있다는 사실이다. 박 원장은 마지막으로 인생의 행복은 궁극적으로 일, 놀기, 쉬기의 3박자가 조화롭게 진행되어야 얻을 수 있다고 강조했다.

유전학, 장수학이 뜨는 시대… 오래사는 것보다 건강하게 오래 사는 것이 중요하다는 것은 누구나 잘 알고 있다. 연구자들의 대부분은 장수를 위해서는 유전자를 벗어날 수 없겠지만 후천적인 노력이 중요하다고 강조한다. 긍정적인 성격, 환경 등의 자연적 요인도 중요하지만, 건강을 위한 운동, 식습관과 영양 정도, 그리고 친구들과의 관계성, 두뇌의 활용, 장수를 돕는 프로그램의 참여, 성인병 예방 결국, 내장지방과의 싸움 등을 강조하고 있다. 너무 재미있는 것은 21세기 불로초의 후보와 연구 결과들이 발표된다는 사실이다. 제2의 진시황제들이 대거 등장할 판이다. 인간수명이 150세 이상으로 늘어날 것이라고 예상하는 학자들의 공통적인 전제는 '항노화 치료제'의 등장이라는 것이다. 이렇듯, 건강이 중요하나 중요한 사실은 건강만이 아니라는 것이다.

창업은 나이와 상관없다.

100세 시대 개막에 따라 국가의 노후복지 강화와 우리 개개인의 준비도 모두 중요하다. 은퇴한 다음, 앞으로 어찌 준비를 하나? 고민하기에는 이미 너무 늦다. 100세 시대는 하나가 아닌 둘 이상의 직업을 가질 가능성이 높고 취업과 은퇴를 끊임없이 반복할 수 있기 때문이다. 60세, 65세 정년퇴임하고 집에서 쉬기에는 인생이 너무 길다는 것이다. 그래서 남이 주는 봉급만 받고 살기에는 우리 인생이 너무 길어질 수밖에 없으니 창업을 할 수 있는 기회를 잡는 순간들이 계속 많아질 것으로 예상이 된다.

그리하여 100세를 살기 위한 창업 아이디어 개발방법을 마지막으로 쉽게 제시하여 보았다.

1. 나이가 많아도 끊임없이 나 자신을 사랑하고 인정하고 칭찬하라.

나 자신을 인정할 것이 없어도 찾아 보라, 분명히 있다. 나이가 많은 것은 아무 문제가 되지 않는다. 미켈란젤로는 84세에 피렌체의 성 요한 성당설계를 위촉받고 88세에 피렌체 아카데미 예술원 명예 원장으로 임명되었다.

경영학의 창시자인 피터 드러커 교수는 95세 사망할 때까지 활동하였고 본인의 전성기는 60대 후반이었다고 이야기하였다. 괴테는 81세에 파우스트를 썼다는 것은 너무나 유명하다.

우리나라는 OECD 국가 중 자살률이 1위 국가이고 특히, 노인자살률은 압도적으로 1위인 비극의 나라라고 여러 연구자들이 이야기한다. 정년퇴임의 시기를 60세 전후로 정하기에는 노령국가로써 살아나가기엔 너무 힘들다. 힘을 내자. 다시금 일어설 기회를 가져보기 위하여 나 자신에게 용기를 주자.

2. 그럼에도 불구하고 감사하라.

나에게 없는 것보다 있는 것을 찾아 보라. 그래도 감사할 것이 없다면 두 팔이 있고 숨을 쉴 수 있는 것부터 감사하라. 내가 그동안 살아오면서 제일 잘하는 것이 무엇인지 점검해 보고 감사일기를 나이가 들어도 계속 써 보라. 감사가 내 삶을 윤택하게 할 것이다. 나에게 도전의 힘을 불어넣어 줄 것이다.

3. 감수성 함양과 감정표현의 극대화이다.

가족에게 사랑한다고 얘기해보는 것부터 시작하라. 내 마음에 사랑을 그려 넣어 보자. 지인들에게는 윤리적이고 도덕적인 선에서 내 감정을 표현해 보자. 내 뇌세포의 호르몬이 옥시토신으로 바뀔 것이다. 사랑하는 자에게 사랑한다는 말 한마디가 왜 이리 어색할까? 그래서 난, 하트를 내뿜는 이모티콘의 활용이 참 좋다.

4. 끝없는 호기심과 문제의식 갖기, 나만의 답 찾기

은평구 평생학습관에서 '비즈니스 창의력' 과목을 특강했을 때의 일이다. 앞에 앉은 40대 후반으로 보이는 중소기업대표가 질문하며 열심히 듣는 모습이 눈에 선했다. 6개월 후 또 초청받아 다시 특강을 갔더니 또 앉아 있었다. 너무 인상적이어서 지난번 특강을 들었는데 왜 또 오셨나요? 질문하니 지난번에 '호기심과 문제의식 갖기, 나만의 답 찾기'를 듣고 실천하니 아이디어가 생각나서 다시 듣고 정리하고 싶어 또 왔다고 얘기하였다. 그런데 1년 후 또 그분이 와서 맨 앞에 앉아 계셨다. 이번에는 계속 사진을 찍으시기에 쉬는 시간에 웃으면서 질문을 하였다. 이 강의를 다른 곳에 가서 하시려고 세 번이나 들으시나요? 뜻밖의 대답을 들었다. '그동안 교수님 강의 듣고 실천해 보니 특허 출원까지 하게 되어 오늘은 교수님께 자랑하러 왔어요' 그 상황이 나는 너무나 기뻤다. 끊임없이 호기심을 발동하라. 그리고 나만의 해결 방법이 무엇인지 스스로 답안지를 작성해 보라. 치매 예방에도 좋고 아이디어 발상에도 도움이 된다. 왜냐하면 지금까지 살아 온 내 환경, 내 지식, 내 방법들이 새로운 것을 조성할 자산이 되기 때문이다.

5. 습관처럼 작문과 낙서를 즐겨라.

펜을 들고 무엇이라도 끄적여 보라. 내 글씨체를 멋지게 써 보라. 나만의 서명도 만들어 보라. 가족의 얼굴이라도 그려 보라. 미처 발견하지 못한 내 그림 실력에 웃음이 날 것이다. 그 기쁨으로 작문을 해 보고 지구가 멸망한다고 할지라도 앞으로 살아갈 내 꿈을 적어보라. 그 끄적임이 나를 움직인다. 또 다른 숨결을 느끼게 해 줄 것이다.

6. 과감하게 표현해 보자.

내 생각을 숨기지 말고 바로바로 표현해 보라. 내 표현과 비슷한 성공한 자들의 삶을 들여다

보라. 그리고 남의 생각을 듣고, 나대로 생각하고, 내 느낌을 바로 표현해 보라. 사소한 대화 가운데에서도 문제해결의 방법이 보여 진다. 남의 표현력도 자세히 분석해 보라.

7. 관찰하면서 고민해 보자.

내가 하고 싶고 관심이 있는 분야를 검색하고 관찰해 보라. 가서 눈으로 확인해 보라. 나이가 들어도 일을 단기간이라도 하여 경험을 축적하라. 관찰의 내용들을 적어보고 그 관찰한 것들과 반대로도 생각해 보라. 트렌드 관찰은 필수이다. 우리는 현재 속에서 살아가기 때문이다.

8. 70, 80세에도 필요한 것은 도전정신과 사고의 전환이다.

위의 관찰한 세부 항목들을 나열한 후, 뒤집어 보라. 바로, 역발상이다. 고정관념은 나의 앞길을 가로막는다. 아무도 생각지 못한 나만의 방법을 찾아보라. 우리는 각자 살아온 환경, 전공, 직업, 성격이 다르다. 그렇기 때문에 이 지구상에 나만의 생각이 특별할 수밖에 없다. 그런 나를 인정하라. 내 뇌의 고정화된 생각에서 탈출하라.

9. 즐거운 집중력 즉, 즐거운 몰입능력이다.

창업에 성공하는 자들의 공통된 노력의 결과는 집중과 몰입이다. 그 하나에 꽂힌다. 그 다음 단계로 그 일을 즐기는 상황까지 나아가기 때문이다. 그리고 그 즐거움을 기대해 보라. 즐겁게 일하는 자를 앞지를 방법이 없다.

10. 치매 예방을 위해 책을 읽자.

책 속의 길은 확실히 있다. 내가 길을 열고자 하는 창업 분야에 미리 성공궤도를 달리는 자들의 비결을 곱씹으며 내 계획의 세부 방안을 정리해 보자. 그래서 책은 참 고맙다.

11. 끊임없는 연습으로 승부하는 것이다.

연습, 연습, 연습, 남다른 차별화된 시각으로 바라보는 연습, 고정관념을 탈피하는 연습, 자신의 경험을 역이용하는 연습은 필수이다. 현재의 자신을 탈피하는 훈련이 제일 힘들 것이다. 나의 최대의 적은 나 자신이라는 말이 맞다. 나를 이겨야 남보다 앞설 수 있다.

12. 꿈을 주는 인내.

인내는 나를 바꾼다. 열정이 없이는 인내가 어려울 것이다. 인내하며 자신을 이기다 보면 어느새 열정은 내 것이 될 수 밖에 없다. 행복한 인내를 꿈꾸자.

13. 고집을 내려놓고, 남을 수용하기, 이후 결합하기.

나이가 들면서 제일 조절하기 힘든 것은 내 고집이다. 내 고집을 꺾고 마음을 열자. 남의 생각과 의견을 존중하고 의미를 부여해 보며 소통의 능력을 활용해 보면 새로운 접근법이 열린다. 내 전공과 타인의 전공을 융합하는 의외의 결합력이 창의력을 만든다.

14. 하루의 가속도 보다 생각의 가속도를 즐겨라.

앞으로는 상상 초월 속도의 시대가 될 것이다. 남과 동일한 생각의 속도는 아무것도 아니다. 나만의 속도를 찾아 보라. 그것은 혁명이다. 옆 사람이 나보다 빠르건, 느리건 아무 문제가 되지 않는다. 나만의 창의력의 가속도를 즐기자.

15. 프로 액티브 이미지네이션의 필요를 다시 인식하라.

트렌드 검색은 창업의 필수 항목이다. 소비트렌드, 디자인트렌드, 제품트렌드, 컬러트렌드, 내 창업 분야의 트렌드를 찾아보고, 다음 단계를 미리 예측하고 준비해야 한다. 미래의 일어날 일들을 미리 예측해 보며 준비해 나가자. 그래서 정보는 필수요소이다.

16. 어크날리지먼트(Acknowledgement) 전략을 상기하라.

상대를 인정하고 수용하는 가운데 그 강점을 파악함으로 역량을 강화시키는 방법이다. 전공과 전공의 통합, 업종과 지식의 결합 등 새로운 방법을 모색하는 것이다. 각 분야 전문가들의 네트워크 조성이 매우 중요한 요인으로 작용할 수 있다. 사람들을 만나고 귀 기울여 그 들의 생각을 듣고 나만의 방법으로 승화시키자.

17. 기회를 만들어 나가라.

한 가지 일만 추구하고 살기에는 인생은 너무 길고 또 길다. 터닝 포인트(Turning Point) 가 반드시 존재한다고 믿는다. 성공하려면 언제 어느 때에 다가올지 모르는 '기회' 를 잡는 순이라고 필자는 믿고 있다. 중요한 것은 예측할 수 없는 때에 오는 기회를 잡기 위해 항상 준비해야 한다는 것은 필수적 요인이다. 생각하고 있어야 그 생각이 내게로 온다. 그 준비 중 제일 중요한 것은 나 자신의 건강상태이다. 건강을 잃으면 다 잃는다.

내 행복의 크기는 내가 결정한다. 내 걱정의 크기도 내가 결정한다.
내 뇌 속을 어느 색으로 채울지는 오직 나의 선택일 뿐이다.
나는 왜 여기 서 있는 것일까?
현재 내 삶에 만족함이 없을지라도 한번 보랏빛 꿈을 꾸어 보자.
오늘 입어 보지 않은 옷장 속에 숨겨 둔 과감한 색의 의상을 코디해 보고,
화려한 모자도 써 보고, 튀는 가방도 들어 보자.
오늘 하루는 다른 하루로, 내가 상상할 수 없었던 새로운 나로 바꿔 보자.
과감한 보랏빛으로 나를 채색해 보자.
내 손에 담겨진 것이 때론 부족하다 할지라도 감사의 긍정성으로 나를 바꾸자.
이 지구상에서 오직 나는, 나 하나뿐이기 때문이다.

내 꿈의 원천, 신앙

내 자존감의 원천은 바로, 신앙이었다. 대학원 다니던 80년대 후반, 난 데이빗 A. 씨맨즈의 '상한 감정의 치유' 라는 책을 읽고 내 삶에 새로운 활력을 얻었다. 이 책은 명료한 성서적 신학과 심리학의 기초 위에 현실적인 우리 상황을 재조명할 수 있는 자기 확인서였다.

우리는 자신도 모르게 가슴 아픈 상처들을 계속 억누르거나 은폐시키고 자기 비하, 낮은 자존감 속에서 살아간다. 어린 시절 극심한 고통이 있었다면 자유하지 못한 심리적 감정 때문에 죄책감에 시달리며 자신을 비하하면서 보내기도 한다. 결국 신체의 병리적 증세, 우울증으로 시달리다가 극단적인 선택을 하기도 한다. 어느 가스펠 송의 가사처럼 '난 사랑받기 위해 태어난 존재' 라는 것을 까마득히 잊어버린다.

꿈을 꾸는 이유

나를 바로 찾게 해 주었던 것은 바로 신앙이었다. 유치원 시절인 1970년에는 교회 부속유치원에 다니다 보니 항상 식사기도를 하고 간식이나 밥을 먹는 훈련을 시작했다. 초등학교 1학년부터 다녔던 대한 예수교 장로회 대길교회는 지금까지 52년간의 내 삶의 터전이 되었다.

초등학교 1학년, 주일아침이 되면 엄마는 예쁜 옷을 입혀 주시고 꼭 20원을 손에 쥐어 주셨다. 10원은 헌금을 하고 10원은 교회가는 상금이라고 하셨다. 그 당시 내 얼굴만 한 커다란 크림빵이 10원이었다. 난 일요일이면 늘 교회가는 날이었다. 그 습관이 지금 60세까지 이른다. 이 습관은 나를 지금까지 살아가게 해 준 원동력과 능력이 되었다.

어려움, 고통, 스트레스가 나를 지배할 때, 나는 어김없이 다시 일어설 수가 있다. 이 비결은 기도였다. 기도는 나만의 스트레스를 푸는 방법이었다.

나는 금요일 저녁마다 심야 영성 기도회를 가려고 노력한다. 일주일 동안 정신없이 살다가 금요일 저녁에 집에 와서 늦은 저녁을 먹고 나면, 눈 뜰 힘조차 없다. 그런데 그 몸을 추슬러서 교회 금요 심야 기도회를 간다. 늘 힘들어 지각생이다. 예전에는 철야기도회였는데 교회도 트렌드에 따라 시간의 조정이 이루어져 심야 기도회로 대체되었다. 지각생이라도 가는 이유는 단 한 가지… 잠시라도 한심한 나를 눈물로 회개하면서 기도하고, 찬양하고 나면 일주일 동안 쌓인 나의 스트레스, 근심, 걱정이 모두 사라진다. 집에 올 때는 어깨위가 너무 가볍다. 이런 나만의 스트레스 해소법이 없었다면 나는 내 삶의 무게를 못 견디어 쓰러졌을 것이다. 의학적으로도 입증이 되었다. 최근 "심리 신경내분비학" 저널에 발표된 논문에 의하면 우리는 서로 사랑할 때 '옥시토신 호르몬' 이 분비되는데 바로, 이 사랑의 호르몬이라 불리는 "옥시토신" 은 사랑과 유대, 신뢰와 관용, 안정감과 평정심 등을 높여 주는 역할을 한다. 그래서 '옥시토신 호르몬' 이 많이 배출될수록 평안과 너그러운 마음을 가지게 해 준다.

기도는 내 삶을 윤택하게 한다.

감사할 때, 사랑할 때 분비되는 '옥시토신 호르몬' 이 기도할 때도 역시 많이 배출된다는 연구결과이다. 내 자신도 입증한 방법이다. 내 삶을 위해 내 스트레스를 날려 버리는 또 하나의 방법이 있다.

나는 찬양 욕심쟁이다.

1981년도 고등부 성가대 시절에는 크리스마스 발표에 한복을 입고 찬양했었는데 지금 생각하면 웃음이 나는 추억의 장면이 떠오른다. 본격적인 성가대 봉사는 1983년 대학 1학년부터 시작되었다. 남편이 1부 예배의 실로암 성가대 지휘를 9년 할 때는 해산하기 바로 전까지 성가대를 봉사했고, 큰딸, 둘째 딸 갓난아이를 새벽 6시에 시댁에 맡겨가며 지휘자 남편을 따라다니며 찬양했다. 3부 찬양대를 현재까지 봉사하고 있고, 전공자도 아닌데 성가대 쏠로나 데스칸트 부분도 담당할 때가 있으며 여성중창단 단장을 지금도 맡고 있다. 나에게는 성가대 봉사와 늘 지각하는 금요 영성 심야기도 시간이 내 삶의 활력이 되어 지금도 노력하며 살고 있다.

내가 찬양에 욕심쟁이였던 남모르는 한 가지 고백이 있다. 처음 시온산 성가대를 시작할 때는 내 소리가 너무 부족하다는 생각에 2년간 립싱크를 했다. 성가곡을 부를 만큼의 고음은 나오지도 않았고 내 소리로 찬양곡이 망쳐질까 염려되어 열심히 혼자 금붕어파트를 맡아 뻐끔뻐끔 입만 벌렸다. 악보도 잘 읽지 못하고 달세뇨도 몰라 나 혼자 허둥지둥 정신이 없었다. 솔로 하는 분들을 보면서 부러움에 감동만 하고 살았다. 그때 내 기도 제목은 '남들 앞에서 내가 찬양으로 독창 한 번만 할 수 있는 실력이 된다면, 내 찬양을 듣고 단 한 사람이라도 주님을 기억한다면, 내 평생 주님만 찬양하며 살겠습니다'.였다. 그런데 그 기도가 이루어졌다. 시온산 성가대 3년 봉사할 즈음 철야 기도 중에 목소리가 갑자기 변하여 86년도에는 처음으로 청년부 성가대에서 첫 솔로를 시작했다. 목소리가 확 바뀌기 전까지 숨겨진 한 달간의 간증들이 있지만 길어서 생략한다. 그래서 나는 그 이후 솔로 찬양의 부탁이 오면 감사해서 무조건 열심히 노력하였다. 음치 올챙이 시절의 나를 잘 알기 때문이다. 음치 시절 교회 대학부 오빠였던 남편이 증인이다.

나는 성가대 봉사를 호호 할머니가 될 때까지 하고 싶다. 왜냐하면 지금까지 나를 살게 만들어 준 힘과 능력의 원천이기 때문이다.

난 아직도 보랏빛 꿈을 꾼다.

나는 꿈이 있다. 올해 60세 환갑인데도 나는 아직도 청년의 꿈을 가지고 산다. 지금은 나이가 많아서 결혼식 축가를 잘 안 부르지만 10년 전까지만 해도 많이 불렀던 기억이 있다. 늘 10월에 부르는 결혼식 축가는 조수미, 김동규 님의 '10월의 어느 멋진 날에' 로 남편과 부르는 듀엣곡이다. 남편은 노래와 상관없는 창업학 교수지만 교회성가대 지휘를 10년 이상 하였었고 그 외, 남성중창단 단장 및 지휘를 했었다. 나는 성가대 봉사 및 여성 중창단단장을 30년간 맡고 있다. 내가 단장인 여성중창단은 남서울노회 여전도회 찬양경연대회에서 대상을 수상하기도 하였다. 하나님의 특별한 선물이었다. 나는 기회가 된다면 지금보다 더 열심히 찬양하는 자로 살고 싶다. 형편없이 찬양을 못 하던 나에게 갑자기 눈물과 함께 주셨던 하나님의 선물이기에 더 감사하게 살고자 노력한다.

요즘에는 유튜버로 활동한다. 수업시간에 트렌드 강의 중에 핫한 트렌드인 유튜브 이야기를 하다가 한번 해 볼까? 하는 의지만으로 시작했는데 솔직히 많이 힘들다. 민망하지만 함부로 시작할 일은 아닌 듯하다. 최근, 전도하기 민망한 친구들에게 전도용으로 들려주고 싶은 내 고백찬양을 불러 보았다. '내가 처음 주를 만났을 때' 대학교 때 제자훈련받으면서 고백했던 나만의 찬양이었다. 그런데 이 곡은 조회수가 다른 곡보다 높기는 하다. 단 한 명만이라도 내 찬양을 듣고 하나님을 기억한다면 그것만으로도 충분하다.

감사, 감사, 감사를 잊지 말자.

또 하나의 내 꿈은 선한 영향력을 발휘하는 교수가 되고 싶다. 하나님께 받은 은혜를 나누는 자가 되고 싶다. 그것이 사랑이던, 물질이던 '나누는 기쁨'을 누리며 살고 싶다. 이것은 내가 교수창업을 열심히 살고자 하는 또 하나의 중요한 이유이기도 하다.

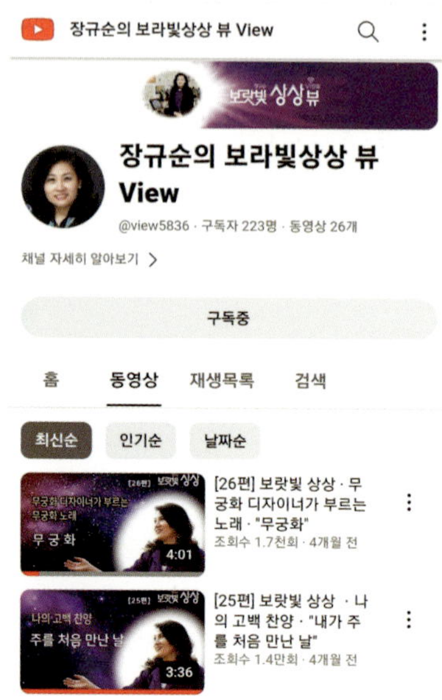

미혼모와 함께하는 크리스마스 뮤지컬

장규순 교수(동서울대 디자인학과)재능기부 출연

십자가 크리에이터

최근, 나는 십자가 크리에이터의 꿈을 꾼다. 십자가 디자인을 통하여 선교하고자 준비하기 때문이다. 어려운 개척교회에서 내 디자인이 필요하다면 디자인 사용권을 무료로 제공해 주고 싶

전통문양 모자이크 십자가로 '색채치료' 하는 장규순 교수

"색깔은 마음가짐·태도에 영향 목회에도 디자인 접목시켜야"

장규순(54) 동서울대 시각디자인과 교수는 한국 전통문양과 십자가를 결합한 작품을 보급하는 학자다. 16일 경기도 성남시 학교 작업실에서 만난 장 교수는 "한국교회가 색채와 디자인의 중요성을 인지하고 목회에 접목해야 한다"고 밝혔다.

장 교수는 지난해 12월부터 한복과 창호문 이미지를 적용하고 오방색(황청백적흑)을 사용한 십자가를 보급하고 있다. 그는 "한국 고유의 색으로 만들어진 십자가 작품을 보는 것만으로도 심리치료 효과를 볼 수 있다"며 "색채치료, 컬러 세러피라고 부른다"고 말했다.

그는 "컬러 세러피의 원리는 색이 가진 고유의 파장과 에너지로 몸과 마음을 치료하고 긍정적인 에너지를 북돋는 것"이라며 "신경 안정에는 파랑, 혈액 순환에는 빨강, 우울할 때는 분홍색이 도움이 된다. 보라색은 폐경기 여성의 자존감 회복에 효과가 있다"고 설명했다. 색상이 기독교의 대표 기호와 만나면 고유한 가치를 담게 된다. 이를 테면 보라색 십자가는 평안을 주는 삶을을, 창호문과 결합된 파란색 십자가는 선교의 창이 열리는 선교한국을 상징한다.

"보라색 십자가는 평안 주는 삶을
창호문과 결합된 파란색 십자가는
선교의 창 열리는 선교한국 상징
교회건축부터 주보제작
작은 전도용품 배포에 이르기까지
최소한의 색채감각·철학 필요"

장 교수는 "실내 벽을 어떤 색깔로 칠하느냐에 따라 그 공간을 찾는 사람들의 마음가짐과 태도가 달라진다"며 "그렇기에 교회 건축부터 주보 제작, 작은 전도용품 배포에 이르기까지 최소한의 색채 감각과 통일성, 철학을 갖고 있어야 한다"고 당부했다.

장 교수는 고(故) 장을병 국회의원의 둘째 딸로 현재 서울 대길교회에 출석하고 있다. 그는 지난해 11월 완공된 대길교회의 일부 벽면을 페인트와 십자가만으로 재구성해 공사비를 절약한 경험이 있다.

장 교수는 "시멘트 벽면을 원색으로 도색한 뒤 한국 전통문양을 접목한 십자가를 걸고 조명을 비췄더니 무의미한 벽면이 전시실처럼 살아났다"며 "앞으로 한국기독교색채연구소를 만들어 미자립교회의 공간 구성, 색채 선정, 디자인을 돕고 싶다"고 말했다.

그는 2008년 특허청 주최 발명특허대전 은상을, 2010년엔 특허청 '올해의 여성 발명인상' 등을 수상했다. 한국 전통문양과 결합된 십자가 보급을 위해 학내 벤처기업인 '크리에이터 장'도 운영 중이다.

성남=백상현 기자 100sh@kmib.co.kr

크리에이터 장

장규순 동서울대 시각디자인과 교수가 16일 경기도 성남시 학교 작업실에서 한국 전통문양이 결합된 십자가를 소개하고 있다. 성남=강민석 선임기자

다. 내 작품이 기독교인에 도움이 된다면 정말 좋겠다. 국민일보에 '십자가로 색채치료하는 장규순 교수'로 보도되었다.

초등학교 1학년 때부터 교회를 다녔던 어린 소녀가 이제는 60세 권사가 되어 교회에 바치는 시이다.

천국의 계단

장규순(2017)

어릴 적 뛰어놀던 내 교회 앞 마당…

얼기설기 넝쿨이 언덕 위 계단까지 가득 했었지…
넝쿨 속엔 누렇게 익은 호박도, 이름 모를 오색 꽃도,
어릴 적 내 꿈도 숨어 있었지…

넝쿨 지나, 언덕지나
수많은 계단을 헐떡이며 올라가면
근엄하신 하나님이 나를 바라보며 앉아 계셨던 곳…
못 자국 상처로 아프세요?
질문하던 어린 나를 항상 기다리셨던
주님의 의자가 놓여져 있는 곳…
난 그 앞에 조그맣고 아무것도 몰랐던 아이였었지

교회는 꿈의 궁전…
채색옷을 입은 잘생긴 요셉을 설레며 만나고,
다윗과 골리앗의 싸움도 신나게 응원하고…
무지개가 그려진 노아의 방주 안에서 숨바꼭질하며 신나게 뛰어놀았지

교회 위에는 구름을 향한 또 다른 계단이 있었다네

인생의 희, 노, 애,락이 새겨진 계단,
인생의 편린(片鱗)들이 오색 빛으로 그려진 계단,
오르락내리락 야곱의 사닥다리 닮은 계단.
부활의 희열(喜悅)이 한 칸 한 칸 채워진
바로, 그 계단.

꾸었던 내 꿈만큼 나는 올라와 있었구나
내 기도의 탑만큼 힘들게 올라와 서 있구나
내 사랑의 높이만큼 나는 오를 수 있었구나

얼마나 더 올라가야 하는지…
한숨 쉴 때면,

그 순간,
나는 알았지
주님의 눈물이 내 뺨 위에 흐르고 있었다는 것을…

십자가 상처로 붉어진 그 눈물,
부활의 빛으로 채색된 흰 눈물,
천국의 계단은 그 눈물로 빛나고 있었다는 것을…

어린 시절 작은 내가,
지금의 나를 물끄러미 쳐다보네
그리고
내 귀에 나즈막히 속삭이네

천국의 계단은 여기에 항상 있을 것이라고,
그 꿈의 계단을 지금도 올라오라고…

내 인생의 나침판이 된 성경 말씀(국민일보, 2023년 12월 9일)

"두려워하지 말라 내가 너와 함께함이니라 놀라지 말라 나는 네 하나님이 됨이니라 내가 너를 굳세게 하리라 참으로 너를 도와주리라 참으로 나의 의로운 오른손으로 너를 붙들리라." (사 41:10)

국민일보 + 구독

생활 세계 IT 사설/칼럼 신문보기 랭킹

국민일보

[내 인생의 나침반이 된 성경말씀] 두려울 때, 알 수 없을 때에도 도우시는 하나님

입력 2023.12.09. 오전 3:03 기사원문

2 댓글 가가

<103> 장규순 한국크리에이터협회 회장

"두려워하지 말라 내가 너와 함께함이니라 놀라지 말라 나는 네 하나님이 됨이니라 내가 너를 굳세게 하리라 참으로 너를 도와주리라 참으로 나의 의로운 오른손으로 너를 붙들리라."(사 41:10)

두려울 때, 알 수 없을 때에도 도우시는 하나님

대학 3학년 때 일이다. 그해 특별한 일이 생겼다. 서울에 있는 10개 대학 디자인학과 학생들이 몇 달간 팀을 구성해 연구한 내용을 발표하는 디자인 학술 세미나를 개최했기 때문이다. 나는 우리 학교 대표 발표자로 선정돼 수백 명 앞에서 발표해야 했다. 남들 앞에서 발표하는 것을 좋아했는데 청중이 많아지자 부담이 컸다.

대학 3학년 때 일이다. 그해 특별한 일이 생겼다. 서울에 있는 10개 대학 디자인학과 학생들이 몇 달간 팀을 구성해 연구한 내용을 발표하는 디자인 학술 세미나를 개최했기 때문이다. 나는 우리 학교 대표 발표자로 선정돼 수백 명 앞에서 발표해야 했다. 남들 앞에서 발표하는 것을 좋아했는데 청중이 많아지자 부담이 컸다.

내가 발표자가 됐다는 말에 아버지는 처음으로 고급 옷을 사주셨다. 민주화운동으로 해직 교수를 오래 하신 터여서 더 감사했다. 발표 당일 나를 잡아 준 건 하나님 말씀이었다. "두려워하지 말라 내가 너와 함께함이니라." 떨릴 때마다 외치니 당연히 외울 수밖에 없던 말씀. 발표 내용을 담은 슬라이드가 작동하는 순간에도 나는 이 말씀을 읊조렸다.

대학 4학년 때 교생실습을 나가면서 꿈을 위한 특별한 간증이 생겼다. 교육학점을 추가로 이수하면 사범대가 아니더라도 2급 자격증이 나오는 제도가 있었다. 교생실습은 실습생 거주 지역 학교로 배정받는 것이 기본이었는데 나는 달랐다. 버스를 두 번이나 갈아타는 중학교로 배정을 받았다. 너무 거리가 멀어 대학 행정과에 문의하니 직원 실수라며 이미 결정돼 변경이 어렵다 했다. 어쩔 수 없이 교생실습생으로 첫 출근을 했다. 담임선생님을 만났는데 선생님 책상 위에는 '죽으면 죽으리라' 는 신앙서적이 놓여 있었다. 담임선생님은 말했다. "기독교인 실습생이 오게 해달라고 기도했어요." 순간 눈물이 핑 돌았다. 디자인을 가르치다 보니 인기가 최고였다. 배우

김혜수를 닮지도 않았는데 학생들은 못생긴 나를 '김혜수 선생님'으로 불러줬다. 조회나 종례 때는 성경에 나오는 비유말씀으로 꿈을 강조했다. 교생을 마칠 즈음 내 기도대로 교회에 나가겠다는 학생들이 많아졌다.

교생실습 후 내 꿈은 변경되었다. 선생님이었다. 그런데 모든 교수님은 수석을 하던 내가 대학원에 진학하는 것으로 생각했고 결국 하나님 은혜로 교수가 되었다. 솔직히 지금도 사람들 앞에서 발표하는 게 긴장된다. 그럴 때마다 이사야 말씀을 속으로 외친다. 그러면 주님의 말씀은 내 심장 박동수에 맞춰 어김없이 붙잡아 주시고 평안을 주신다. 평안을 주시는 하나님을 전하는, 선한 영향력을 발휘하는 교수가 되고 싶다.

〈2023년 12월 9일 국민일보 기고〉

기독교방송 굿티비 오색 오감 프로그램, 특강

1강 11월 16일 (목) 1:30 - 내 자존감은 안녕하세요?

2강 11월 23일 (목) 1:30 - 비전보드의 비밀

3강 11월 30일 (목) 1:30 - 내 생각을 디자인하는 '시'

4강 12월 7일 (목) 1:30 - 퍼스널 아이덴티티

60

60,
언젠가는
그래 언젠가는,
세어 보겠지 라고…
저 멀리 던져 놓았던 숫자였지

아빠, 엄마의 어깨로만
세상을 바라보았던 10

세상이 얼만큼의 크기인지
아무것도 몰랐던 20

내가 그린 꿈이 그려지나
한 번 확인했던 30

왜 이리 바쁜지 내 호흡조차
느끼지 못했던 40

한 번, 아니 두 번 쓰러지고 나서야
정신차린 50

59 다음은 정말 60이었다

59 다음이 50이 아닌게 아디야?
너무 힘들어서 다시 돌아가고 싶지 않아

59 다음이 70이 아닌게 어디야?
나에게는 60대가 아직 기다리고 있어서
참 다행이구나

그래서 60
너 맘에 든다

_ 2024

저자소개

장규순은 현재, 교수, 디자이너, 발명가, 시인, CEO, 창업전문가, 유튜버로 활동하는, 멀티크리에이터로 살고 싶은 자이다.

장규순교수는 디자인을 전공하고 석사학위를 받은 25세부터 대학강사 및 CEO로 활동하여 현재까지 35년째 대학 강단에서 강의를 하고 있다. 현재는 동서울대학교 시각디자인과 교수이다.

교수로서 디자인을 가르치며 산학협력 디자인개발과 정부기관 및 산업체에서 자문위원, 심사위원으로 활동하였고 전경련 최고위 과정 등 산업체 특강을 30년 째 강의하고 있다. 디자인 재능기부 예술가 50인 대표로 활동하며, 국내 최초 디자인 전체분야와 창의력을 융합시킨 디자인크리에이터자격증을 만들어 삼일회계법인과 시행 중이다 현재, 한국디자인크리에이터협회 회장으로 활동하고 있다.

2004년에 소프트웨어 특허등록을 시작으로 특허 15가지 및 실용신안, 상표등록 등 지식재산권을 다수 등록을 보유한 발명가로서, 2008년부터 현재까지 대한민국발명특허대전 수상을 시작으로 국내 및 국제 발명대회에서 총 13개의 발명상 및 제44회 발명의 날 기념 발명진흥회장상 발명유공자표창을 받았다.

1998년도에는 20대에서부터 일기처럼 써왔던 자작시들을 모아 일러스트레이션을 시의 특징에 따라 삽입시켜, 시와 일러스트레이션 두가지를 모두 본인의 언어와 디자인으로 조성한 일러스트레이션 시집을 출간하였다.

2014년에는 교수창업 '크리에이터 장' 기업을 설립하여 소유한 지식재산권들을 활용한 '한국의 창' 과 '라 로페', '동백꽃 필 FEEL', '무궁무궁화' 브랜드를 론칭하였으며 교수창업 제품으로 아시아현대미술전,아시아미술협회 국제상 및 2018 I SEOUL YOU 상품문화디자인국제공모전 문화상품디자인 금상, 그리고 제24회 베스트브랜드 & 패키지어워즈 디자인 마케팅부문 대상을 수상하였다.

창업전문가 활동으로는 (사)한국창업지도사협회 부회장 및 창업지도사 자격증 강사이며 2016년부터 2019년 4년간 동서울대학교 창업지원단장, 창업보육센터장, 창업교육센터장, 창업지원센터장의 4개의 보직을 수행하였다. 2018, 2019년 2년 연속, 동서울대학교 창업보육센터가 S등급으로 선정되는 쾌거를 이루었다. 2018년에는 기업가정신 확산 및 진흥유공으로 중소벤처기업부 장관 표창을 받았다. 2018년에는 동서울대학교 전통시장사업단장으로도 수행하며 지역활성화를 위한 특화상품개발의 공로로 성남시장 표창을 받은 바 있다.

2015년부터 3년간 이화여자대학교 총동창회 임원으로 활동했고, 1996년부터 이화여자대학교 디자인대학원의 동창회장 및 학과동창회장으로 총 20여 년간 봉사하였으며, 세종대학교에서 디자인학 박사학위를 받았다. 2011년에는 (사)전국여교수연합회 정기 춘계 학술심포지엄에서 "발명과 창조지식산업이 요구하는 여교수의 사회적 역할" 이라는 주제로 특강하여 교수신문사를 통해 전국 생방송이 되었다. 2020년에는 (사)전국여교수연합회 제21대 회장으로 활동했다.

그 외, 대표적인 TV 출연으로는 국회방송 '업그레이드 코리아-세상을 바꾼 발명' 에 발명가 장규순으로 15분간 방송되었고, 2023년에는 기독교방송 굿티비, 오색 오감 프로그램에 출연하여 특강을 4주간 방영하였다.

2013년 MBN 매일경제TV '대통령 영부인- 역대 영부인들의 이미지전략 '으로 출연하였으며 현재까지 KBS, SBS, MBC, MBN TV에 수상 및 전시 건으로 인터뷰하였다.

특히, 삼남매의 엄마로 KBS 30분 다큐 '베타맘' 프로그램에 자녀교육 방법으로 출연하였고, KBS '쑥쑥 어린이경제나라' 프로그램에 자녀의 경제교육으로도 출연하였으며, 한국교육방송 EBS 라디오 프로그램 '스스로 크는 아이들' 생방송에 자녀교육 성공담이라는 주제로 출연한 바 있다.

About the Author 장 규 순 舜

교수

동서울대학교 시각디자인과 교수, (사)전국여교수연합회 제21대 회장

디자이너

디자인학 박사, 한국디자인크리에이터협회장

2022, 2023, 2024 한국색채대상 총괄위원장

2015 성남시 모범시민 표창- 디자인 재능기부

시인

1998년 일러스트레이션 시집 출간

발명가

특허 15가지 및 실용신안, 상표등록 등 30여가지 지식재산권을 다수 등록

2009-2016 세계여성발명대회 발명특허 금은동상 및 디자인금은동상 12건수상

2008 대한민국 발명특허대전 은상(특허청장상)-수상

2010 올 해의 여성발명인상 수상

2010 The First Institute Inventors and Researchers in I.R.IRAN 수여 "FIRI AWARD FOR THE BEST INVENTION" 수상

2009 제44회 발명의 날 기념 발명진흥회장상 표창

CEO

2014년 교수창업 '크리에이터 장' 기업을 설립

2017 일본 아시아미술협회주관 아시아현대미술전, 아시아미술협회 국제상

2018 I SEOUL YOU 상품문화디자인국제공모전 문화상품디자인 금상

제24회 베스트브랜드 & 패키지어워즈 디자인 마케팅부문 대상 수상

창업전문가

(사)한국창업지도사협회 부회장 및 창업지도사 자격증 강사

2015-2019 동서울대학교 창업지원단장, 창업보육센터장, 창업교육센터장, 창업지원센터장 보직 수행

2018, 2019 동서울대학교 창업보육센터 2년 연속 S등급으로 선정

2018년 중소벤처기업부 장관 표창, 성남 특화상품개발 성남시장 표창

2018 성남시장 표창- 전통시장사업단장으로 특화상품 개발 공로

대표적인 TV출연

국회방송 '업그레이드 코리아-세상을 바꾼 발명'

MBN 매일경제TV '대통령 역대 영부인들의 이미지전략 '

삼남매의 엄마로 KBS 30분 다큐 '베타맘', KBS '쑥쑥 어린이경제나라' 출연

EBS 라디오 프로그램 '스스로 크는 아이들' 생방송 출연

2023 기독교방송 굿티비 '오색오감 프로그램' 1, 2, 3, 4강 특강 출연

현재까지 KBS, SBS, MBC, MBN TV에 수상 및 전시 건으로 인터뷰

나를 디자인 씽킹하라

초판발행 _ 2024년 2월 15일 1쇄 인쇄
2024년 2월 20일 1쇄 발행

저자 _ 장규순
발행인 _ 류재식/박용범
발행처 _ 도서출판 북넷

주소 _ 서울시 용산구 효창원로 70길 46(대신빌딩 2층)
등록 _ 2010년 6월 7일(제2010-000069호)
전화 _ (02)395-2341
팩스 _ (02)395-2303

정가 _ 30,000원
ISBN _ 979-11-86947-78-4
e-mail _ book2341@naver.com